畅游林芝
Nyingchi

主　　编：马升昌　旺　堆

副 主 编：丁勇辉　旦增桑珠

审　　定：普布多吉　旦　增　塔　杰

编写人员：刘　斌　余卫东　赵丽帆　旦增达杰

多杰平措　夏　雪　邓　涛　吕建奎

任　君　胡　成　王祥森　多　杰

王锐奇　王翠丽　扎西平措　雷淑娟

桑丹曲珍　群　措　拉巴次仁　胡　勇

吕　月

畅游林芝

ཉིང་ཁྲི་གྲོང་ཁྱེར་ཡུལ་སྐོར་སྣེ་ཤན་པའི་འགྲེལ་ཚིག་ལེགས་བཏུས།

林芝市导游词精编

西藏自治区林芝市旅游发展局 编

人民出版社

绿水青山就是金山银山
冰天雪地也是金山银山

——习近平

林芝旅游示意图

本地图信息仅供参考

林芝旅游示意图（2017 年版）

“日照金山”——南迦巴瓦峰　姚 力·摄

雅鲁藏布大峡谷

国家 5A 级旅游景区巴松措

鲁朗国际旅游小镇　罗锦锋・摄

畅游林芝 目录

Nyingchi

十大文明旅游提醒语

1. 文明是最美的风景
2. 旅途漫漫　文明相伴
3. 旅游美时美刻　文明随时随地
4. 文明游天下　快乐你我他
5. 一花一木皆是景　一言一行要文明
6. 游遍天下山川　只留脚印一串
7. 出游讲礼仪　入乡要随俗
8. 垃圾不乱扔　举止显文明
9. 多看美景　不刻美名
10. 平安是福　文明是金

畅游林芝
Nyingchi

前　言

文明旅游　与我同行

世界屋脊——西藏，多少人心中最神圣、最纯洁的天堂，蓝天白云，牛羊成群，被称为一个人一生中必去的地方。

美丽的旅游景点给人以美好的享受，在尽情享受大自然美景的时候请千万不要忘了文明旅游，实际上，您的文明举止也是美丽风景的一部分。您在旅行观光的同时，也在向您所到之处的人们展示着自己。讲卫生、懂礼仪、守秩序、遵法规、爱护环境和自然遗迹以及公共设施这些日常的公民行为基本规范，在旅游过程中同样也是不能够轻易忘记的。

1. 维护环境卫生，遵守公共秩序。不随地吐痰和口香糖，不乱扔废弃物，不在禁烟场所吸烟。按序在旅游步道上游览观光，不并行挡道。

2. 保护生态环境，爱护自然遗产。景区内的每一处景观都是大自然留给我们的珍贵财产，破坏了将不可再生。

3. 爱惜公共设施，保护景区公物。不损坏公用设施，不在景区内涂刻，不攀爬景区防护栏，拍照摄像遵守规定。

4. 尊重别人权利，讲究以礼待人。不强行和外宾及其他游客合影，不长期占用公共设施，尊重服务人员的劳动，尊重各民族宗教习俗。衣着整洁得体，不在公共场所袒胸赤膊，礼让老幼病残，礼让女士，不讲粗话。

5. 提倡健康旅游。根据自身身体条件游览，景区内不得饮酒，患有心脏病、高血压等的游客请注意自身安全，不要进危险地带。

6. 旅游不仅仅是舒心畅意的游玩，同时也是一个展示美好修养的过程。自然美景、优美风光，再加上您参与营造的良好氛围、文明环境，心灵与美景呼应，构成真正的美。

7. 尊重民风民俗。尊重各民族宗教习俗和各地风俗习惯，尊重少数民族。

8. 提倡健康娱乐。不参与封建迷信活动，自觉远离黄、赌、毒。

9. 爱护公共设施。不污损客房用品，不损坏公用设施，节约用水用电，用餐不浪费。

10. 我们呼吁所有出游或即将出游的公众，从我做起，从现在做起，为展示文明风采、树立文明形象、共建文明社会，文明出游，文明进景区参观游览。

畅游林芝 Nyingchi

林芝市概况

- 林芝市简介
- 进入“世界屋脊”的适应性平台
- 神秘山河与宗教
- 独特民风
- 资源宝库
- 悠久历史
- 进入林芝的路线
- 林芝市主要旅游节庆

林芝市简介

林芝在藏语中称“尼池”，意为“太阳的宝座”或“娘氏家族的宝座”。林芝市位于西藏自治区东南部、雅鲁藏布江中下游，东与昌都市和云南迪庆藏族自治州毗邻，西与拉萨市和山南市交界，北与那曲市相连，南与缅甸接壤，边境线长达 1006.5 公里，幅员 11.7 万平方公里，平均海拔 2980 米，下辖巴宜区、工布江达县、米林县、朗县、波密县、察隅县、墨脱县等 1 区 6 县，聚居着藏、汉、回、怒、门巴、珞巴、僜人、独龙、纳西、土家、傈僳等 10 多个民族，总人口 23.3 万。

林芝市境内山脉呈东西走向，南低北高。顺雅鲁藏布江而上的印度洋暖流与北方寒流在冈底斯山脉东段一带汇合驻留，形成热带、亚热带、温带及寒带并存的多种气候带，含氧量 80%以上。和西藏其他地市相比，林芝市年降水季节分布较为均匀，年降雨时数居全自治区之冠，达 160 天以上，年降雨量 650 毫米左右，年均日照 2022.2 小时，无霜期 180 天。

在林芝市，从高寒地带生长的雪莲花，到亚热带盛产的香蕉、棕榈，均能见到。林芝物产资源丰富，自然风貌保存完好，景色与西藏其他地区迥然不同，一派森林云海风光。蓝天白云，冰川衬森林，碧湖映雪山，风景绝伦。全市现已勘明的旅游资源有 3 带 7 区 140 多个景点，有最长最深最大也最为壮观的世界第一大峡谷——雅鲁藏布大峡谷，有世界第三大峡谷——帕隆藏布大峡谷，有海拔 7782 米、被誉为“西藏众山之父”的南迦巴瓦峰，有国家 5A 级景区——巴松措景区，有“西藏瑞士”和“西藏阿尔卑斯”之称的鲁朗景区，有全国第三大林区和罕见的原始森林，以及慈巴沟国家级自然保护区和色季拉、巴松措、比日神山国家森林公园，高等植物达 2000 多种，森林覆盖率达 53.6%，并有树龄达 3230 多年、被誉为“活化石”的世界柏树王和树龄 1600 多年的古桑王。其中，雅鲁藏布大峡谷、南迦巴瓦峰、藏布巴东瀑布群分别被《中国国家地理》杂志评为中国最美的“十大峡谷”“十大名山”“六大瀑布”之首，米堆冰川和岗云杉林被评为“中国最美六大冰川”之四和“中国最美十大森林”之五。

林芝以世界第一大峡谷雅鲁藏布大峡谷著称于世，它有世界上落差最大的垂直地貌分布和完好的自然生态环境，是世界上仅存的绝少为人类所涉足的净土之一。综合来讲，林芝市的旅游资源具有以下四个突出特征。

世界性——林芝拥有的自然景观、生态和文化，是世界生态旅游的最高点。大批世界之最吸引着各国游客。有世界上最深最长的第一大峡谷，是世界水能资源最为富集的地方，是世界生物多样性最丰富的峡谷谷地，是世界热带山地气候分布的最北界，是世界天然基因库。有世界第十五高峰、世界上海拔最低的海洋性冰川、世界上最吸引人的民族风情和宗教。

多样性——独特的地理环境和气候环境，孕育了林芝类型丰富、品位极高的旅游资源。既有青藏高原高寒景观、江河源头、高原湖泊等生态旅游景观的优点，又兼容西南高山峡谷、岩溶风光、天然动物园等生态旅游景观的特点。

原生性——林芝保留了最原始的生态、最原始的物种、最原始的生活方式、最原始的文明。由于山高水长，原始自然风貌保存完好，是我国最大的原始森林区之一，植被及野生动物资源异常丰富，是生物多样性保护的重要基地。门巴、珞巴、僜人等少数民族，保留了最原始的生活状态，堪称狩猎、游牧生活方式的“活化石”。本地兴起并盛行的原生苯教，又为林芝涂上了一层原始而神秘的色彩。

舒适性——低海拔和温暖湿润的气候，使林芝四季常青、鲜花不败。春天，雅鲁藏布江和尼洋河两岸在墨绿的江水、湛蓝的天空映衬下，奇花异草争相斗艳；清澈的水面上，各种水鸟成群结队，嬉水打闹；竹林、树木枝头栖息着许多“森林歌唱家”，丛林中不时蹿出香獐、野兔、雪鸡、金鹿等野生动物，呈现一派生机盎然的自然春色。身临其境的游人如同到了传说中神仙居住的地方——“香巴拉”。深秋和初冬，林芝又是一片雪域江南景致，远山雪峰突兀，阳光映照下，无数银光在蓝天闪烁；目之所及满目青翠，层林尽染，恰似一幅“一山有四季，十里不同天”的美妙山水画。

进入“世界屋脊”的适应性平台

林芝是西藏海拔最低、气候最温暖湿润、生态环境最好、生物多样性最丰富的旅游区，也是进入西藏旅游的适应性平台、大香格里拉生态旅游区的腹地。林芝境内河流交错，峰峦绵延，湖泊星罗棋布，岩奇洞怪，喷泉飞瀑，林海浩瀚，名山圣水交相辉映，构成了一幅绚丽壮观的天然画卷，素有“雪域江南”“人间香巴拉”“生态绿洲”等美誉。

林芝处于喜马拉雅山脉与横断山脉交错的高山峡谷地带、雅鲁藏布江中下游，是青藏高原海拔最低的地区，最低处仅有155米。以雅鲁藏布大峡谷为中心，西、北、东三面分别环绕东喜马拉雅山、念青唐古拉山和伯舒拉岭等著名山脉，构成开口式的马蹄形地区，地形呈北高南低走势。北部高山组成的巨大屏障阻挡了北方寒流的长驱南下，南部的开口正好面向印度洋、太平洋，两大洋的暖流常年鱼贯而入，成为暖气流北上的通道，外加高原整体“热岛效应”的作用，形成了林芝市特殊的热带湿润和半湿润气候，故使林芝夏无酷热、冬无严寒。这种在中国其他地方相隔数千公里才能有的热、寒、温三带气候类型，在林芝却可同时出现在方圆数十平方公里的范围内，“一山有四季，十里不同天”之说再准确不过。

西藏七地市海拔高度表

地市名称	海拔高度（米）	地市名称	海拔高度（米）	地市名称	海拔高度（米）
拉萨	3630	昌都	3240	那曲	4507
山南	3500	日喀则	3836	阿里	4300
林芝	2980				

神秘山河与宗教

俯瞰林芝大地，山川如织、江河如梭。雅鲁藏布江、尼洋河、帕隆藏布江、察隅河、怒江等江河，穿梭于喜马拉雅山脉、念青唐古拉山脉和横断山脉的深谷之中，浩浩荡荡，直泻印度洋。这些江河流域孕育和滋养出了神秘而独特的林芝藏族、门巴族、珞巴族等民族及僜人的民俗文化及宗教文化。

林芝区域各条江河流经处，神山星罗、圣湖棋布。在尼洋河流域，主要有巴松措湖及巴松三岩神山系列、措木及日神湖、比日神山、工布苯日神山等一系列神山圣湖。秀丽的苯日神山乃藏区四大神山之一，位于尼洋河下游与雅鲁藏布江交汇的巴宜区米瑞乡境内。它是西藏苯教（西藏原始宗教）祖师顿巴辛绕·米沃切大师加持过的苯教神山，由苯教成就大师多增·日巴珠色开启了苯日神山的山门。该山不仅在苯教徒心目中具有无与伦比的神圣地位，也受到佛教信徒的虔诚膜拜。当地人一般都会在每年藏历四月至六月期间集中转苯日神山。它主要的转山时间为藏历马年。每隔12年，苯日神山都会迎来以西藏自治区内昌都、那曲为主，西藏自治区外川、滇、甘、青等藏区信教徒的朝拜。届时，在百余公里的转山路上，行人如织、络绎不绝，帐幔百里。人数多的时候，三排转山队伍首尾相接，非常热闹。苯教在古工布地区的传播，可追溯到顿巴辛绕时期。根据苯教典籍记载，顿巴辛绕大师在工布地区的传教经历充满了神话般的传奇色彩。顿巴辛绕生于古象雄地区的沃莫龙仁，成为雍仲苯教的祖师后，萌发了前往吐蕃四茹之地传教的想法。于是，他从四水之源阿里经后藏、娘布等地来到古工布地区传教。他来到查齐拉喀（今称巴吉）时，遇到古工布地区众“邪魔”的强有力抵抗。古工布地区“邪魔”首领恰巴拉仁纠集魔军布满三座大山，试图阻挠顿巴辛绕大师传教。于是，顿巴辛绕大师以法力集合神军，降伏了魔军，并施法使该地长出一棵被称为“桑瓦柏树”的树王。这时，恶魔恰巴拉仁又心生一计，变出一座大山，企图阻挡顿巴辛绕大师的去路。只见顿巴辛绕大师用手抬起此山搁在左边，此山顿时金光灿烂，形状犹如宝垫，顿巴辛绕大师坐在其上讲经说法。此山被赐名为“图珠大苯日”，意即顿巴辛绕大师心力变化之山。后来在尼赤、达则、则拉岗一带传教时，顿巴辛绕大师先后降伏恰巴拉仁和众“邪魔”，以苯教之“善道”调伏了当地众生。

实际上，上述所谓“邪魔”应该是古工布地区盛行的、与苯教有别的地方原始神祇信仰。而苯教与“邪魔”的斗争，彰显了当初苯教在古工布地区传播时与当地信仰之间激烈冲突的历史面貌。

噶玛噶举派（黑帽派）在今林芝市辖境的传播与活动，历史久远，影响巨大。二世噶玛巴·拔希先后几次到达工布，留下了传法的足迹。从三世噶玛巴·然琼多吉至十世噶玛巴·曲英多吉，八代噶玛巴长期驻锡、传法于工布。在300多年间，噶玛噶举派成为林芝地区最具势力的政教统治者。

旧西藏时期，格鲁派（黄教）经过多年酝酿发展，渐渐成为工布地区主要的宗教信仰，还有噶举派（白教）、宁玛派（红教）、苯教等并存。到目前为止，林芝全市共有几十座寺庙，经堂、日追等有几十处。美丽的神湖及秀丽的神山，它们的传奇故事作为载体，记录和承载着林芝人对大自然的敬畏，以及与大自然和谐相处的独特的生态观、生命观和价值观——生命万物都是有情的、平等的，主张尊崇自然、尊重生命、共生共存、和谐相处。

布久拉康，全称为布久色吉拉康，位于巴宜区布久乡境内，修建于7世纪上半叶、吐蕃松赞干布时期，是吐蕃10座重镇佛堂之一，闻名于藏区。它是史料记载的今林芝市境内最早的藏传佛教寺院，也是历史上林芝地区最负盛名的寺院。历史上，布久拉康属于西藏地方政府直属寺院，以有“五个一百”香火鼎盛而著称。“五个一百”，即主殿中供奉有酥油灯百盏、果类百种、鲜花百支、净水百碗、熏香百炷。

色迦更钦寺，又称苯日衮钦，位于巴宜区林芝镇卡斯姆村后山坡深处，是林芝境内历史最悠久的苯教寺院之一。民间传说，悉补野第一代国王聂赤赞普和辛南喀囊朵曾来到此地讲经修道。

独特民风

古老的民俗风情、神奇的村寨图腾、原始的宗教信仰，给“西藏江南”笼罩了一层神秘而独特的色彩，被外界惊呼为“远古文化的活化石”。

工布：洼地里的舞者

林芝市所辖的巴宜区、工布江达县、米林县，俗称工布地区。这里终年风雨，烟雾缭绕，人们认为是魑魅魍魉逞凶、狼虫虎豹出没的鬼怪之地，于是把世代居住在这里的藏族人称为“工布人”，意为生活在洼地里的人。林芝藏族喜穿氆氇制成的“果秀”(毛呢长袍)，喜挂藏刀，脚蹬藏靴。看起来富贵华丽、雍容大方的工布人，具有自己独特的民风习俗。工布的新年是每年藏历的十月一日。工布人以很特别的方式迎接自己的新年，一般分为“驱鬼”“请狗赴宴”“吃结达（一种奶制品）”“背水”“祭丰收女神”等几个步骤。这一系列活动，都和工布地区人们预测来年凶吉有着重大的关系。新年期间，娱乐活动非常丰富、独特。从初一开始，白天，男子大多骑马、射箭。除此之外，还有摔跤、抱石头、砍树等，这些比赛都具有浓郁的林区特色。女子除了为骑士和箭手唱歌助兴外，大都聚在一起玩各种游戏。晚上，宽阔的草坝上篝火熊熊。火堆旁一边放一个木桶，凡来跳舞的人都带一壶青稞酒倒进大木桶里，然后围着篝火，边饮酒边跳舞，通宵达旦，场面热闹非凡。最近几年又形成了林芝市物资交易会，交易会上，各式民族手工艺品琳琅满目、应有尽有，体现着现代工布人与日俱增的经济意识。

藏历四月十五日及萨嘎达瓦节期间，是工布地区群众转山、转湖的日子。在工布地区，更可以欣赏到美妙的工布“恰巴博”。“恰巴博”即工布舞，在藏式舞蹈中独树一帜，动作多取材于射箭、打猎等生产生活活动，节奏鲜明，张弛有度。跳起来，男子的动作洒脱利落，威武彪悍；女子长袖善舞，婀娜多姿。工布歌曲曲调优美，无论是声音高亢、辽阔悠远的牧民长调，还是节奏明快、声音清越曼妙的农区短调，都让人感觉余音绕梁，三日不绝。特别是女子唱腔，千回百转，如百鸟歌唱。聪明的工布人尤其擅长工布箭舞。他们制作的响箭，在工布地区乃至整个西藏都享有盛名。令人称绝的是，工布人在箭头安上一个质地考究、硬杂木制造的根部圆锥形、头方形、空心四眼的叫作“哔休”的物件，人们习惯上叫它响箭，箭射出后发出“咿咿”的响声。每逢佳节，工布人身着节日盛装，欢聚一堂，互献哈达，互敬青稞酒，并跳起稳健有力、古朴典雅而豪放的“恰巴博”，以表示相互祝贺。

僜人：阿加尼的第四子

林芝市的察隅一带，夏无酷暑，冬无严寒，是西藏著名的原始林区。

僜人就生活劳动在这个气候宜人、土壤肥沃的好地方。原始而奇特的风俗，给僜人的生活蒙上了谜一般的色彩。

僜人有自己的语言，讲达让话的自称“达让”，讲格曼话的自称“格曼”。虽有两种语言，但达让话是全部僜人的“普通话”。僜人部落里，现在还流传着始祖阿加尼的故事。传说金人阿加尼与老鹰结合，生了 4 个儿子：长子住在长粮食、产金子的平原，成了汉族；次子住在雪山下，成了藏族；三子住在离四子不远的山沟里，成了珞巴族；四子住在原地，分家时只分到一张野狗皮、一张竹席、一头巴麦牛、一只山羊、一头猪及一点粮食。四子去抓牛，牛跑进深山变成野牛；去抓羊，羊变成野羊；猪也没拦住，变成了野猪；家里本有写好的文字，却被长子、次子带走了，只给四子留下一张字条，四子饥不择食吃掉了字条，所以至今没有文字。这个四子，就是僜人的祖先。

如今，僜人还有明显的氏族残余，很多地方保留着过去流传下来的按姓聚居的习惯。在僜人中，同姓就是同一男性祖先的后代，同辈的都是兄弟关系。同姓有相互继承、共同商讨婚姻与纠纷等重大事务的义务，甚至有共同送鬼、血族复仇的义务。

旧西藏的时候，僜人的婚姻以一夫一妻制的小家庭为主，兼有少量的一夫多妻制。在僜人中似乎没有“娶妻”这一词汇，只有“买老婆”的说法。购买妻子是僜人的传统习俗。男子用牛加上其他财物，就可以购买女子为妻。这里，妇女的身价主要用牛体现：一般人家的女子需一头巴麦牛；稍微宽裕点人家的女子，至少需要两头巴麦牛；最贫穷人家的女子，也得需要一头普通黄牛。如果家人已经收下了男方送来的牛等财物，而女子仍然不同意，父母可以强迫女儿成婚，甚至把女儿押送到男方家生活。

女子被卖为妻后，就成为丈夫家的财产。在丈夫死去一个月以后，女子可以被“转房”，即和其他遗产一样，由丈夫的同姓近亲继承。但转房只转给丈夫的同辈兄弟或次辈侄子甚至是丈夫另外妻子的儿子，不能转给丈夫的父亲。僜人严格禁止同姓之间通婚。他们认为，男子与舅舅的女儿、女子与姑姑的儿子是最好的婚配。

独特的僜人丧葬原为屈肢葬。在人死后及时把尸体弯曲成蹲坐状，双手抵胸，两手握成拳抵住下颚，就像出生以前的胎儿状，并且要在死者胸前放上少量玉米、鸡爪谷、荞子等，表示给死者带有食用的粮食。丧葬方式有火葬、土葬两种。火葬没有固定的地点，只要住房处嗅不到焚烧尸体的气味即可。火葬时，妇女一般不得参加。土葬也没有固定的墓地，没有坟堆。埋葬时，要在死者的身上拴一根长麻绳，并且要把麻绳的一端引出地面，约在一年以后，死者的家属会来查看，拉动麻绳看绳子是否松动。如果松动，表示尸体已经腐烂，即死者已经离去，家人就无须牵挂了。

僜人有很多禁忌。人死后，绝对不能向死者家属提到死者的名字，否则会被认为是不敬和侮辱；人死后在一定的时间里，同姓人必须停止劳动，以示对死者的悼念。

僜人民居非常有特色，木结构的两层阁楼，上层住人，下层饲养家畜、家禽。房顶呈“人”字形，是用长条木瓦板或草盖起来的。两层房子分为南北向，楼上间隔分成若干小间，间数各家不同。

珞巴：深居南方的民族

珞巴族人口约占林芝市总人口的 1.6%。据记载，珞巴这一族称来源于藏族对居住在珞瑜地区人们的习惯性称呼，意为“南方人”。

珞巴族信仰原始宗教，认为万物有灵、灵魂不死，但还没有形成神灵和鬼灵的区别。凡是金灵、神灵、鬼灵、妖魔等，都统称为“乌佑”。珞巴人信仰“乌佑”。他们相信，衣食住行、婚丧嫁娶全和“乌佑”有关。在珞巴人看来，“乌佑”种类繁多、无所不在，因此便有了珞巴人多种的崇拜形式和丰富的崇拜内容。在他们的观念中，大自然中的日月星辰、风雨雷电、山川树木等众多的自然物和自然现象，以及牲灵、鬼魂、妖魔等都有神灵。这些神灵各有分工，各守其职，互不隶属，都成为珞巴人的崇拜对象。珞巴族各部落信仰和崇拜的图腾各不相同，有虎、豹、野牛、熊、猴、水獭、猪、狗、老鹰、乌鸦、布谷鸟、鸽子、蛇、太阳、月亮、刀等 30 余种。

“纽布祭神跳鬼”是珞巴族一大风俗，也是珞巴族相信万物有灵、灵魂不死的具体表现形式。他们认为，生产和生活中的一切好事与坏事、失败与成功，都是由各种各样的鬼造成的。遇到任何疑难、想办任何事情，都要向鬼请示。在珞巴族人中，只有两种人能够直接与鬼打交道：一种是“卦师米剂”；另一种叫“纽布”，就是祭司。“纽布”以祭神跳鬼的祷词、咒经，祭献牺牲和占卜等方式，为人们祛危求安、免灾招益。

跳鬼时，“纽布”身披一块红色氆氇，手拿一柄长刀，坐在一个很大的竹箩里。他们用脚蹬着箩底使之不停地转动，转到适当的时候，“纽布”就会进入“昏迷”或“癫狂”状态——鬼魂已经附身了，别有情趣。

门巴：勤劳的“门隅人”

林芝市的门巴族人口约占全市总人口的 5%，“门巴”意为居住在门隅的人。门巴人勤劳善良、热情聪慧，流传着许多神秘的传说和神话，具有独特的文化传统和习俗。

喜歌善舞的门巴人几乎人人都会即兴编唱，创作了许多优美的曲调。门巴族的民歌曲调优美，流传久远。其中，以“萨玛”酒歌和“加鲁”情歌最为奔放动人。

作为狩猎民族，门巴人狩猎时往往自愿结伙，公推首领。分肉时，首先击中猎物者要分得双份。狩猎结束后，将肉割好、烤熟背回。如果猎物很多，则在离村较近的地方点火作为信号，召集村人前来接应，进村后要将多余的猎物分给村人或共同聚餐。如果在归途中遇见行人，无论相识与否，都要赠送一份猎物，他们认为这样会给下次狩猎带来好运气。

门巴族的婚姻以一夫一妻为主要形式，同时也存在着少数一妻多夫和一夫多妻的家庭，其中又多半以兄弟共妻和姐妹共夫的形式出现。门巴族婚礼饶有趣味，人们风趣地称之为“舅舅试新郎”。举行婚礼前，新郎家要摆酒、肉和油饼款待客人，而且要带几竹筒酒上路迎亲，新娘途中须喝酒三次。新娘进屋后，新娘的舅舅会故意刁难新郎家，以考验男方的诚意。新郎家要献哈达、陪话，不断添酒加肉，直到舅舅满意后，才能开怀畅饮。非常有意思的是，在婚宴上，新郎、新娘不仅要轮流给客人敬酒，还要当众比试谁喝得快，因为在门巴族看来，新郎、新娘谁先喝完就预示着今后谁当家。

在门巴族，兽皮有着多种用途，尤其是羊皮，可以披在身上作为衣饰，深受女子喜爱。一般来说，门巴少女披羊尾和四条腿俱全的小羊皮，成年女子披牛犊皮或山羊皮，即便是在婚礼上，盛装的新娘也要披一张好羊皮。

资源宝库

林芝地形错综复杂，山峦起伏，河川下切，海拔高低悬殊，自然风光绮丽神秘，有奔腾的江河、陡峭的峡谷、茂密的森林、高耸的雪山和广阔的草地。喜马拉雅山脉、念青唐古拉山脉以及横断山脉的余脉尽汇于此，在雅鲁藏布江及其支流尼洋河、帕隆藏布江、易贡藏布江等众多河流的冲切之下，高山峡谷广布，自然资源极为丰富。

林芝是全国三大林区之一。林地面积 264 万公顷，森林覆盖率达 53.6%，活立木蓄积量 8.82 亿立方米，集中了西藏 70%以上的森林。全地区已探明的各类植物有 6000 余种，高等植物就有 2000 多种，是世界生物多样性最典型的地区，素有“绿色宝库”之美称。林下资源除拥有虫草、贝母、红景天、灵芝、西藏一枝蒿等珍贵的药用植物外，还有多种食用菌，品种达 120 种之多，其中仅松茸一项年产量就达 300 吨以上。茫茫林海栖息着虎、鹿、野牛、扭角羚、麝等多种珍禽异兽，其中有以白唇鹿、孟加拉虎为代表的国家一级保护动物 15 种，以猕猴为代表的国家二级保护动物 36 种，是野生动物的乐园。林芝是藏药文化的发祥地。米林的汉语意思就是“药海之洲”。1300 多年前，藏医医圣宇妥・云丹贡布在米林扎贡沟创办了第一所学位制藏医学院，并写下藏医巨著《四部医典》。在 1000 多年的历史发展中，藏医形成了藏族独特的、理论完整的医药体系，成为中国医药学宝库中不可分割的重要部分，其系统的理论指导和独特的临床疗效及用药特色，为藏族的医疗卫生事业和人类的卫生健康事业作出了重要贡献。奇正藏药、宇拓藏药等新一代藏药企业继承传统藏医精髓，结合现代制药技术，将林芝藏医藏药文化创新发展，使之享誉世界。

林芝江河、冰川、湖泊纵横密布，雅鲁藏布江、尼洋河、帕隆藏布江、易贡藏布江等众多的大小河川，与巴松措、易贡湖、拉多藏湖、嘎瓦龙天池、雅伊湖等几十处湖泊，构成了独特的网状水系。水域面积 7.7 万公顷，冰川 67.3 万公顷。水力资源蕴藏量 8200 万千瓦，可开发利用的水力资源达 3300 万千瓦。著名的雅鲁藏布江大拐弯已探明的水能蕴藏量就达 4000 万千瓦，水能蕴藏量居西藏自治区第一位。

林芝地质构造复杂，孕育着丰富的矿产资源，境内已发现铁矿、铬铁矿、钛铁矿（金红石）、铜矿、铅矿、锌矿、镍矿、锡矿、钨矿、金矿、银矿、石棉、水晶、大理石等矿产 7 大类共 34 种，矿床（点）134 处。其中，资源量达到大型矿床规模的有 2 处，中型矿床 2 处，小型矿床 7 处。仅铁矿、钛铁矿、铜矿、铅矿、锌矿、金矿、银矿、石膏、饰面用大理石等 9 种主要固体矿产资源的潜在总价值，就达 400 亿元以上。

悠久历史

林芝古称“工布”。“工布”一词源于古时部族名。据《敦煌本吐蕃历史文书》记载：“赞普雅隆王系外，有十二小邦。”工布即为十二小邦之一，主要由古称工布、娘布和龙布的三个地区组成。20 世纪 70 年代，在尼洋河西岸、雅鲁藏布江汇合处及其下游地区，从大量人类文化遗址和墓葬中发掘出土的人类遗骨、陶片、石器与哺乳动物骨骼以及罕见的箭头、网坠等证实，早在史前时期，这里已有人类从事刀耕火种的农业及渔猎活动，人们过着相对定居的生活，由此形成西藏东南部独具特色的农耕渔猎文化。

吐蕃历史上第一个有记载的重大事件，即止贡赞普死于同大臣洛昂的决斗及其带来的后果，又使尼洋河流域的工布地区与位于雅砻江流域的雅隆部落扯上了一层特殊的关系。赞普之位被洛昂所篡后，止贡赞普的三个儿子——夏赤、涅赤和恰赤分别逃到娘布、波窝与工布一带。洛昂后来被极具传奇色彩的茹烈杰所杀。茹烈杰将夏赤迎回故土成为赞普，夏赤又称布德供杰，与其父止贡赞普被史家合称为“上丁二王”。留在工布的恰赤后来成为工噶布王，即工布部落的首领。据传，波窝嘎朗木部落的首领就是当时逃往波窝的涅赤，也称布德供杰的后裔。因其与吐蕃王室的这层关系，工布小邦在吐蕃十二邦国中具有特殊的政治地位。又因地险民悍，封建割据势力波窝部落在吐蕃王朝灭亡后却一直遗世独立，“屡有归顺又屡有背叛”，成为历代西藏地方政府和中央政府的心腹之患。西藏地方政府屡次征讨，直到 20 世纪 20 年代末，方将波密土王的军队击败，最后一代波密土王从墨脱经察隅外逃时病故于英属印度。这个历史长达 1000 多年的封建领主势力，正式宣告灭亡。

据后世文献所言，体制完备而发达的庄园是工布地区典型的经济形式。例如，历史上非常荣耀的娘氏家族，有众多的农人、工匠及卫队为他们经营和守护着农庄与山林，并由此派生出大量的奢侈品、艺术品和宗教场所。其突出代表，是巴宜区布久乡的喇嘛岭寺以及朗县的列山古墓群遗址等。

进入林芝的路线

由林芝市巴宜区八一镇前往西藏圣地拉萨，全长 399 公里。沿尼洋河逆流而上，从莽莽绿海到巍巍苍山，沿途景色秀丽、风光无限、美不胜收。人们一路上尽情体验朝圣者的至真虔诚，感受心灵的震撼和灵魂的荡涤。

路线一：全国各大城市均能直达或中转飞抵林芝市，如果乘飞机由成都直抵林芝，空中直线距离 1100 公里，用时约 100 分钟。

路线二：乘车从拉萨沿 318 国道经拉萨达孜县、墨竹工卡县，翻越海拔 5013 米的米拉山口进入林芝市工布江达县，由工布江达县继续沿 318 国道经巴宜区百巴镇，抵达巴宜区八一镇，全程 399 公里。林拉高速已全线贯通。

路线三：乘车从西藏昌都市沿 318 国道进入林芝市波密县，由波密县继续沿 318 国道经巴宜区鲁朗镇，抵达巴宜区八一镇，全程 719 公里。

路线四：乘车从西藏拉萨经山南市沿 306 省道进入林芝市朗县，由朗县继续沿 306 省道经米林县县城、林芝机场，过岗嘎大桥，抵达巴宜区八一镇，全程 485 公里。

路线五：乘车从云南贡山县沿贡察公路进入林芝市察隅县，由察隅县沿然察公路到达昌都市八宿县然乌镇后，沿 318 国道经波密县，抵达巴宜区八一镇，全程 877 公里。

林芝市八一镇至西藏各地市的公路里程

（单位：公里）

拉萨	山南	日喀则	阿里	昌都	那曲
399	424（南线）	683	1901	724	684

林芝市八一镇至林芝各县的公路里程

（单位：公里）

林芝机场	工布江达县	米林县	朗县	波密县	察隅县	墨脱县
55	130	67	242	234	540	376

林芝旅游小贴士

如何预防高山缺氧

1. 购买罐装氧气。

2. 服用预防药物。在西藏各地市的药店里均有多种预防高山症药物出售，较安全地可选择到医院，由医生推荐预防药物。另外，每天喝30克红糖水（不宜用白糖代替）并服几粒复合维生素丸，持续几天，有助于降低患高山症的可能。

3. 适应高原气候要诀：慢动作，多休息，多喝水，保体温，忌着凉，少喝酒。

进藏旅游必备品

1. 御寒衣物：西藏早晚温差变化大，就是六七月进藏也要带足够的御寒衣物，如羽绒外套、毛衣等。

2. 睡袋：由陆路进藏及准备前往拉萨市以外地区者必备。

3. 太阳镜及防晒护肤品：西藏高原紫外线特强，除太阳镜之外，有防晒作用的润肤露也是十分必要的。

4. 干粮、饮料：宜备充足的高热量干粮，如饼干、巧克力、糖果等，以及足够的饮用水。在西藏旅行要做好心理准备，发生塌方、坏车等问题时有所闻，做充分的准备以防万一。

外宾进藏旅游注意事项

外宾进藏旅游必须是有组织的旅游，即必须有接待单位、已经确定的旅游行程，并且必须在西藏自治区旅游发展厅办理入藏确认函。华侨、台胞与外宾一样需要办理入藏确认函。港澳同胞凭有效的回乡证，可以与内宾一样在西藏旅游，不需办理入藏确认函。外宾、华侨凭有效的护照（复印件）、签证（复印件）及个人工作职务证明，台胞凭有效的旅行证件（复印件）及个人工作职务证明、回乡证到西藏自治区旅游发展厅办事处或委托旅行社办理，一般一周内就能办好，加急的2—3天即可。外籍游客及台湾游客必须跟团进藏、整团整出，不得自助游。

哪些人进藏需办边境证

因西藏有许多旅游区属于我国边境或非完全开放区域，故我国公民（包括港澳台同胞）进入这些地区旅游参观必须办理边境证，否则不许进入。林芝市需要办理边境证的县有米林县、朗县、察隅县、墨脱县。办理边境证，通常凭个人身份证，到户籍所在地边境管理派出所或林芝市边境管理支队边境管理派出所皆可办理。

林芝市主要旅游节庆

月份	节日名称	主办方	地点	活动内容
1月	藏历新年		民间	礼节、饮食、服饰
2月	察瓦龙赛马节	察瓦龙乡政府	察瓦龙乡	赛马、文艺演出、物资交流
3月	桃花节	林芝市政府	林芝镇嘎拉桃花村	观赏桃花、农牧民歌舞表演
4月	松宗赛马节	民间	松宗镇	歌舞表演、赛马等传统体育比赛、物资交流
5月	环巴松措国际山地自行车越野竞速赛	工布江达县政府	巴松措	
	孜列次久节	朗县县政府	孜列寺	跳神舞、摸顶、物资交流
6月	仁布圣水旅游节	朗县县政府	金东乡康玛村	商品交易、文艺表演、传统体育比赛
	多吉乡民俗文化旅游节	民间	波密县多吉乡	文艺演出、民俗活动、“非遗”表演
7月	巴尔曲德耸筑节	朗县县政府	巴尔曲德寺	佛事活动、物资交流
	巴热耸筑佛事活动	民间	朗县拉多乡藏村	跳神舞、摸顶、物资交流
	下察隅僜人民俗文化节	察隅县政府	下察隅镇	文艺演出、物资交流、民俗风情
	黄牡丹藏医药文化旅游节	米林县政府	南伊乡扎贡沟	民族歌舞表演、黄牡丹等花卉观赏
9月	波密县藏王文化旅游艺术节	波密县政府	波密县城	民俗文化、旅游宣传、文艺表演、物资交流
10月	雅鲁藏布生态文化旅游节	林芝市政府	林芝市	旅游观光、物资交流、文艺表演、招商引资
	巴松措工布民俗旅游文化节	工布江达县政府	工布江达县县城	文艺演出、物资交流、景区游览
	工布新年	民间	巴宜区、工布江达县、米林县	民俗文化、文体活动

畅游林芝
Nyingchi

林芝市旅游资源

- 巴宜区
- 工布江达县
- 米林县
- 朗　县
- 波密县
- 察隅县
- 墨脱县

巴宜区

巴宜区地处西藏自治区东南部、雅鲁藏布江北岸、尼洋河下游。平均海拔3000米，面积10238平方公里，总人口6.7万，主要生活着藏族、门巴族等少数民族。巴宜区内从亚热带植物到寒带植物都有生长，素有“绿色宝库”之称。巴宜区内的标志性景点，有南迦巴瓦峰、雅鲁藏布大峡谷、鲁朗国际旅游小镇等。

八一镇

八一镇是林芝市的行政、经济、文化、交通中心，也是林芝市委、市政府和巴宜区委、区政府所在地，位于雅鲁藏布江中游支流尼洋河畔，距离拉萨399公里，是藏东南新兴的现代化城市，海拔2980米。尼洋河从城南缓缓流过，四面环山，山上林木郁郁葱葱，雨量充沛，气候宜人，年均气温9.7摄氏度。八一镇原名“加巴菜”，20世纪60年代以前，还是乱石遍地、野兽出没的荒凉河滩，只有两座小寺庙和几十户人家，居民从事极简单的农牧业生产。后来，为纪念人民解放军对“加巴菜”城镇建设的贡献，改名为八一新村，后改为八一镇。中央召开第三、第四次西藏工作座谈会以来，八一镇在广东、福建等兄弟省市和全国各族人民的无私援助下，城市功能定位为“生态园林城市”，城市建设根据“先规划环境，再规划建筑”的指导思想，绿化、美化、净化、亮化同时起步，使城内三季有花、四季常春，风格各异的高楼大厦鳞次栉比，街道宽敞整洁，呈现出一派欣欣向荣的现代化都市景象。

林芝自然博物馆

林芝自然博物馆位于比日神山国家森林公园内，建成于2004年7月，是福建省第三批重点援建项目之一，占地1200平方米，建筑面积3500平方米，总投资 1.2 亿元，共收集了珍稀的野生动植物 607 种，是目前西藏面积最大、功能最齐全、唯一以自然资源为主要展示内容的博物馆。林芝自然博物馆由序厅、自然资源厅和放映厅三部分组成，主要展示林芝境内的动植物标本、原始森林生态景观、少数民族风俗习惯等，达到了介绍林芝、了解西藏、科学普及的目的，是人们认识自然、热爱自然、改善自然的又一窗口。林芝自然博物馆目前已成为西藏自治区爱国主义教育基地、未成年人思想道德建设基地，以及林芝市干部教育培训现场教学基地和生态保护教育基地。

岩旁村树葬

树葬是西藏一种古老的丧葬形式，至今在巴宜区岩旁村仍然可以看到这种奇特的丧葬方式。树葬的对象均是夭折的小孩，将尸体放在小小的木箱、陶罐中，或者用襁褓包裹，置于树枝之上，期盼夭折的孩子能够接近神明受到眷顾，并祈祷他转投来世。放置尸体的树木越高大越好，以此希望死去的孩子能够像大树一样在来世茁壮成长，象征永恒和希望的绿色在这里延续着带给人们的安慰。

秋古都龙瀑布

秋古都龙瀑布位于距帕隆藏布江汇入口 14.6 公里的主干河床上，海拔 1890 米，最大落差 15 米，宽 40 米左右；主体瀑布上下 600 米的河床上，还有 3 处 2—4 米高的小瀑布和 5 处跌水；主体瀑布南岸的陡壁上，有一条宽 1 米、落差 50 米的河岸瀑布，飞瀑从高山上直接泻入雅鲁藏布江，景象壮观。

觉木摩崖造像

觉木摩崖造像位于巴宜区八一镇巴果绕村觉木自然村南约 100 米的崖壁上，北距 318 国道约 2.1 公里，东距 306 省道约 1 公里，南面毗邻觉木村通往外界的乡村公路，海拔 3030 米。

该造像始刻年代不详，在“文化大革命”时期遭到一定的破坏。现由

15 尊造像组成，分布面积 60 平方米。造像刻在一块岩石的南向崖面上，由东至西依次横向排列 15 座造像。内容主要为释迦牟尼佛、护法神、药师佛等的造像。造像大者高 1.2 米，小者高 0.4 米，离地面 1 米。东侧有 3 尊造像保存较好，其他的保存较差。

比日神山

比日神山（猴山）又称仁钦崩日。此山位于巴宜区政府驻地北面约 2 公里处，地理坐标为北纬 29º39′、东经 94º23′，海拔 3266 米。

对于为何称为比日或仁钦崩日，有三种不同的说法。第一种是苯教的观点，在《苯教志》内有“群山之王‘仁钦崩’”的记载。据传说，苯教祖师顿巴辛绕·米沃切到达巴吉山即比日神山时，见此山如同一只宝瓶屹立于群山环抱之中，山巅升起五色彩虹，山腰密布檀香柏树，山下开满各色鲜花，鸟语花香，自然幽静，种类繁多的动物在此自由地繁衍栖息。于是，顿巴辛绕在此修行加持，将此山视为苯教的殊胜之地，称其为群山之王“仁钦崩日”。“仁钦崩日”为珍宝堆积之山的意思，是根据山的形状和特征赋予的一种名称。第二种是佛教徒的说法，与西藏的杂日神山有关联。相传，西藏的杂日神山原本是印度的一座神山，为寻找香巴拉圣境，自南向北飞来。空行母实施密咒使其降落在西藏，并用金刚橛固定其四方。而比日神山是位于杂日神山北面的金刚橛，所以被佛教徒奉为神山；并且认为，此神山的山门由莲花生大师开启。比日神山南边的悬崖上，可见莲花生大师留下的诸多身印。在比日神山的西、南两侧，都有被传为空行母法器、格萨尔王坐骑蹄印和天成的神龟图案、天然石成的供灯器等圣迹。第三种说法则盛行于民间。传说在远古时期，整个工布地区还是一片汪洋，而比日神山的峰顶形似一只猴子露出水面，后来在民间也称比日神山为猴山。

比日神山像一座巨大的坛城，周边分布着许多寺庙和圣迹、圣泉、圣水。这一带流传着许多动人的神话故事。转比日神山分为大圈与小圈两种。在一些特殊的宗教节日，尤其是在藏历一月十五日，附近信教群众前来祭拜者可达几千人。在比日神山的四个方位各有一座桑炉。据说，东方是镇风桑炉，南方是镇火桑炉，北方是镇土桑炉，西方是镇水桑炉。

福建公园

福建公园位于林芝市委、市政府所在地八一镇内东南部，是西藏最大的多功能综合性公园，总占地面积12.4万平方米，因福建省援助兴建而得名。园内楼宇四散分布，均是仿照福建各地著名古楼缩小比例建设而成。园中还有一湖，湖水在园内环绕，婀娜多姿。园内建筑以“闽芝湖”为中心，辐射四周。主要景观有八大胜景：芝阁飞云、武夷霞辉、双塔胜迹、天湖印月、春迎鹃柳、夏拥兰荷、秋映枫桂、冬照松梅。

该公园的景观设计借用了福建省内的代表性景观和文化。有高12米、直径3米的铜铸七层双塔，即仿制福州的乌塔和白塔；有天湖印月和莺歌燕舞两大石雕墙，雕刻作品体现了我国“石雕之乡”惠安的石雕水平和特色；园内的诗、书、画作品乃福建省名家所作。园内还吸收了林芝的民俗文化，设置了藏文和藏画。此外，航模天地、滑梯秋千、燕舞广场等，为儿童、中老年朋友提供了娱乐的好场所。

公园中最具特色的当属园林绿化。园内的植物种类多达120种，是目前西藏观赏树木种类最多的公园，而且，有些植物是首次引进西藏。公园中还成功移植了12株干径超过60厘米的野生大树，引进了结香、垂丝海棠、二乔玉兰等13个花卉苗木品种。通过花期调控，做到三季有花、四时常绿，充分体现了中国园林文化意境中“天人合一”的美学意识。

尼洋阁

尼洋阁位于八一镇巴吉高原湿地生态园内，距八一镇2公里，距318国道500米，在尼洋河右岸高坡之上。主体景观为藏式八角五层阁楼，总高35.55米。登高远眺，八一镇风光和尼洋河风光尽收眼底，美不胜收。

世界柏树王园林

世界柏树王被当地人称为达拉古秀（大柏树），位于巴宜区巴吉村东边山腰上的藏巨柏自然保护区内。该保护区海拔3000—3200米，面积20万平方米。藏柏自然园林内的柏树平均树高44米，平均胸径1.5米。其中最大的一棵藏巨柏树高57米，胸径5.8米，树冠投影面积7平方米有余，树龄距今有3200多年，被誉为“中国柏树之最”。它在《苯教志》里被誉为“世界柏树王”，此称号早已名扬海内外。关于古柏树群，民间有很多传说，相传古柏树群是苯教祖师顿巴辛绕·米沃切的头发。顿巴辛绕·米沃切与魔首恰巴拉仁斗法，二者把自己的头发抛撒在附近不同的地方，相约第二天一睹发生的变化。第二天早上，顿巴辛绕·米沃切抛撒头发的地方一夜间长出了参天大树，而恰巴拉仁的头发只是刚发芽的幼苗。传说，古柏树的果子还能用作护身符，可抵御刀枪的伤害。

工布民俗街

工布民俗街位于八一镇新区东二路与318国道之间，总占地面积13.9万平方米，建筑总面积8.7万平方米，建筑密度21%，绿化率64%，容积率0.63%，由群众自筹资金修建商铺，广东省第四批援藏工作队援助配套设施，总投资1.2亿元，是林芝市现有规模最大的特色民俗商业区。街内以商业、购物及人文历史文化景观为主体，充分体现了工布民居的建筑风格，具有浓郁的民族特色。

嘎拉桃花村

嘎拉村，古称“嘎乐吉塘”。据苯教经典《塞米经》记载，为了转苯教法轮、教化众生，顿巴辛绕·米沃切祖师前往尼洋河畔的桑地，恰巴拉仁等弟子为其建起了宏伟的念神法座。顿巴辛绕祖师亲登法座讲经授法，坐禅入定，广转苯教九乘法轮。此时，顿巴辛绕祖师的心口升起亮光无数，智慧之光照亮神山周围。于是，藏域众神、十二丹玛、十三天神及人鬼众生如落雨般投入其足下，虔诚地听取教法，心生喜悦而欢快地歌颂他的教法。从而，此地被称为“嘎乐吉塘”，意为“善言欢喜之地”，后因当地人的口语发音变化的缘故，如今被称为“嘎拉村”。

观音湖或措木及日

观音湖又称冰湖或措木及日，位于距巴宜区八一镇政府驻地 18 公里的巴吉沟。称此湖为观音湖，是因为当地信众将它看作四臂观音魂魄依附的湖泊。观音湖海拔 4085 米，面积约 4.5 平方公里，平均湖深 50 米，最深处达 60 米。冬季降雪，蓄水成湖，古冰碛垄高达百米，湖水从垄体左侧下泻后，即潜入冰漂砾间而成潮流，再从下游复出。观音湖海拔高，下游地势陡峭，湖区山林以冷杉和金竹为主，原始森林保护完好，林下杜鹃满坡，花丛树影倒映水中，景色极为迷人。相传，观音湖所在山沟的形状似度母左腿伸直、右腿弯曲的坐姿，而山下的村庄就如同给度母献曼扎。

尼洋河风光带

尼洋河是林芝的母亲河，又称“娘曲”，藏语意为“神女的眼泪”。尼洋河的源头有两大支流，一条发源于米拉山西侧的错木梁拉，另一条发源于里同拉。尼洋河全长 307.5 公里，河水年径流量 220 亿立方米，流域面积 15459 平方公里，由西向东，与雅鲁藏布江恰似一对情侣并行而下，流经工布江达县加兴乡、金达镇、工布江达镇、巴河镇，巴宜区百巴镇、八一镇、布久乡、米瑞乡，从涓涓细流到磅礴大河，用乳汁般的河水滋润了整个林芝地区，最终在巴宜区的则们附近聚集万般情感，投入雅鲁藏布江宽大的怀抱，是雅鲁藏布江的五大支流之一。

尼洋河沿河两岸植被完好，风光旖旎，景色迷人，流经景点众多，是青藏高原最美丽的河流之一。尼洋河风光带野生鸟类众多，这里也是西藏著名的黑颈鹤越冬区。尼洋河畔，两岸错落有致的柳树林围绕着农田，牛羊遍布草场，蜿蜒的尼洋河任意流淌，仿佛置身于一幅油彩画中。尼洋河风光带是巴宜区融自然景观与人文景观为一体、旅游价值极高的景区之一。

云星遗址

云星遗址位于巴宜区米瑞乡本仲村以北约 20 米处、雅鲁藏布江北岸二级阶地上，北面紧挨米瑞乡村公路，海拔 2961 米。该遗址面积不详，1974 年首次发现，是林芝市境内迄今为止发现时间较早、分布范围较广的古遗址，对研究林芝地区的人类活动痕迹和生产生活方式具有重要意义。在地层中发现有人类头骨残片，并采集到打制石器、磨制石器、陶片等文物，能够体现林芝原始氏族部落的社会活动，表现出与昌都卡若文化、拉萨曲贡文化的相似性和关联性。

云星遗址地处坡地，在施工过程中暴露出一条东西长约 14 米、南北宽约 4 米、深约 2.5 米的大沟。沟底散布有大量的陶器碎片和人类头骨残骸，采集到石凿 1 件，断面可以清楚地看到文化层。

1974 年进行考古调查时，北壁东部距地表深约 1 米的横面有一灰土薄层，宽约 0.9 米，厚 0.01—0.03 米，为炭灰堆积。北壁西部距地表深 1.1 米处，为灰土层；中部宽约 0.5 米处，含有大量陶器碎片、石器以及经火烧过的动物残骨和炭屑等；从露头处向内，深约 0.35 米范围内，出土有陶片百余件和石器 6 件。

这 6 件石器，包含盘状器 2 件、石刀 1 件、石凿 1 件、穿孔石器 1 件、打制的敲砸器残片 1 件。盘状器利用从砾石上打下的石片加工而成，刃部略经使用，有崩落的痕迹。该盘状器直径 0.06—0.07 米，厚 0.02 米。石刀已残，系岩石片磨成，为单面刃凹背弧刃，长约 0.06 米，背残宽 0.05 米。石凿为长条形，长约 0.12 米，宽约 0.04 米。穿孔石器扁平，近椭圆形，近顶端有一直穿的圆孔，长约 0.07 米，制作粗糙，疑似网坠一类的工具。

残存陶片的陶质，大致可分为泥质和夹砂两类。陶色较为均匀，以褐色为主，其他的还有少量红陶和黑陶。其中，黑陶表面呈黑色。胎是褐色，表面磨光。纹饰只有划纹一种，除素面外，颈部为横向拍印，肩至腹部有竖纹，纹饰大多不清楚。此外，还有划纹环绕器身一周或平行数周，附加尖脊宽带纹。陶片都很碎，无一可复原，从陶片辨认出的器形主要有碗（钵）、罐（瓮）、盖（盘）三类。碗（钵）有圆唇和方唇两种，罐（瓮）有直口、大口外折、卷沿、小口矮领和带耳罐五种，盖（盘）有圆唇和方唇两种。

据考古资料记载，早在距今 1 万余年前，我国就已制造与使用陶器。

陶器、磨制石器与农业的出现是人类文化发展史上一次质的飞跃，即它们标志着人类文化进入了新石器时代。在这一时期，原始先民由单纯的采集、狩猎生活逐渐转向农耕作业生产，这逐步成为人们获取生活资料的主要手段。陶器作为人工制品的一种形式，并作为人们日常生活的必需品，大大改善了人们的生活条件，促进了社会文化各个方面的发展与进步。因此，陶器成为新石器时代的重要标志。西藏同全国一样，在新石器时代就有了陶器生产。而林芝境内发现的陶器，在器形、装饰纹样、工艺等诸方面都有独特的地方风格和鲜明的民族特征。据《西藏新石器时代考古学文化的几个问题》描述："林芝文化类型指以巴宜区（原林芝县）为中心的藏东南新石器文化遗存。"从云星、居木、都普、卡达、卡定等遗址和尼池墓地，以及墨脱境内石器采集点的分布情况与陶器、石器遗存来看，林芝文化类型的主要特征是：分布范围系海拔 700—3000 米雅鲁藏布江下游的森林、山地，属珞巴、门巴等人口较少民族活动频繁的地区；石器中以磨制石器为多，不见细石器，石质工具只有磨制石器和打制石器两大类，其器形以条形锛、凿及有孔石刀为主；陶器有夹砂陶和泥质陶两种，器形有碗（钵）、罐（瓮）、盖（盘）等，均为平底器。对考古资料记载的林芝文化类型的文化面貌，先前曾有过不尽相同的两种认识：一种意见认为，该文化类型与昌都卡若文化大致相同，因为其磨制石器的主要类别"在卡若亦有发现"，陶器在质、色、纹饰、器形等方面均与卡若的陶器相同。另一种意见则倾向于认为，林芝文化类型更接近拉萨曲贡文化，并指出，林芝新石器时代遗存的"文化面貌和拉萨曲贡相比，有一定的相似性"，而与卡若文化相比，除陶器的刻划纹、绳纹、附加堆纹及器底均为平底器外，其他方面差别较大。将林芝文化类型的主要遗物（石器及陶器），与卡若、曲贡两遗址的同类出土物作一个概略的比较，林芝文化类型中的石器、陶器及其特征既不完全与曲贡遗存相同，也不完全同于卡若遗存，多数因素在后两者中都存在，但后两者的许多因素在林芝文化类型中又不曾发现。然而，林芝文化类型的年代与卡若等遗存的年代比较接近，也是属距今 4000—5000 年新石器时代晚期的遗存。虽然通过对比和部分文献推断其属于独立的林芝文化类型，能够体现林芝原始氏族部落的社会活动，表现出与昌都卡若文化、拉萨曲贡文化的相似性和关联性，使其成为西藏史前文化中的一种重要区域性文化；但由于考古技术和考古步伐的滞后，在林芝发现的大量陶片、陶器和石器，还不能完全证实是否属于具有别具一格高原文化内涵的史前文化、是否属于独特的制陶文化、是否在发展上也有自己完整的体系、是否能更新新石器时代的时间跨度，等等。

比热修行洞遗址

比热修行洞遗址位于巴宜区百巴镇比热自然村，距百巴镇政府驻地约25公里，海拔3400米，奉宁玛派。

相传，该修行洞是格萨尔王当年在此降妖时开光的，也称格萨尔拉康，有大小两个洞穴，洞中甘泉直流。洞内供有宗喀巴大师师徒三尊、护法巴瓦七兄弟、空行母益西措杰等泥塑像，并有莲花生大师的法座等圣迹。

每逢良辰吉日及宗教节日，众多信徒到修行洞周围转山祈福。转山分大、中、小三圈：转大圈要两天左右，转中圈要一天，转小圈则只需两小时。

琼果林寺遗址

琼果林寺遗址位于巴宜区布久乡嘎玛村则拉岗自然村以西约3公里的琼果林山半山腰处，距布久乡政府驻地约20公里，海拔3000米，奉噶举派。

该寺由九世噶玛巴·旺久多吉（1556—1603年）于1579年创修扩建，当时建有集会殿、厨房、宿舍、客房等，在准噶尔部侵藏时被毁，修复之后改奉宁玛派；“文化大革命”时期再度被毁，至今未修复；现存主殿遗址、厨房遗址、僧舍遗址、接待室遗址等。

主殿遗址位于寺庙遗址的中央，坐西南朝东北，为夯墙，仅存部分残迹，内部结构不详。前部为一门廊，内侧东南至西北残长13米，西南至东北残宽2.4米，四面墙体残高1—5米，墙体残厚0.8—1.3米；后部为集会大殿，内侧东南至西北残长13.3米，西南至东北残宽9.7米，墙体残高最高为5米（西北墙），最低为1.35米（西南墙靠西侧），墙厚0.7—0.92

米。西南墙的垮塌程度较为严重，目前仅残留轮廓。西北墙存有一排椽木孔，离地 1.4 米。

厨房遗址位于寺庙遗址的东南面、主殿遗址东南 3 米处，坐东南朝西北。墙体由石块垒砌而成。四周墙体的残存情况相对较好。屋顶已完全垮塌，只有 1 间房。内侧东北至西南长为 9.3 米、东南至西北宽为 4 米，外侧东北至西南长为 10.6 米、东南至西北宽为 5.1 米，墙厚 0.6 米，残高 0.5—2.5 米。

僧舍遗址位于寺庙遗址的西北面、主殿遗址以北 9 米处，仅存东北面墙体，为夯筑，残高为 2.9 米，残长为 8.9 米，墙厚 0.9 米。

接待室遗址位于寺庙遗址的最西北面、主殿遗址西北约 50 米处，坐西北朝东南，为夯筑。四面墙体残存，墙厚 0.9 米，东北至西南残长 16.4 米，西北至东南残宽 15.1 米。

琼果林寺遗址周围泉眼众多，清泉飞流直下。每逢沐浴节，便有人前往沐浴。

喇嘛岭寺

喇嘛岭寺位于距八一镇约 30 公里的巴宜区布久乡简切村西部，东南距 306 省道约 8 公里。东南约 100 米有通往外界的乡村公路，海拔 3322 米。寺庙原名“桑多白日寺”，意为铜色莲花山寺，属藏传佛教的宁玛派寺院。寺庙三面环山，环境优美，寺内各色花草争香斗艳、千姿百态，风景优美，而且规模较大。

“喇嘛岭”一词来源于民间。传说二世顿炯活佛·晋哲·益西多吉在此开坛、讲经、传诵佛法、做法事活动时，在他的周围聚集了许多高僧、喇嘛，所以得名“喇嘛岭”，意为喇嘛、高僧云集的地方。主寺最初由二世顿炯活佛于 1930 年在罗布山顶上修建，称“仁增嘎才”，意为“持明乐园”。后因地震倒塌，移址到山下，也就是现在的位置。在“文化大革命”时期又遭到破坏，几乎化为灰烬。现存的这座寺是顿炯之女德钦玉珍的爱人，于 1987 年亲自设计并主持修建的。传说举行建成庆典那天，阳光灿烂、风和日丽，空中出现彩虹等吉兆；第二天凌晨，天空又降下八瓣莲、树叶、吉祥图、宝钟、花蕊等形状的雪花，佛语叫“加持”，预示天神赐予寺庙的精神力量；雪后的寺院又迎来万里晴空，此时佛光闪烁，在佛光中隐约闪现出莲花生大师的佛容。

寺庙右方是现任住持的生活区，面积大约为寺庙的八分之一。有专人负责住持的起居饮食，并协助住持接待朝拜者以及部分特殊游客。

大经轮：大经轮直径 1 米，高 2 米，经轮上刻有藏传佛教六字真言。在西藏，转经筒是最常见的宗教礼仪之一，也是积功修德的有效途径。转一次经筒就等于将经筒里的经文诵读了一遍，是一种省心省力省时的好办法。西藏随处可见利用水力和风力推动的经筒，顺时针转表示对佛祖的虔诚。

四方平台：传说这是二世顿炯活佛的上马台。

主殿：喇嘛岭寺整体构思绝妙，上下分三层，由底层到顶层，由高到低，面积由大到小。外层形似曼陀罗，里层形似人的心脏。寺内主要供奉莲花生大师、观音菩萨和无量光佛，象征该寺是藏传佛教寺庙的中心之一。寺庙底层外墙的颜色，东、南、西、北分别为白、蓝、红、绿，意指底层建筑材料分别为白水晶、蓝琉璃、红玛瑙、绿宝石，象征寺庙的尊贵。东、南、西、北四扇门，分别象征慈无量、悲无量、喜无量、舍无量。四扇门门顶都有祥麟法轮一个，一来象征人与自然和谐统一，二来象征祥麟法轮也在倾听佛法的禅语。

主殿内主供高 5 米的铜制镀金莲花生大师，左右分别是明妃益西措嘉和明妃曼达位娃。化身堂是二世顿炯活佛·晋哲·益西多吉的宝座，为二世顿炯活佛修行之用，所以，化身堂好比是活佛的冬宫。宝座后面，靠墙立着莲花生大师的护法神芝玛（松玛），传说莲花生大师就是由他陪同从印度到西藏的。

第一层的地板采用西藏最传统方式拼接而成，没用一颗钉子。北面墙上的壁画，是一幅从一世到十七世顿炯活佛的演变壁画。

第二层是报身堂。报身，藏传佛教指圆满报身。东、南、西三面外墙上，是莲花生大师 25 名弟子的画像，也称“君臣二十五人”。莲花生大师一生共收了 1.5 万余名弟子，最早得道的就是这 25 人。传说在吐蕃王赤松德赞（755—797 年在位）时期，藏王及大臣们听莲花生大师讲授密法而得到正果。再看北面墙上，是六严二胜的画像。六严指古印度六大佛学家——龙树、圣天、无著、世亲、陈那、法称；二胜指释迦光、功德光，是佛学境界最高的两人。

在走道的四个角落有四间空着的小房，它们分别是内金先巴、拉钦、阿松玛、堆垂玛的护法神位，这些是保护财产的守财神。传说此类神无影、无踪、无形，寺庙财产一旦被盗，盗窃者的灾难就接踵而来，直至被盗物归还寺庙为止。

报身堂主供观世音菩萨（坚热色），左右两侧分别是文殊菩萨和手持金刚佛。报身堂右方是二世顿炯活佛的宝座，属二世顿炯活佛夏天坐禅、修行之用，因此，报身堂又好比活佛的夏宫。佛像后面是经文架，这里藏有 150 卷大藏经《甘珠尔》和 250 卷佛经《丹珠尔》。

第三层是法身堂。法身是代表佛教真理（佛法）凝聚所成的佛身。从法身堂到寺顶锥的高度为 8.8 米。现在大家看到的是高约 2.5 米的无量光佛，汉传佛教称之为“阿弥陀佛”，是西方极乐世界最大的佛。法身堂的面积只有 36 平方米。

喇嘛岭寺的“化身、报身、法身”，在佛教里又称为“如来三身”。

配殿：这个配殿是“文化大革命”前所建桑多白日寺的旧址，它是寺庙的佛殿，是喇嘛念经、召开法会的地方。这里主供如来佛，它是喇嘛岭寺最大、最雄伟的佛像。佛像面容栩栩如生，给人一种庄严肃穆的感觉。这座铜制镀金如来佛坐像高 13.75 米，仅底座就长达 7.9 米、宽 6 米、高 2.6 米。

珠曲登寺

珠曲登寺位于巴宜区布久乡珠曲登村中央，北面有珠曲登村通往外界的简易乡村公路，东南距布久乡的村公路约 2 公里，东距 306 省道约 9 公里，海拔 3030 米。该寺由嘉旺曲吉贡嘎边觉于 1463 年左右创建，奉噶举派，主供多吉羌。1950 年墨脱大地震致使寺庙损毁。1980 年前后，在原有的基础上修复了主殿。

该寺最初建于名叫“美扎朵”的地方，是噶举派支系竹巴噶举最早的寺庙之一。相传，嘉旺曲吉贡嘎边觉依据空行母的预言，来到现珠曲登村的山谷中，开坛敬供神水。当占卜选择建寺之地时，飞来一只乌鸦把供盘叼走，他便沿着乌鸦飞走的路线追了过去。到了一处三岔路口，看到燃烧的供盘放在一块巨石上，他感到非常奇怪，遂认定这里就是空行母预言的弘法之地。此后，嘉旺曲吉贡嘎边觉修建了一座 15 柱间的两层拉康（神殿）、一座 10 柱间的两层拉康，取名美扎朵寺。

由于美扎朵寺地处高山峡谷，冬季特别寒冷，嘉旺曲吉贡嘎边觉遂于 1463 年左右，把寺庙搬迁至当时为美扎朵寺庄园的珠曲登村，改名珠曲登寺。当年建有主殿和僧舍。底层为马厩，第二层为主殿，第三层为僧舍。四周有高大的围墙。东、西、南、北各有一扇大门。当年，珠曲登寺香火旺盛，僧侣众多，势力强大，在今工布江达县一带有该寺的庄园及几座子寺。

寺庙在 1950 年墨脱大地震中被毁，僧人死伤众多。1957 年，在该寺僧人和周围信众的请求下，十世嘉旺活佛·嘉旺仁布切向当时的西藏地方政府噶伦、中华人民共和国国防委员会委员、中国人民解放军西藏军区第一副司令员阿沛·阿旺晋美请示。根据阿沛·阿旺晋美的指示，在珠曲登村中央修建了一座有 24 根短柱、2 根长柱的集会殿，以满足信众开展日常宗教活动的需求。在“文化大革命”时期，寺内文物全部被毁或遗失，殿堂作为公社的粮仓得以保留。2008 年获准维修，2012 年获准在遗址上重建。

古桑王

古桑王是距八一镇 30 公里处帮纳村内的一株古桑树，是迄今为止林芝发现的树龄最长、树冠最大的古桑树。该树树围 13 米，树龄 1600 多年，主干体积达到 40 余立方米，被称为“桑树之王”。树心充实，树叶茂盛，无病虫害，显示着顽强的生命力。这棵树年年花开满树，却无果实，当地群众称它为“布欧色薪”，意为雄桑树，是吉祥物的化身。

帮纳民俗村

帮纳民俗村最早的居民是各地来朝觐苯日神山后留下来的，早些年是巴宜区有名的贫困村。后来在党的富民政策指引下，逐步脱贫致富，先后被评为“全国扫盲先进单位”“全国民族团结先进单位”和“全国精神文明建设示范点”。现在的帮纳村不仅是巴宜区第一个“电视电话村”和“汽车村”，而且每家每户都生产手工制作的工布民族特色服饰，居民收入有了很大提高。凭借群众勤劳双手的努力，往昔破落不堪的村庄，今天已经建设成由一栋栋具有民族特色的木石结构藏式小楼组成的美丽家园。

娘欧码头

娘欧码头位于尼洋河汇入雅鲁藏布江处。雅鲁藏布江水上游客接待中心是栋藏式楼房。水路往返于派镇和娘欧之间，约 5 小时的路程。乘船可以尽情领略雅鲁藏布江沿岸美丽风光。

公众村古生态园

公众村古生态园位于巴宜区公众村，距八一镇 3 公里，地处 318 国道旁。园内古树繁多，堪称林芝一绝，有千年核桃王、枯木逢春、古杨鼎木、百牛木王、核桃绝唱、朗玛奇柳、野生木瓜王、树中树、三树结盟等植物奇观，并有玛尼吉祥、糌粑喷香、水磨半壁、香炉天造、扬幡祝福、好汉赛石、古天葬台等神秘的藏文化精品。

卡定瀑布

“卡定”意为天上人间。卡定瀑布位于八一镇以西 18 公里处、距巴宜区尼西村 2 公里处的公路旁，山清水秀、风景宜人。卡定瀑布由 2 条瀑布组成，最上层的瀑布落差约 50 米，第二层落差 15 米左右。每年冰雪融化、水量充沛时，卡定瀑布呈现银涛直泻、万练垂空的姿态。水小时，如银链飘然而下，水珠洋洋洒洒、悠然自落。水击石岩化为蒙蒙细雨，阳光射来，道道彩虹叠次出现。瀑布下则清秀幽静，瀑布水在此汇流成一条水清如玉的小溪，潺潺流水缓缓流入尼洋河。瀑布后面的岩石，自然生成三尊佛像，具有赐予生灵富贵和长寿的“富贵长寿佛”的佛面，清晰而且巨大；左右两边，还有名为“巴丹拉姆”的女神和一位男护法大师的佛面。对面岩石上，有奇特的、名为“神鹰献宝”的图案。所有图像都天然成形、清晰可见。沟谷中有密布的原始森林，更有与藏传佛教浑然一体的美丽传说。

卡定神山的传说

卡定沟在巴宜区八一镇多布村东边约 500 米的地方，是尼洋河流域一处宗教圣地和著名旅游景点。其地理坐标为北纬 29°44′、东经 94°8′，海拔 3096 米。卡定神山是位于卡定沟的重要圣地。据说，该山的圣门至今尚未被正式开启。除了民间口头传说外，还未见任何地方志记载。

卡定神山风景秀丽，地理构造神秘而令人向往。山顶长满以松树为主的各种植物。山腰有陡峭的岩石山，从远处望岩石，形状各具特色，如诗如画。有的岩石像神龟爬行，有的如弥勒佛端坐，有的似工尊德姆神高举神灯……卡定神山有从天而下的大瀑布，高 50 多米，犹如从空中泼洒的甘露，飘落在好似佛陀面孔的岩壁上，令人望而心生敬畏。山下长满绿油油的松树、青冈树和竹子等，四季如春。在瀑布周围的岩石上，有诸多奇异的印记。卡定神山西面的山上有天成六字真言、日月星辰以及观世音像，传说一块方形岩石里有卡定神山圣门的钥匙。附近的岩石上有自然天成的格萨尔王的马鞍、马鞭等诸多印记，以及从前防御外敌用的碉堡遗迹。此外，在卡定神山周围还有诸多奇特和不可思议的自然景象。

传说中，整个卡定沟是一处神圣的宫殿，沟里有四扇圣地之门。其中一扇门，就位于多布村口的两座岩石山对立之处，据说是通往仙界之门。关于此门，流传着神奇的故事。传说很久以前，多布村有一名猎人。一日，他带着猎狗在山中寻猎。猎狗发现一只獐子后紧追不舍。獐子被追到了两座岩石山对立的地方，猎狗和猎人紧随其后，到达此处时，正赶上圣地之门开启。这样，獐子、猎狗与猎人一同进入圣地之门，到达仙界，衣食无忧，悠闲自得，乐不思蜀。猎人感觉好像过了三个月，他突然想起家中的父母和妻儿，对仙界的主人表示自己想回一趟家，将家人也带来一同享乐。仙界的主人对他说："你如果还想回到此处，就在圣门的门卫处取三根吉祥草和口诀。"于是，猎人按仙界主人的交代，到门卫处取三根吉祥仙草。仙界的门卫说："你带着这三根吉祥草，并念诵口诀，才能再次进入仙界，千万不要掉以轻心啊！"他边说边给了猎人三根吉祥草，以及写有口诀的纸条。

猎人走出圣门，回到凡间后，在一处无人之地休息时，将身上的三根吉祥草和口诀纸条掉在了那里。回家途中，猎人看见一群人在他家的地里干活，于是上前问缘由。原来，他在仙界三个月，实际上，人间已过了三代人的时间，村里早已无一人认识他。猎人这才恍然大悟。这时候，他想再次进入仙界，却发现三根吉祥草和口诀纸条早已不翼而飞。猎人没有按圣门门卫的话保管好三根吉祥草和口诀纸条，再也无法通过圣门回到仙界。

苯日神山

苯日神山位于巴宜区普龙东南方，距八一镇 53 公里，在雅鲁藏布江北侧，为西藏四大神山之一。苯日神山高耸入云，森林密布，四季鲜花不绝、景色各异。春临大地之际，处处芳菲，春意盎然；夏季凉风习习，烟雨蒙蒙，满山杜鹃烂漫生姿；金秋万山红遍，野果飘香，令人流连忘返；冬季则雪峰皑皑，玲珑剔透，如同水晶与光影的世界。山上现存有天梯、大师崇拜、神鸟崇拜等遗迹。所谓的天梯，其实是位于苯日神山山腰处的一棵常被雾气环绕的巨木，仿佛高耸入云，像阶梯一般直插云霄，被誉为通天之树、宇宙树。树上经常挂着各色经幡和祭品，表达着人们的虔诚信仰。

苯日神山周围至今保存完好的寺庙有 4 座，即达卓萨寺、吉日寺、达孜寺、色迦更钦寺。

苯日神泉：苯日神泉位于苯日神山脚下，并由此得名。此泉被当地群众奉为圣泉，传说有净眼明目的功效。

布久拉康

布久拉康位于巴宜区布久乡朵当村、306省道西面30米处，海拔2995米。据《西藏王统记》等藏文史料记载：工布地区的步曲庙，即现在的布久拉康，是松赞干布为了镇压罗刹女的右肘而建，属于西藏12座镇魔寺庙之一。该拉康曾奉宁玛派，明清以后改奉格鲁派。1985年，在原有的基础上进行维修，加盖了第二层僧舍等，定名为布久拉康，又改奉宁玛派，主供莲花生大师。主殿的第二层佛殿中央主供观音极乐世界塔，四面有早期绘制的十六罗汉壁画。目前，布久拉康由主殿、僧舍等组成。2009年10月，它被西藏自治区政府公布为自治区级文物保护单位。

《东嘎藏学大辞典》记载："青藏高原地形似罗刹女仰躺。在修建大昭寺时，为了镇压罗刹女右肘，吐蕃赞普松赞干布修筑布久拉康，主供一肘高海螺大悲十一面观世音菩萨。还有一盏石质伏藏物供灯。因此，也称布久伏藏物神殿。"

1950年墨脱大地震中，布久拉康损毁严重，后由则拉岗宗向西藏噶厦政府汇报灾情。西藏噶厦政府下拨金、银、铜等所需物资，并派遣崩唐仲宜等官员，动员工布十六属地的民众重修了布久拉康。重修时，面积比原来小了些，层数也少了一层。由于管理不善，遗失的主供海螺大悲十一面观世音菩萨像未找到。重修之后，布久拉康由德木寺、羌纳寺、扎西绕登寺三寺共同管理，每寺派4名僧人，共计12名，一直到西藏民主改革前定期轮换。1959年，布久拉康成为布久区政府办公地，院内还住着几家贫困户。后来，布久区政府迁出，布久拉康用作生产队的粮仓。"文化大革命"时期，该拉康顶部的金顶被掀，内部文物被毁。1985年重修。

布久拉康藏有新塑药泥大悲十一面观世音菩萨像，成人等身镀金铜莲花生大师像1尊，泥塑亲教师寂命大师像、法王赤松德赞像各1尊，松赞干布像、宗喀巴像、四臂观音像、8岁小孩等身工尊德姆像、空行佛母像、印度响铜释迦牟尼像、萨迦班智达像各1尊，一肘高西藏响铜宗喀巴像1尊，大藏经《甘珠尔》3套，佛经《丹珠尔》1套及各种宁玛派典籍；新、旧唐卡100多幅，银质供水杯10余个，还有长筒号、唢呐等文物和藏品。

该寺主要宗教佛事活动有：每年藏历一月十五日，举行布久“季达热瓦”（汉译为“开春踏青”）。

则拉岗宗遗址

则拉岗宗遗址位于巴宜区布久乡嘎玛村则拉岗自然村内，东距306省道约400米，海拔2996米。藏历第十绕迥水兔年（1642年），则拉岗宗成为西藏噶厦政府所属的宗政府，当时下辖今米林县、巴宜区。18世纪，该宗改为工布地区的“基巧宗”（相当于现在的地区），为三大领主（噶厦、贵族、寺庙）征收名目繁多的赋税，极大地加重了当地百姓的负担。例如，制定了“希扎冈卓拉敦”税制，其中，“希”又分为“加”“兴”“俄”三种。“加”意为汉，指按照清廷驻藏钦差大臣及清军官兵所需，从汉属庄园征缴饷银的制度；“兴”意为木材或柴火，指向布达拉宫、甘丹寺、热振寺、哲蚌寺缴纳柴火或木料差徭的制度；“俄”意为炒，指向拉萨祈愿大法会缴纳糌粑差徭的制度。“希扎冈卓拉敦”中的“扎”意为强制，是指强制服兵役。它又细分为“八分兵役”和“四分兵役”两种：八分兵役是指原西藏地方每八冈（60克耕地为一冈）差地出兵员一名的差役。四分兵役是指原西藏地方每四顿（120克耕地为一顿）差地出兵员一名的差役。“冈卓”在藏语中意为“力役”，是指政府官员出差和军队行军时，由人、畜支应运输和劳作等徭役。“拉敦”意为从人们手中直接上缴的税，是指根据当地资源状况，上缴粮、油、动物皮毛、珍贵药材及钱物的人头税。

则拉岗宗隶属西藏噶厦政府下属的基巧宗后，下辖觉木宗、工布江达宗、雪卡宗、金东宗、朗宗、古如朗杰宗等六宗。原则拉岗宗建筑群由官员住房、监狱、办公楼、马厩、仓库等组成，1950年墨脱大地震时受到破坏。目前仅存官员住房废址、仓库废址、监狱废址各1座，呈四合院式布局，分布面积约6000平方米。

觉木宗遗址

觉木宗遗址位于巴宜区八一镇巴果绕村觉木自然村以东约100米的多

拉岗山顶，距八一镇政府驻地约 3 公里，海拔 3052 米。

觉木宗设立于 1663 年甘丹颇章政权时期，是当时工布则拉岗宗下辖宗之一。现在的工布江达县朗色村至巴宜区尼池村，都由该宗管辖。1956 年撤宗，设立塔工基巧办事处，觉木宗遂废。其建筑物在“文化大革命”中被毁。目前，觉木宗遗址旁还保存有噶尔札仓寺、东嘎拉章的遗址。

觉木宗遗址为土石结构，现存部分建筑基址和部分石块墙体，内部结构不详。东向西长约 30 米，南向北宽约 20 米。

噶尔札仓寺或称东嘎寺建于 1666 年，奉格鲁派。五世达赖喇嘛阿旺罗桑嘉措时期（1617—1682 年），寺内主供宗喀巴师徒三尊像，强巴殿内供巨大强巴佛像一尊。护法神为班丹拉姆（吉祥天女）和乃琼护法。当时有 108 名僧人。该寺在“文化大革命”中被毁。

东嘎拉章是历代东嘎活佛住地的寝宫，建于 1666 年。该拉章与噶尔札仓的关系，类同于达赖喇嘛的内库机构与布达拉宫孜朗杰札仓的关系。今工布江达县朗色村至巴宜区帮纳村范围内的宗教活动，都归噶尔札仓和东嘎拉章管理。东嘎拉章毁于 1959 年。

德木宗遗址

德木宗遗址位于巴宜区米瑞乡曲尼贡嘎村东部，向南 1.8 公里为米瑞乡村公路，海拔 3030 米。

德木修建于五世达赖喇嘛时期。在西藏噶厦政府时期，拉萨的德木拉章——丹吉林寺为政教合一的实体机构，是西藏噶厦政府下属政府机构。18 世纪，则拉岗宗升格为工布地区的基巧宗后，德木属于则拉岗宗下面的一个小宗，管辖范围较小，相当于现在的乡镇级政府。1959 年西藏民主改革时期，宗机构被废止。德木宗遗址占地约 1000 平方米，现存宗府楼一座。

雅鲁藏布大峡谷国家级自然保护区

雅鲁藏布大峡谷位于喜马拉雅山脉和横断山脉、念青唐古拉山脉会合处。雅鲁藏布江下游的米林、巴宜、波密和墨脱辖区统称为雅鲁藏布大峡谷地区，地理坐标为东经 94°39′—96°06′、北纬 29°05′—30°20′，面积为 6.43 万平方公里。1994 年，中国的科学家们对这个大峡谷进行了科学论证，雅鲁藏布大峡谷以其在地球上无与伦比的地理指标和综合要素，被确认为“世界之最”。1998 年 9 月，国务院正式批准：大峡谷科学正名为“雅鲁藏布大峡谷”，罗马字母拼为 Yarlung Zaogbo Daxiagu。

蜿蜒流淌的“极地天河”——雅鲁藏布江发源于喜马拉雅山脉北坡的杰玛央宗冰川，穿行西藏日喀则、拉萨、山南、林芝等 4 个市的 23 个县，在我国境内全长 2057 公里，流域面积 24 万平方公里，从墨脱县出境，经印度、孟加拉国汇入印度洋。在东经 95°、北纬 29° 附近，雅鲁藏布江绕行南迦巴瓦峰，峰回路转，作巨大马蹄形转弯，形成了壮观的雅鲁藏布大峡谷。

根据当时国家测绘局公布的数据：雅鲁藏布大峡谷北起米林县的大渡卡村，南到墨脱县的巴昔卡村，全长 504.6 公里，最深处为 6009 米，平均深度 2268 米，是不容置疑的世界第一大峡谷。大峡谷最险峻的核心地段从派区大渡卡到墨脱县邦博，长度达到 240 公里，平均深度在 500 米以上；最深的地方介于南迦巴瓦峰和加拉白垒峰之间，深度达 5352 米；谷地河床最宽处 2000 米，最窄处仅 35 米。整个大峡谷剖面呈不对称的“V”形，峡谷坡面略有转折，呈阶梯状，上部开阔，下部陡窄，许多地方下部呈“U”形，水面以上的谷壁岩高达 300 多米，两侧是急陡单向倾斜的单斜山，悬崖、峭壁、险峰比比皆是。大峡谷中还叠套着一个个小拐弯，峡谷嵌入基岩、山嘴交错的深深激流中，十分宏伟、壮观。

在雅鲁藏布大峡谷被发现之前，美国的科罗拉多大峡谷一直被誉为世界第一大峡谷，其长度为 370 公里，极值深度 2133 米。此外，世界知名度较高的秘鲁科尔卡大峡谷和尼泊尔喀里根大峡谷也都自称为世界第一大峡谷，前者的极值深度是 3200 米，后者的极值深度是 4403 米。从绝对数据的比较来看，雅鲁藏布大峡谷无论长度还是深度都当之无愧地是地球上最大、最深的峡谷，科罗拉多大峡谷和科尔卡大峡谷、喀里根大峡谷，都是不能与雅鲁藏布大峡谷等量齐观的。

由印度板块和亚欧板块碰撞“挤压”而成的雅鲁藏布大峡谷，不仅以其深度、宽度名列世界峡谷之首，更以其丰富内涵及宝贵资源引起世界科学界的关注。雅鲁藏布大峡谷自下而上垂直分布着自热带雨林到极地冰漠等各种自然气候带，是全球气候的微缩景观和天然博物馆，蕴藏着极其丰富的生物多样性资源，是开展地质地貌、环境气候等多种科学研究，揭示自然奥秘的一方净土：世界最大的降水带分布在布拉马普特拉河—雅鲁藏布江流域，世界上濒临绝种的古老物种在雅鲁藏布大峡谷仍然生息繁衍不止，世界上最丰富的水能资源、稀有生物资源都在雅鲁藏布大峡谷，这里的地质现象也是多种多样的……总之，这里是神奇和美丽的化身。

高峰与拐弯峡谷的结合，在世界峡谷河流发育史上十分罕见，这本身就是一种自然景观。更为神奇的是，雅鲁藏布江大拐弯是由若干个小拐弯相连组成的。沿着布拉马普特拉河至雅鲁藏布大峡谷有一条绿色通道，雅鲁藏布大峡谷就是这绿色通道的重要组成部分。深邃的雅鲁藏布大峡谷宛如青藏高原东南部的一个绿色门户，向着孟加拉湾和印度洋，为来自印度洋的暖湿气流提供了一条天然通道。这条天然的暖湿气流通道，造就了通道沿途许多奇特的生物景象和丰富的自然资源。沿着这条通道，热带的划分向北推进了 5 个纬度之多，使之成为热带的最北限，也是整个青藏高原生物区系最丰富的地区。它包括青藏高原已知高等植物种类的 2/3、已知哺乳动物的 1/2、已知昆虫的 4/5，以及中国已知大型真菌的 3/5。

雅鲁藏布大峡谷中蕴藏着丰富的水利资源，整个雅鲁藏布江水利资源的 2/3 集中在这里，其单位面积蕴藏量为全世界同类水利资源之最。据计算，其天然水能蕴藏量最高达 6880 万千瓦，平均单位河长天然水能蕴藏量高达 13.86 万千瓦 / 公里。

雅鲁藏布大峡谷深处蕴含着丰富的未开发的旅游资源，其核心地段在川藏公路以南、喜马拉雅山脉东端与岗日嘎布山交会区，即东经 94°39′—96°06′、北纬 29°05′—30°20′之间。峡谷末端，面积约为 1.7 万平方公里。大多为无人区，只有山间小道与各村落相连，条件较为艰苦。翻雪山，爬绝壁，穿越荆棘丛生的原始森林，走过一条条横跨激流汹涌的雅鲁藏布江的高空索桥，就可以看到雅鲁藏布大峡谷著名的马蹄形大拐弯的弧顶，如同伸出的两只臂膀将南迦巴瓦峰紧紧揽入怀中。人类面对雅鲁藏布江大拐弯这天神造物的壮美景观，只有惊叹、再惊叹！沿雅鲁藏布江江岸前行，江面凸显着的各种形状的黑色礁石被江水拍打，发出震耳欲聋的声音；一路看似又平又厚实的地段，行走时却必须处处留神、加倍小心，它们是落叶铺成的厚厚的腐蚀层，下面到处都是危险的狭长石隙；在谷底行走使人感觉好似蚂蚁在缓慢行进，抬头就是万丈绝壁，青天只得一线，前方如巨兽利齿、森森牙床。

1998 年，中国科学院联合探险考察队考察雅鲁藏布大峡谷核心无人区河段时，发现了世界罕见的河床瀑布群，这又为大峡谷增添了无限魅力。此段峡谷多急流转弯，河床特别陡峭，平均坡降 23‰。实测峡谷嵌入基岩的河槽最窄处仅 35 米，落差达 21 米。现已证实和发现的 4 处瀑布群，分别是绒扎瀑布群（“绒扎”在门巴语中意为“峡谷之根”）、秋古都龙瀑布群、藏布巴东瀑布群（雅鲁藏布江最大的河床瀑布，被评为中国最美六大瀑布之首）和虹霞瀑布。目前，这些瀑布奇观仍待进一步开发。

门巴吊桥

从巴宜区排龙乡到扎曲村，一路上共有 4 座吊桥。受地质条件所迫，吊桥结构简单，为钢索木质结构。吊桥长度在 60 米或 70 米不等，距离江面 50 余米。咆哮的帕隆藏布江从桥下奔腾而过，在陡峭的山峦之间东突西撞，轰鸣之声不绝于耳。游人行在桥上如临深渊，对从未体验过群山峻岭、咆哮江水的游客来说，是一个巨大的魄力与智力考验。

扎曲村

扎曲村是雅鲁藏布江边的一个小村，隶属巴宜区排龙乡。在扎曲村，可以居高临下观赏雅鲁藏布江大拐弯的壮丽景观、帕隆藏布江汇入雅鲁藏布大峡谷的宏大场面，以及帕隆藏布江在这里形成的另一个较大的马蹄形急拐弯，并可以遥望南迦巴瓦峰和加拉白垒峰的神秘面容。

八 玉 村

八玉村为观赏雅鲁藏布大峡谷的最佳位置。站在该村附近，从海拔6000余米的岗日嘎布雪山到高度不足2000米的大峡谷谷底尽收眼底。大峡谷在这一带犹如一条巨大的大裂缝，两岸几条瀑布飞流直下。山腰团团白云在浓密的原始森林间飘动，美不胜数，壮观无比。

则隆弄冰川

“跃动的冰川”是雅鲁藏布大峡谷中一种特有的冰川形式，全称是“有跃动形迹的超长运动冰川”，在我国只发现两条这样的冰川，全部分布在雅鲁藏布大峡谷。一条是发育在帕隆藏布江的米堆冰川，在1988年的跃动中，诱发泥石流，洪水将约30公里长的川藏公路冲毁，造成当地交通运输中断达半年之久。另一条就是发源于南迦巴瓦峰北坡的则隆弄冰川。在1950年墨脱大地震时，则隆弄冰川崩裂成6段，直冲而下，在淹没了其脚下的直白村后，冲入雅鲁藏布江，并造成江水堵塞数小时，使得加拉村下游一带的江水完全干涸，村民甚至可以到河床上捡鱼。如今，则隆弄冰川余段的活动仍然频繁。

工布直纳遗址

工布直纳遗址位于巴宜区林芝镇立定村直纳自然村，毗邻苯日神山和米瑞乡村公路，海拔2969米。

工布直纳遗址原为工噶布王（工布地方王）的冬宫所在地（夏宫位于今林芝镇立定村西南）。据民间相传，当年，苯教祖师顿巴辛绕·米沃切来到工布地区传法。工噶布王与大臣们商议如何迎请他，为表达弘法之心，决定把金银珠宝放入直（藏升）和克（藏斗，一藏斗约14公斤）中献予祖师。顿巴辛绕·米沃切祖师欣然接受，并把金银珠宝分成三份。他将其中一份与自己的马鞭一起，伏藏于酷似金宝法轮的岩壁之下，也就是工布直纳所在地。工布直纳意为用藏升藏宝的地方，并因此而得名。

后来，顿巴辛绕·米沃切祖师在工布地区大兴苯教，广收门徒，讲经传法，普度众生，祈愿工布地区苯教昌盛、人畜兴旺。苯教在工布地区如鱼得水，迅猛发展，许多神山圣地得到开光，苯日神山就位于工布直纳旁。工布直纳周围还有三处泉眼，泉水清凉无比、清澈见底，据说有除障明目之效。许多信众特意到此求饮泉水，以清眼障。

吾金竹普摩崖造像

吾金竹普摩崖造像位于巴宜区百巴镇折巴村西北约 500 米处，紧靠 318 国道，海拔 3129 米。

造像线刻在一块大岩石的东向崖面上。崖面高约 20 米，宽 6 米，从南向北刻有造像 3 尊，依次为无量寿佛造像、释迦牟尼佛造像、莲花生大师造像。释迦牟尼佛造像保存较好。整个造像高 1.9 米，宽 1.62 米，肩宽 0.7 米，莲花底座高 0.2 米、宽 1.7 米，结跏趺坐，圆形头光，椭圆形背光，头顶双层宝脊，左手托宝瓶，右手放在膝盖上，身披袈裟，线条清晰，造像涂有颜色。莲花生大师造像也保存较好。整个造像高 0.69 米，宽 0.63 米，肩宽 0.34 米，莲花底座高 0.09 米、宽 0.53 米，结跏趺坐，椭圆形头光和背光，右手为兰花手，左手放在膝盖上，身披袈裟，头戴天冠，线条清晰，造像涂有颜色。无量寿佛造像保存较差，内容和线条已不可辨。

工布德木摩崖石刻

工布德木摩崖石刻也称工布雍仲增石刻，位于巴宜区米瑞乡玉荣增村东北约 100 米的苯日神山山脚下。东南面有一条简易乡村公路，西距米瑞乡村公路约 1 公里，海拔 2960 米。

该摩崖石刻刻于吐蕃王朝赤德松赞赞普（800—815 年在位）时期，是林芝迄今为止发现的见证吐蕃赞普和工布地方王之间关系唯一一块有清晰文字记载的石刻，为研究吐蕃历史提供了一定依据，对研究早期藏族的历史、艺术等具有重要意义。1996 年 4 月 16 日，工布德木摩崖石刻被西藏自治区政府公布为自治区级文物保护单位。2013—2014 年，文物部门投入 147 万元进行了保护性维修。

碑铭全文译文：

天神赞普赤松德赞、赤德松赞父子两代在位之时，颁布盟文于工噶布王。

天神后裔工噶布王及其臣合奏：

初恰·雅拉达楚之子聂赤赞普降临拉日羌陀山上，为人主以来，至止贡赞普，传世七代，皆居于钦瓦达孜宫。

止贡赞普之子有兄涅奇、弟夏奇。弟夏奇为天神赞普，兄涅奇为工噶布王。兄噶布王自上部下迁之始，供奉兄弟二人之护神，与护神工尊德姆相伴始终。为敬奉祖神雅拉达吉及天神之子，我等不惜生命之危供奉。天子赞普社稷大业，如此崇巍，盔帽如此之坚挺，在苍天般覆盖下的天子治下，有我等众多臣民可驱使。初，我自兄弟分离，至天神与臣民还不曾分离之时，一切欢然安乐，赐我治理属下政事之权，如“雍仲”般坚固。然今日，地方“喀索”长官对我之属民横加种种差税，欺凌之至，故，奏请颁授一份永世安宁之盟誓敕书。王准之，以存放于“颇罗弥”匣中盟文为模本书写了本盟约文书。赞普天子赤松德赞之时曾颁授盟约与工噶布王。

今天子德松在位之际，增授盟誓敕书。工噶布王之大位，惟许噶布芒布杰子嗣后裔继位，终不得由他人篡位。若噶布芒布杰后嗣断绝，为不使王兄噶布王王位无名失传，择噶布坚赞之后嗣继任王位。若坚赞濒临绝嗣，按其遗言从近亲中封授合适之人。今后，工噶布王之奴户、田地、牧场绝不减损，不增派王室劳役，不增收官府差税。向官家府库所缴纳之物，青稞或稻米皆可。驿站之役，依现役路程服役，不再远延。如同天子父王所颁授盟约敕书，天子德松之时，君臣合议，颁此盟约。

工布德木摩崖石刻是应工布小邦王子的家臣们祈请而颁诏勒石的。工布小邦王子即所谓噶布王，是吐蕃王朝所辖 12 个小邦之一的王子，其世系在第九，《贤者喜宴》和《敦煌本吐蕃历史文书》上均有记载，但未详细记载这一小邦王子的氏族渊源。从这块石刻的文辞中，可以确认工布小邦王子与吐蕃王室同出一源，均属止贡赞普的子孙，这与后来史学家著作的论断颇为接近。作为王室的分支，工布小邦王子享有若干特权。这在赤松德赞时期曾以盟书的形式加以确定，并作出保证，但后来的政治变动中发生了某种程度的变异。赤德松赞上台后，工布小邦的统治者当即提出要求，于是重申归盟，这就是这块石刻的来源。吐蕃王室如何以结盟立誓的方式控制各小邦，加强自己的统治，在这里得到了反映。

工布德木摩崖石刻坐西北朝东南，藏文文字刻于石头的东南面，石崖面略呈竖长方形（三角形）。刻字的石崖面高 1.7 米、宽 1.53 米，崖壁外侧立有支撑保护石刻崖面的石柱及石板，磨平后刻有古藏文 21 列，下端镌有雍仲符号 1 列共 10 个，石刻的文字有一部分低于地表而埋于地下。文字大多清晰可辨。标题字体高 0.9 米、宽 0.5 米；正文字体较为规则，高 0.2 米、宽 0.15 米。

十八军军部旧址

十八军军部旧址位于巴宜区八一镇双拥北路 69 号。建设这一建筑群时，作为军队建制的中国人民解放军第十八军番号早已撤销，改建为西藏军区。之所以称其为“十八军军部旧址”，是考虑到当时西藏军区的主要领导，即改建前的十八军领导。这里寄托着人们对十八军的深厚感情，为西藏自治区文物保护单位。

旧址由四栋建筑组成，分别是一、二、三、四号楼：一号楼建筑面积 408 平方米；二号楼建筑面积 520 平方米；三号楼建筑面积 535 平方米；四号楼为两层砖混结构，建筑面积 540 平方米。一、二、三号楼建于 1962 年，均为砖木结构。三号楼为中央人民政府驻西藏代表、中共西藏工委书记、西藏军区第一政委张经武下榻处，一号楼为中共西藏工委副书记、西藏军区司令员、原十八军军长张国华将军下榻处，二号楼为中共西藏工委副书记、西藏军区政委兼西藏自治区政协主席谭冠三将军下榻处。四号楼建于 1998 年，是根据时任中共福建省委副书记习近平的指示，由福建省财政厅拨款兴建的。

1998 年 6 月，时任中共福建省委副书记习近平代表福建省委、省政府，陪送福建省第二批对口支援西藏林芝的干部到达林芝。习近平在到达林芝的第二天就慰问了驻林芝部队的 204 名闽籍战士，随后几天考察了十八军军部旧址等地，并慰问了农牧民。

习近平在视察十八军军部旧址时得知旧址缺乏资金，于是专门指示福建省财政部门增加 40 万元援藏资金，用于旧址保护工作，同时向旧址管理处赠送 DVD 影碟机一台。

旧址管理部门用习近平指示拨付的资金，维修了一、二、三号楼，并新建了四号楼。

这四栋建筑自建成以来，曾多次接待党和国家领导人、军委总部首长，以及历届西藏自治区党委主要领导。

鲁朗国家级旅游度假区

鲁朗国家级旅游度假区位于巴宜区鲁朗镇，东距八一镇 78 公里。鲁朗意为“龙王谷”“神仙居住的地方”，气候宜人，山峦白雪皑皑，风景秀丽。这里有茂密的原始森林，素有“天然氧吧”“生物基因库”“东方瑞士”的美誉。至今，民间仍流传着“到了工布鲁朗，会忘记自己家乡”的赞誉。主要景观有鲁朗国际旅游小镇、色季拉国家级森林公园、杜鹃花海、田园风光和民俗风情浓厚的扎西岗村。

景区处在茫茫的原始森林中，生态环境保护完好，生物品种多样独特，植物多达 1046 种，有种类繁多的花卉、药材和菌类。同时，还拥有巨柏、金荞麦等数量巨大的国家级重点保护植物。

从八一镇到鲁朗国际旅游小镇，一路上水随人走、人伴水游。人水相隔，忽远忽近，极富游情。河水潺潺涓涓，忽而呜咽至深，时或波光掩映，委婉含情，直至蜷卧银越，咆哮震怒，势如开山裂石，一去不返。西藏的河水清冽甲天下，鲁朗之水尤为其最，水体始终清碧如一。奔腾的江河纵横交错、一泻千里，沿江的怪石险滩引人入胜，陡峭险峻的高山峡谷秀美独特。这里有着梦幻般的原生态美景，群山环抱，森林茂密，青山黛绿，雪山延绵，风光旖旎。

南迦巴瓦色季拉观景台：色季拉山为川藏公路穿越的高山之一。色季拉山观景台海拔 4300 米左右，是观云海、林海、花海以及观赏中国最美雪山之首——南迦巴瓦峰的绝佳位置。每年 4—6 月，色季拉山的杜鹃花从山脚向山顶绚丽开放，壮观夺目。这里也是雪山林海和杜鹃花的最佳拍摄点。

色季拉国家森林公园：色季拉国家森林公园是鲁朗景区的必经之地，位于巴宜区以东、距八一镇 25 公里处，为念青唐古拉山脉的一个分支，也是鲁朗景区的重要组成部分。色季拉国家森林公园是尼洋河与帕隆藏布江的分水岭，著名的川藏公路蜿蜒其间。沿川藏公路行驶至色季拉山垭口，即可饱览云海、林海雄伟壮观的美景，若天气晴好，还可以远眺南迦巴瓦峰。

奇峰秀水、原始自然的美景演绎出色季拉国家森林公园的传奇，自然界的旖旎风光在此展现得淋漓尽致。山上遍开的杜鹃花，种类达 20 余种。春季，杜鹃花海，漫山遍野，争奇斗艳，耀人眼目。一眼望去，遥遥无边，红的、紫的、白的、黄的、粉的，浓艳的、素淡的，深深浅浅，姹紫嫣红。这里是真正的花之海洋，如织锦，像彩霞，似花海，香飘四溢，使人眼花缭乱。花香伴着湿润的空气沁人肺腑，被喻为“杜鹃山”。

田园风光：远远看到，蓝天白云下，坐落在绿毯之上、具有浓厚藏式风格的民居，以及融合了藏、汉、门巴等民族特点的建筑，错落有致地点缀在高山田园牧场之间，恬静祥和。这里不愧为大自然的珍藏，人与自然和谐共生，是传说中的“香巴拉”。

花海牧场：景区内沿德木冷泉河，分布着工布、波密、珞巴、门巴、僜人 5 个融合了不同民俗风情的寨子。冷泉河像一条洁白的哈达，轻柔地缠绕在绿林花海中。西藏著名的德木寺的前身洛色林寺，即德木寺遗址，也位于该景区中心。

面积达 20 万平方米的高山草甸每到 7 月就是无边花海，上百种花朵竞相怒放。游客可以沿着 4 公里长的“观花栈道”，深入花海；德木寺曾是西藏历史上一个重要的文化符号，其遗址至今保存完好。

高山牧场：鲁朗高山牧场是林芝地区面积最大、保存最完好的草甸牧场，林芝当地人都喜欢携亲朋好友来到这里。此地鲜花遍野，绿树成荫，高山环绕。从 5 月份开始，随着山势起伏，这里会掀起一道道彩色波浪，非常壮美。远处苍凉的、古老的山脉矗立在鲜花丛中，让我们看到了生命的轮回；马儿和牦牛在尽情享受着大自然赋予的食物。青山、绿水、鲜花、动物，给这片神圣的净土又增添了色彩斑斓的美。这里在不同季节为您呈现不同的美，以报春花、紫菀、草玉梅、鸢尾、马先蒿、张大人花等居多。每年 7—9 月间，百花齐放，让人陶醉。

贡措湖：在鲁朗，贡措对村民们的意义非常重大。它不仅养育着这片土地上的田园、家畜，还是村民们精神生活中的一面镜子，可以预言未来的运势，也给互相爱慕已久却又有口难开的少男少女提供了微妙的机会，让他们在吉祥的日子里去湖边悄悄表达心中的爱意。

扎西岗民俗村：扎西岗古村落位于巴宜区鲁朗镇东南部，距鲁朗镇政府驻地 800 余米，紧邻 318 国道，海拔 3356 米。该村有 62 户、100 余人。

最初，鲁朗一带只有两户人家，后来逐渐增多，一度达到近百户，因此，村庄也叫百户村，村庄周围可以看到许多民房的遗迹。百户村民风朴实，尊老爱幼，互帮互助，因而也叫互助村。不知是什么时候，鲁朗扎西岗一带瘟疫流行，很多人被夺去生命。后来，请了一位叫阿格的喇嘛治病除疫，疫情才得以控制。阿格喇嘛还祈祷，这个村庄从此不要再遭受天灾人祸，“扎西秀”（意为一切吉祥安顺）！扎西岗村因此而得名。此后，扎西岗村人丁兴旺、风调雨顺，户数也逐渐多了起来。扎西岗村的民房具有工布民居的典型特点：整体为石木结构，外墙为石砌墙，屋内为木梁框架，中间有隔板，顶层盖有木板，冬暖夏凉。大多数房屋的底层用作储藏杂物、粮食等，第二层为厨房、客厅、卧室等。如今，村民们以农牧业为主业，并从事旅游服务和运输等副业，过上了富足的生活。同时，民风、民俗得到了很好的继承和发展。

雅伊湖：雅伊湖位于鲁朗景区内，是藏族同胞心中的神湖。湖的形状如同镶嵌在高山中的一轮新月，湖水清澈见底，四周雪山倒映其中，沙鸥、白鹤浮游湖面，湖水透明，可见游鱼如织，情趣盎然。每到春季，湖四周群花烂漫，雪峰阵列并倒映湖中，景色宜人至极。秋季万山红遍，层林尽染，天空碧蓝如洗，火红的枫叶折射灿烂的阳光，倒映在碧蓝的湖面，景色美不胜收。

鲁朗石锅美食系列：鲁朗石锅的材质属于世界上稀有的天然皂石，产于林芝市墨脱县，主要成分包括：菱镁矿、滑石、蛇纹石、墨云母等。经专家研究、检验，鲁朗石锅含有人体所需的12种维生素和氨基酸、多种微量元素，以及硅、镁、钙、硒、锰、铁、镍、锌等矿物质。鲁朗石锅美食以石锅鸡、石锅鱼为主，配以当地盛产的手掌参、各类野生菌类、新鲜的时令蔬菜。目前，已逐步发展出石锅牦牛肉、石锅雅江鱼、石锅藏香猪等系列鲁朗石锅美食。

鲁朗国际旅游小镇

在“中国最美景观大道”318国道上，林芝市巴宜区色季拉国家级森林公园里，有一个圣洁宁静的小镇——鲁朗国际旅游小镇。

鲁朗国际旅游小镇是广东省重点援藏建设项目，也是西藏自治区重点旅游开发项目，是一个以“藏族文化、自然生态、圣洁宁静、现代时尚”为核心理念设计的国际化旅游小镇。小镇规划以扎塘鲁措为中心，以保利、恒大、珠江三大酒店区为主体，以西区服务配套区和鲁朗镇行政生活区、商业步行区为支撑，由公共建筑、商业建筑、绿地、水系共同营造出一个完美的精神空间。历经粤藏两省区6年精心规划、建设，该项目于2017年3月28日试运营。

鲁朗国际旅游小镇项目由广东省投资建设，总投资约38亿元，规划建设总占地面积为1288亩，扎塘鲁措占地面积810亩，建筑面积共20.27万平方米。

这里是世界顶级的生态旅游资源聚集区。雪山、森林、草甸、河流、湖泊、花海精彩纷呈。广东省第八批援藏工作队大力推进鲁朗小镇的建设、运营、管理，突出产业扶贫援藏与生态旅游相融合，自筹资金建设鲁朗高原生态农牧主题公园，打造高原家禽养殖、动物园、骑马旅游、3D打印等产业扶贫示范点，为林芝市精准脱贫和产业发展注入新血液、增强新活力。

鲁朗小镇由五大功能区组成。以扎塘鲁措为中心的核心景观区，包括保利、恒大、珠江、喜路、造梦谷、凌云客、祇树莲花、颐蕹等酒店和精品客栈的休闲度假区，游客中心、鲁朗创客爱心驿站、全国援藏展览馆、援藏文化连锁超市等组成的服务配套区，以镇区为主的行政生活区，以及中新房和恒大两大商业步行街构成的休闲娱乐区，为游客提供高品质的服务和不一样的体验。鲁朗小镇可同时接待 6000 余人就餐，并接待过夜游客人 3400 余位。

鲁朗四季风光如画：春天繁花碧草，夏天祥云环绕，秋天层林尽染，冬天童话天堂。这里林海苍茫、雪山环绕、空气清新，深深一呼吸，回味一辈子。

在这里徒步、登山、骑行，可以与大自然来个最亲密的约会。

这里现代、时尚。漫步在商业街，感受藏式传统建筑的独特与魅力，既可畅享高端度假酒店和养生古堡的舒适惬意；也可寻一处酒吧听歌小酌，品一杯咖啡闲坐悦读，看一场精彩演出，来一次心灵之旅；还可以步入美术馆、摄影馆，在文化与艺术中感悟西藏、体验鲁朗。

这里还有满满的藏式风情。可以入住藏式家庭旅馆，感受最纯正的藏家生活，也可以体验工布响箭、骑马放牧、采摘松茸，喝杯酥油茶、品尝鲁朗石锅鸡，探寻古道西原的爱情故事；还可以观赏民族歌舞，与藏族同胞围着篝火跳锅庄。

鲁朗国际旅游小镇项目已成为广东省对口支援西藏有影响力的示范性项目，在带动林芝市旅游业发展、打造藏东南精品旅游线路、助力西藏建设世界旅游目的地等方面发挥了积极作用，对于促进当地社会经济发展，带动当地农牧民扩大就业增收、实现脱贫致富具有重要意义。

鲁朗桑杰庄园

鲁朗桑杰庄园位于巴宜区鲁朗镇扎西岗村东北部，西距 318 国道约 4 公里，海拔 3365 米。该庄园由鲁朗地区农奴主桑杰的女婿阿祥直崩于 19 世纪初创建，共经历了三代：第一代庄园主为阿祥直崩，第二代为阿祥直崩的儿子桑杰加巴，第三代为桑杰加巴的女婿桑杰。据说，桑杰庄园是当时工布地区最富有、最有权势的农奴主庄园。庄园房右侧在 1950 年墨脱大地震中倒塌。第三代桑杰庄园于1951年在原有的基础上修复。2012年，文物部门出资600余万元进行抢救性保护、维修。现桑杰庄园由庄园楼和仓库房等组成，占地面积约1200平方米。2009年10月，它被西藏自治区政府公布为自治区级文物保护单位。

庄园楼是桑杰庄园的主体建筑，坐北朝南，为一楼一底的藏汉结合式石木结构，石砌墙体，单檐悬山式屋顶，屋面以木板铺就。平面呈长方形。中央为通往第二层的通道和木质楼梯。第一层共4间房：西面有2间房，靠南的1间为马鞍库房，靠北的1间为粮仓；东面有1间房为粮仓；北面有1间房为农奴的住房。第二层外部为石块垒砌而成的墙体，内侧为木板结构，共12间房，由厨房、铁库房、宿舍、东客厅（2间）、西客厅、主卧、仓库等组成。东客厅靠东面的房间面阔2间用1柱6米，进深2间用1柱6米，方形木柱，柱边长0.2米。西客厅面阔4间用5柱7.5米，柱间距2.3米；进深3间用3柱6.2米，柱间距2.9米；方形木柱，柱边长0.2米。厨房面阔2间用3柱6.2米，柱间距2.9米；进深2间用3柱5.8米，柱间距2.6米；方形木柱，柱边长0.2米。整个庄园楼南北宽16.2米，东西长25.2米，墙体厚0.6—1米。

仓库房位于庄园的东面，紧挨庄园楼的东墙，坐东朝西，为一楼一底藏汉结合式石木结构，石砌墙体，单檐悬山式屋顶，屋面以木板铺就。平面呈长方形。南北长12.66米，东西宽8.5米，墙体厚0.6—1米。

工布江达县

工布江达县地处西藏自治区东南部、念青唐古拉山脉南麓、雅鲁藏布江以北、尼洋河中上游，地理坐标介于东经 92°09′—94°25′、北纬 29°26′—30°36′之间，东临波密县、巴宜区，南与林芝市下辖的米林县，山南市下辖的加查县、桑日县接壤，西连拉萨市墨竹工卡县，北至那曲市嘉黎县。地势西高东低，南北山峰林立，尼洋河由西向东横贯全境。县内最高海拔 6691 米，最低海拔 3180 米，平均海拔 3600 米，相对高差 1700—2000 米。受地形及印度洋暖湿气流影响，形成了高原温带半湿润季风气候。东部温和湿润，雨量充沛，无霜期长；西部寒冷干燥，无霜期短。年均气温 6.2 摄氏度，年日照时数 2016 小时，年无霜期 156 天，年降雨量 646 毫米。

工布江达县是林芝市的西大门。“工布江达”在藏语中意为“洼地大谷口”，清代为江达宗，民国初设太昭县，后改称工布江达宗，西藏和平解放后又称太昭县，1964 年划归拉萨市管辖，1986 年复归林芝地区管辖至今。工布江达县是拉萨通往林芝的必经之地，全县总面积 1.29 万平方公里，318 国道贯穿县境 210 公里。全县辖 3 镇 6 乡、79 个行政村、1 个居委会，常住人口 3.4 万余人。

工布江达县气候独特、生态良好，野生动植物、森林、草场、旅游、水能、矿产等各种资源十分丰富。全县共有野生动物 63 种、野生植物 335 种、各种中药材近 300 种，还有松茸、青冈菌等食用菌约 80 种，是西藏虫草的主要产区之一，也是国家藏猪遗传资源保护区、特有鱼类国家级水产种质资源保护区。境内有国家 5A 级风景区、国家森林公园巴松措，以及朱拉河湿地公园、工布自然保护区、白唇鹿自然保护区，有太昭古城、阿沛古庄园、秀巴千年古堡等沿尼洋河分布的九点一线风光带，还有新措、仲措、巴嘎神山、多吉扎森岩等诸多特色旅游景点。

巴松措风景区

巴松措国家森林公园位于工布自然保护区实验区内，总面积 4100 多平方公里，居民约 5500 人。园内湖泊众多，其中，巴松措为最大；密布的河流以扎拉曲、仲措曲、边浪曲、罗结曲等为主（“曲”在藏语中的含义是“河流”）；森林资源丰富，乔木主要有云杉、冷杉、柏木、落叶松、高山松、桦类、栎类、杨类等，灌木有杜鹃、蔷薇、三颗针等；地被物有蕨类和藓类等；野生动物黑颈鹤、赤麻鸭、斑头雁、绿头鸭、高山雉、云雀、黑熊、金钱豹、鹿、麝等栖息此地；园内的高等植物有 2000 余种，中药材约 200 种，食用菌约 23 种。

巴松措，意思是“三座岩石山下的碧湖”，是藏语音译，“措”就是湖，简称“三岩湖”。三座岩石山是雪卡乡的赞给扎岩、朱拉乡的多吉扎森岩和拉扎岩，分别酷似国王的宝座、燃烧的火焰和紫色的珠子。巴松措位于工布江达县错高乡境内、尼洋河最大支流——巴河的上游，距离拉萨市 369 公里，距离 318 国道 46 公里，是西藏东部最大的堰塞湖之一。湖面平均海拔 3464 米，呈新月状；全长 15 公里，宽 3 公里，总面积 37.5 平方公里；湖水平均深度 60 多米，最深处达 160 米。湖水清澈湛蓝，游鱼如织，湖周围山梁耸翠、森林密布。

巴松措在 2000 年被国家旅游局评为首批国家 4A 级旅游风景区之一，2004 年被定位为西部最具有开发潜力的四大景区之一，2017 年被国家旅游局评为国家 5A 级旅游风景区。

湖心岛：湖心岛又名“扎西岛”。关于这个美丽的湖心岛，还有一个凄美的爱情故事。传说很久以前，巴松措湖畔住着一对相亲相爱的夫妻，英俊的丈夫叫扎西，美丽的妻子叫卓玛。

扎西每天翻山越岭去打猎，卓玛在湖里打鱼、做农活、织氆氇，过着丰衣足食的幸福生活。他们吃着美味的肉食和糌粑，在幽静的环境里，享受着幸福富裕的生活，这使得森林里的神仙也羡慕不已。

一天，一个名叫次翁的国王，从遥远的地方威风凛凛地到了这里。他是个非常残暴、十恶不赦的国王。次翁听说巴松措湖里可以显现拉萨的布达拉宫等三大寺院以及其他名胜古迹，就骑着马，带着随从、仆人前来谒湖。

但是，谒湖要靠福分和运气，即使心地善良的人也不能随意谒湖，更何况凶狠傲慢、根本没有信仰的次翁？正因为如此，次翁一行劳而无功，什么都没看到，次翁气得火冒三丈。

恰在此时，从湖边传来了清脆悦耳的工布民歌。歌声驱散了次翁心中的怒火，他急忙朝歌声传来的方向走去，只见美艳的卓玛仿佛仙女下凡一般，正在湖边浣衣。次翁的魂儿顿时被她的美貌夺去了。

次翁便以甜言蜜语引诱卓玛，但她不为所动，次翁就强行把她带走了。到了王宫，无论次翁用财富诱惑还是恐吓威胁，卓玛根本不答应做他的妻子。次翁明白，卓玛能和自己恩爱，那是白日做梦。

卓玛被次翁在宫殿里强行留了 3 年。次翁对她软硬兼施，但她依然不从。从此以后，次翁对她无计可施了，慢慢地放松了对她的看管。一天，聪明的卓玛趁机穿上翠绿色的绸缎服装，如同逃脱陷阱的小兽一般，径直朝故乡巴松措的方向跑去。

卓玛来到湖边，发现丈夫扎西不见了踪影，顿时感到异常焦急、痛苦不堪。实际上，扎西是放下狩猎的活儿，到异地他乡寻找妻子卓玛去了。卓玛并不知道这件事。她想，自己在异地被强行留了 3 年，扎西也许认为她嫁了别人，不能耐心等待了。卓玛自认为夫妻缘分已尽，对生活失去了信心，于是跳进了平静、可爱的巴松措。由于卓玛翠绿服装的魔力，这湖里的水比以前更清澈了，变得湛蓝湛蓝的，仿佛一块蔚蓝的天落入这里。

扎西翻越无数山岭，到处寻找卓玛，但没有找到，彻底失望后，便回到了家乡。得知卓玛跳湖自尽后，他心想，妻子没能和自己白头偕老，而是中道分离，自己孤独地生活已毫无意义，也毫不犹豫地跳入碧玉般的湖里。

扎西跳湖亡故后，身躯在湖里变成一座岛向湖心展露。与此同时，卓玛的身心化成湛蓝的湖水，萦绕在扎西身边。那坚硬的岩石发出幽蓝的光芒，波浪追逐着波浪，对着湛蓝的天空把坚贞歌唱。

湖心岛上有座寺庙，名为错宗寺。该寺始建于13世纪中叶，距今约800年。“错宗”在藏语中意为“湖中城堡”，错宗寺由宁玛派著名高僧桑杰林巴主持修建。该寺为土木结构，共有两层，主供佛为古茹佛。殿内有两块天然鹅卵石，其中一石为凹进去的圆窝，传说是格萨尔王征战此地时战马留下的蹄印，另外一石据说是桑杰林巴大师年幼时留下的脚印。岛上的其他地方，还流传着许多神奇的传说，多与格萨尔王有关。

湖心岛上三大奇观：第一大奇观为“桃抱松”。实际上，是一株桃树中生长着一棵松树的奇特现象。据说，该树已有600余年的树龄，因其奇特性，当地人视之为“长寿树”。

第二大奇观为“哈达沉底”。顾名思义，就是我们常用来敬献的哈达，从这里投入湖中会沉下去。以前，人们很喜欢来这里祈福。现在为了保护水质环境，已禁止向湖内投入哈达。

第三大奇观为“千年青冈树”。在湖心岛右侧生长着一棵青冈树，树龄有1300多年。秋天树叶落下后，在落叶上能看到一些图案，颇为神奇。

据错宗寺的香灯师说：“这棵树是康卓（佛教中的空行母）来此洗头梳发时，把掉落的头发塞进石缝后长出来的。”传说很久以前，旧西藏政府的一个高级官员巡视工布地区时惊奇地发现，一片落叶的脉络为藏文字母和生肖图案，便从树上摘下很多叶片准备作为礼物保存。但是，此人心狠手辣、罪孽深重，到了拉萨打开盒子后才发现，所有叶子都变成了蝎子。树下岩石上的很多裂痕和凹槽，也是传说中格萨尔王在收服魔鬼拉索拉珠的激战过程中留下的。

求子洞：求子洞不是一个洞窟，而是一块岩石，经过大自然的雕琢，形成了酷似女性生殖器的裂缝。大家低头看，里面还有块圆形的石头。这块石头如果用相机拍，它会呈现出浅红色，就像在母亲产道里即将出生的婴儿一样。以前，这块石头还能转动，现在已经不能转了，可能是已经卡住了。这个求子洞非常灵验，附近老百姓和很多国内游客都慕名而来，用石头敲敲石壁，再用手摸摸洞里的小石块，就会应其所求、来年添丁。“求子洞”这个名字是游客起的，当地人则叫它“色隆”，意为家中有小孩夭折后祈祷再孕育的洞窟，也非常符合求子洞的含义。

三色湖：三色湖位于高山之巅，平均海拔 4000 米。由洋黑湖、洋白湖和亚江湖三个小型湖泊形成的三色湖，属于巴松措的分支湖泊，面积分别为 3 平方公里。因湖底岩质不同，分别呈现出黑色、白色和蓝色，因而被称为三色湖。

仲措：仲措湖面平均海拔 3646 米，长约 6 公里，宽约 2 公里，总面积约 12 平方公里，湖水平均深度 60 余米。四周有多条呈辐射状分布、常年流水的河流，有力保障了湖水水位的稳定。

新措：新措位于尼洋河最大支流巴河的上游，距巴松措 32 公里，距 318 国道 81 公里。湖面海拔 3600 米，上宽下窄，呈气球状。全长约 7 公里，宽 1.5 公里，总面积 10.5 平方公里。湖水的平均深度在 35 米以上。

扎拉沟瀑布群：扎拉沟瀑布群在巴松措湖心岛北面 25 公里处，可步行或骑马到达。沿结巴村、错高村至扎拉沟内，可以见到众多瀑布，雨季时节则完全是瀑布的海洋，数量达上百个。气势恢宏、蔚为壮观的大瀑布与如丝如雨、玲珑有致的小瀑布交相辉映，成片的湿地也在此彰显着大自然神奇绝美的力量。大家知道，湿地与海洋、森林并称为地球三大生态体系，它被誉为“地球之肾”。群山绿水中的湿地，自然更是一幅绝美的景致。

结巴民俗村：结巴民俗村隶属工布江达县错高乡，位于国家森林公园和国家 5A 级旅游景区巴松措内，距林芝市 130 公里，距工布江达县县城 103 公里，距错高乡政府驻地 10 公里，平均海拔 3405 米。村内的房屋建筑保持原有风格，与周边景致相得益彰。政府支持当地群众参与旅游经营，投资补助改造的家庭旅馆，设施齐全、干净整洁。目前，村内的家庭旅馆达 41 家，有 542 张床位。

错高古村落：错高古村落位于工布江达县错高乡错高行政村驻地，地处巴松措北岸。村子三面环山，一面临水，平均海拔 3400 米。

西藏自治区文物保护研究所于 2011 年 11 月编撰的《林芝地区工布江

达县错高古村落保护报告》载："错高"为藏语音译，意思是湖头，位于湖头的村叫错高村。错高古村落现有居民 63 户、嘛呢拉康 1 座、佛塔 1 座、村公用房及废弃的早期藏式建筑等，建筑面积约 8000 平方米，占地面积约 4 万平方米。所有建筑集中分布于巴松措东北侧湖岸台地上，建筑物大小错落、疏密有序，整个村落大体呈东西走向分布。

该村落各民居的建筑面积均达 400 余平方米以上，都保存着工布民居原有风格及特征，上下共两层：第一层为牲畜圈养地；第二层为居民的住宿和生活区；第二层顶部与房顶之间有阁楼，为堆放牲畜饲料和储存食物的地方。佛塔位于村庄南侧。据当地老百姓介绍，它也属村落早期建筑之一，但规模较小，仅存塔基和塔瓶。佛塔附近有嘛呢石刻 1 处。嘛呢拉康位于村中央。当地老百姓说，它距今已有 200 余年的历史。这座拉康坐西朝东，为单层土石木建筑结构，单檐悬山式屋顶，平面略呈方形，面积 18 平方米，内有 1 座大转经筒。

错高古村落在历史上曾出了不少大力士，有"力士村"的美称。受传统文化影响，居民从小就能歌善舞。最典型的歌舞节目是"梗"舞表演。在农闲时节，尤其是在重大节日，农牧民群众自发地组织起来，进行各种文艺演出，其中就有男女一起跳"梗"舞，在工布江达县各种文艺演出及民俗表演中获得一致好评。2008 年，"梗"舞被列入西藏自治区非物质文化遗产保护名录，并被列为西藏自治区重点非物质文化遗产保护项目。就服饰及语言而言，村民的着装样式既保持了民族特色，又富于明显的地方特色。村内仍有一批民间工匠艺人。他们打制的藏刀和制作的藏式饰品，特色鲜明、工艺精湛、质量优良。

在错高古村落通过走访调查，发现几户房屋均历经四五代人，属祖辈自建，至今至少已有 100—300 年的历史。在几百年的历史长河中，村民们依然保存着原有的建筑风格与生活方式。居民住宅内仍使用原始炉灶，家具均为手工制作，建筑及生产生活用具均保存着原始特征。村落规模较大，民居与周边天然林区融为一体，是目前在林芝市境内发现的唯一一处保存完整的工布民居古村落，在工布地区民居建筑史上占有重要地位。民居建筑整体框架以石木结构为主，在样式、色彩、选材、用材、装饰等多方面保留了工布建筑的传统，具有鲜明的地方特点。

错高古村落保存的多种古文化遗产、得天独厚的自然景观，是一种古老、完整兼具脆弱性的文化资源，以其极高的生态价值、历史文化价值和科研价值，引起了社会各界的广泛关注。现错高古村落保存的居民住宅、佛塔、拉康等，都是藏族先民在青藏高原创造的丰富多彩、极具特色的文化，也是中华文明的重要组成部分。这为研究林芝古代的政治、经济、文化、宗教等提供了宝贵的实物资料，对研究西藏的文化史、民族史、经济史、藏汉关系史等都有着非常深远的历史和现实意义。

娘蒲巴嘎山风景区

娘蒲巴嘎山风景区位于工布江达县西北部的娘蒲乡，由太昭古城而入，距工布江达县县城 55 公里，景区内景点众多、风景奇特、优雅恬静。主要景点有仰卧沟、加兴沟瀑布、布如沟温泉群等。

巴嘎寺：巴嘎寺始建于五世达赖喇嘛时期，寺庙内有两座灵塔，并有喇嘛多人。附近的巴嘎寺神泉（又称“神鹰泉”）、水力转经台、貌似人体（多吉帕姆女神）的山体、一大片原始杜鹃林、天葬台、姐妹湖以及 5 公里长的红霞沟，都是景色奇异、美妙绝伦的景点。

巴嘎寺海拔 3000 多米，该寺属于嘎举派（白教）寺庙。寺内原先供有大小菩萨、佛像 1000 多尊，有经堂、佛殿 3 座。

巴嘎寺后面的巴嘎神山，山体上部山形貌似人体。山洞顶部的小平台可站立八九人。洞壁为圆形，壁面光滑，岩壁上还刻着一些至今无人能懂的文字。

这里有两条水清如玉的清泉。一泉俗称“多吉帕姆”小便泉，岩壁凹处呈线形，泉涌不息，泉口附近生长着茂盛的苔藓类植物，形似女性的隐私部位。泉水旁的岩石微白，左岩壁上红纹密布、条理清晰。从这里往下仅 30 多米处，有一名为“间歇泉”的泉水，飞泉喷出数米之远，每天 6 次，不分昼夜，喷歇频率为 4 小时一次，全年不枯不冻。更为奇特的是，每次喷泉前，总可见一群雄鹰在上空盘旋数圈，泉水哗然而出后，雄鹰离开，周而复始，因而又有人称之为“神鹰泉”。也许只是老鹰们掌握了泉水流出的时间来喝水而已，但大自然的奥秘恐怕只能用“神奇”二字来描绘。

巴嘎寺对面山上是一片万亩杜鹃林，绿叶葱茏，千姿百态，美轮美奂。

同果寺：相传，同果寺由一名噶当派喇嘛创建，创建者及创建年代不详，现奉格鲁派。该寺主供佛为释迦牟尼。“同果”在藏语中意为“魔鬼的头”，因该寺建在一座像魔鬼头的山上，故名“同果”。该寺原为白教寺庙，曾是直贡寺的子寺，当时较为发达。后来，西藏各教派间发生严重冲突，同果寺由黄教统治并归顺于布达拉宫。此后，每 3 年由布达拉宫委派一名堪布到该寺做住持。

拉如寺：拉如寺由宗喀巴大师（1357—1419 年）的弟子森巴曲吉帕巴于 1440 年左右修建，主供佛为释迦牟尼。原寺分上禅院和下禅院，在娘蒲乡乃至工布江达县都是规模较大的寺院之一。寺院中存放有重要文物、各种法器约 57 件。

加兴沟瀑布：加兴沟瀑布距娘蒲乡政府驻地 4 公里，以瀑布和古柏林闻名，并有间歇泉出于山腰的古柏林下。附近的翁不桑山奇峰突兀、山势险要，相对高差400—500 米，可供游人徒步攀登观景。瀑布高 25 米左右，宛如洁白的哈达飘落下来。由于瀑布上沿凸进，构成水帘深穴，景色神奇壮观。

布如沟温泉群：布如沟温泉群距娘蒲乡政府驻地 8 公里，不通汽车，山路蜿蜒曲折。泉水水温在 40—50 摄氏度，泉口热气腾腾、雾气缭绕，主要有名为“喇嘛”“尼姑”“布如”的三处温泉，海拔 4200 米左右。上处为喇嘛温泉；下处最大，为尼姑温泉；中处次之，为布如温泉。渗出泉水的岩壁，凸凹不平，天然成趣。壁上生有一洞口，与温泉相通，名为“听泉洞”。

日嘎寺

日嘎寺位于工布江达县金达镇金达村以北约 3 公里处、尼洋河支流西岸的日嘎山前，南距 318 国道约 6 公里，海拔 4115 米。该寺由格西博多哇（1031—1105 年）的弟子格西日卡于 11 世纪中叶创建，始奉噶当派。

后由宗喀巴大师的弟子格西扎巴伟色主持，改奉格鲁派，实行活佛转世制度。日嘎寺现为西藏自治区文物保护单位。主供宗喀巴大师师徒三尊像。该寺占地面积约 1697 平方米，建筑面积约 1230 平方米。

据传，14 世纪中叶，宗喀巴大师到杂日朝圣，经娘布回拉萨途中，法杖落入娘曲河（今尼洋河），便道："我的法杖漂到哪里，哪里定能兴办一座研习《现观庄严论》的讲经院。"后来，法杖漂到了日嘎寺所在山脚下，寺庙把法杖作为主供一层高强巴佛像的胎藏。不久，宗喀巴大师的弟子格西扎巴伟色来到日嘎寺，让寺庙改奉格鲁派，研习《现观庄严论》，修供密集金刚、大威德金刚、酬补护法、怙主、多闻天王等。

五世达赖喇嘛阿旺罗桑嘉措时期，三世东嘎活佛仓央珠扎作为五世达赖喇嘛的代表，前往北京觐见康熙皇帝。康熙皇帝亲自会见了三世东嘎活佛，广谈藏传佛教，商议西藏的政教大事，觐见活动取得圆满成功。康熙皇帝非常高兴，把自己镶有硕大红宝石的皇冠赐给三世东嘎活佛。三世东嘎活佛返藏后，五世达赖喇嘛为奖励三世东嘎活佛，封他为日嘎寺堪布，并准许历代东嘎活佛可以沿袭日嘎寺堪布之位。四世东嘎活佛阿旺聂扎嘉措、五世东嘎活佛阿旺曲扎先后任该寺堪布。后来，在洛桑阿旺任堪布期间，增设了密宗修习仪轨。当时有 150 多名僧人，主要前往甘丹寺、哲蚌寺、色拉寺、塔布谢珠林、阿里达布札仓等地，学习各种经文和藏传佛教典籍。从五世达赖喇嘛时期起，日嘎寺拥有众多庄园和牧场。该寺自建成以来，特别是西藏和平解放后，一直奉行遵纪守法、爱国爱教的寺规，是一座爱国模范寺庙。

"文化大革命"前，日嘎寺建有一座 28 柱面积的两层主殿：底层的集会殿供有宗喀巴大师师徒三尊像，第二层为喇嘛寝宫、罗汉殿、阳台，周围建有僧舍。当时有 500 多名僧人。寺内藏有康熙皇帝赐予三世东嘎活佛仓央珠扎的镶有硕大红宝石的皇冠、明代大藏经《甘珠尔》藏文名录、满汉双语白色绸缎加盖金印的诏书，以及三世、四世、五世东嘎活佛银质灵塔等珍贵文物。在"文化大革命"时期，寺庙建筑及文物全部被毁。1986 年，由该寺喇嘛土登尼玛负责，在当地信教群众的大力支持和资助下，修复了集会殿和部分僧舍。现建有一座三层高的主殿：底层的集会殿供有两层高药泥新塑宗喀巴大师师徒三尊像、成人等身镀金铜宗喀巴大师像、十世东嘎活佛洛桑赤列像、甘珠仁布切像、成人等身药泥新塑如来佛祖像，以及四臂观音像、度母像等。第二层南面为阳台，西面为小集会殿，殿内供有十世东嘎活佛洛桑赤列的上师杰帕崩卡和赤江仁布切像、十世东嘎活佛洛桑赤列像、大藏经《甘珠尔》全套。第三层供有十世东嘎活佛洛桑赤列灵塔、佛祖及侍从像、十六罗汉像和大藏经《甘珠尔》全套。主殿左侧为厨房兼接待室一间，右侧为粮仓、储藏室。主殿三面建有僧舍。

秀巴古堡群

秀巴古堡群位于工布江达县巴河镇秀巴村，为工布江达县文物保护单位。它距318国道1公里，距工布江达县县城55公里，距巴宜区75公里。

秀巴古堡群占地面积约10公顷，原有7座古堡，两座因长期受风雨侵蚀而倒塌，现存高低不同的5座古堡，有3座亟待整修。古堡也叫戎堡，在工布江达县境内有多处古堡群，而秀巴古堡群是其中规模最大、保存最为完整的一处。1999年，中国科学院专家来秀巴考察，专门对古堡进行了考证，证实古堡建于唐朝后期，至今已有1600多年的历史。秀巴古堡群雄伟高大、气势磅礴，堡垒之间相隔30—50米。古堡由片石和木板砌成，中空无顶，外观呈十二面十二棱柱状，分为九层。古堡内呈八角形，墙体厚约两米，嵌有木板，可攀至堡顶。古堡历经千年依然耸立云天，十分牢固，充分展示了古代藏族精湛的建筑工艺，即使当代建筑专家也叹为观止。

关于古堡的用途，据说是1000多年前，松赞干布为统一吐蕃，四处征战而建，每征服一处就修建一处堡垒，作为统治的标志，暗示“普天之下，莫非王土；率土之滨，莫非王臣”。

巴 河 镇

巴河镇坐落于318国道距工布江达县县城40公里处，是连接巴松措旅游景区和其他景点的纽带。镇道两旁的房屋建筑极富民族特色。巴河镇是尼洋河与巴河的交汇点，也是通往林芝市的必经之路。巴河鱼是巴河镇的金字招牌。

加兴乡白朗沟野生动物保护区

白朗沟野生动物保护区是在 1995 年成立的野生动物保护区，距工布江达县县城 70 公里，离 318 国道仅 4 公里。

该景区的最大景观是白唇鹿。白唇鹿为青藏高原特有鹿种、国家一级保护动物。白唇鹿又名白鼻鹿，体型大小与水鹿、马鹿相似，属大型鹿类，因嘴唇周围和下颌为白色，故名“白唇鹿”。它们主要栖息于海拔 3000—5000 米的高寒灌木丛和草原上，目前我国现存的数量仅 1.5 万余头。在白朗沟白唇鹿观赏点设有专门的饲料投放点，饲养人员每日定时定点投放饲料、食盐等引导白唇鹿下山活动，让游客观赏到白唇鹿活动的全过程。目前，每天下午都有 800 多头白唇鹿在此观赏点及附近出现。

尼 洋 河

尼洋河又称“娘曲”，藏语意为“神女的眼泪”，是林芝地区的母亲河，同时也是青藏高原上的河流。尼洋河全长 307.5 公里，流域面积 1.75 万平方公里，在雅鲁藏布江众支流中排行第四，但水量丰足，仅次于帕隆藏布江。

尼洋河发源于米拉山西侧的错木梁拉，由西向东流，在林芝市巴宜区的则们附近汇入雅鲁藏布江。尼洋河沿河两岸植被完好，风光旖旎，景色怡人，沿途景点众多，是青藏高原最美丽的河流之一。318 国道和拉林高等级公路沿着尼洋河河岸延伸。

金村情侣树

金村的两棵虽空心却仍郁郁葱葱、枝繁叶茂的树木被称为金村情侣树，这两棵树衍生出当地一则非常美妙的神话。

传说中工布地区的两个保护神——女神工尊德姆和白神工拉嘎布，在修炼成仙前本是平常人。工尊德姆的宫殿位于南迦巴瓦峰峰顶，工拉嘎布则住在今工布江达县皮康山上。工尊德姆为了修行四处游历，她来到皮康山附近的金村时，遇到在此修炼的工拉嘎布。这两个纯洁善良的少男少女一见钟情，一同刻苦修炼，希望能求得正果，为家乡的百姓造福。两人凭着坚强意志和百折不挠的精神，经历无数的苦难，最终修炼成神，功德圆满。

为继续庇护家乡人民，工尊德姆和工拉嘎布隐去身形、化为树木，共同守护着这方水土。这两棵树千百年来虽历经风雨，却依然茁壮。当地人民为纪念这两个有情有义的好儿女，就在每年藏历一月一日至五日到情侣树旁举行祭祀活动。

多吉扎森岩

多吉扎森岩位于工布江达县朱拉乡境内，沿巴河镇至巴松措公路的分支前行 35 公里即到，距工布江达县县城 105 公里，海拔 3500 米左右。多吉扎森岩高约 800 米，宽 1000 米左右，耸入云端，山体造型奇特、峻秀，奇峰突兀、陡峭，山势险要，是攀岩、观光的好去处。

赛卧吊桥

“赛卧”意为“金色的光辉”。赛卧村是工布江达县工布江达镇的一个自然村，地处 318 国道旁，距工布江达县县城 35 公里，距巴宜区 90 公里。1997 年，为解决该村 3 户 15 人的对外交通问题，修建了赛卧吊桥。此桥一端为片石修筑的方形桥墩，另一端以山体岩石为基，以两根钢索为载体，在上面搭设木板而成，建设程序比较简单，外观古朴，却十分牢固，并与周围的环境相互协调，具有典型的工布建筑风格。踏上赛卧吊桥，脚下是汹涌的尼洋河水，两岸是葱茏的花草树木。

甲嘎东赞景区

甲嘎东赞景区位于工布江达县仲莎乡境内，距离 318 国道 2 公里，距工布江达县县城 30 公里，平均海拔 3450 米。景区内有保存完整的阿沛管家庄园。在这里，你可以领略到西藏历史的沿革和时代的变迁。

该景区为西藏第一个野生动物观赏点，现有国家二级保护动物猕猴1000余只。野生猕猴在西藏极为少见，西藏猕猴是猕猴家族里形体最大的一种，具有极高的观赏价值。西藏猕猴多栖息在石山峭壁、溪旁沟谷和江河岸边的密林中，为群居，一般30—50只为一群，大群可达200只左右。在藏族民间，猕猴变人的故事广为传播，并被记录在古老的经书之中，更为西藏猕猴罩上了神秘的色彩。工布江达县仲莎乡林则村自2003年发现大群猕猴以来，经过多年保护，猕猴数量明显增加，其下山活动也日趋频繁。每至中午14、15时，1000余只猕猴不避生人下山觅食。猕猴善于攀缘跳跃，会游泳和模仿人的动作，有喜怒哀乐的表情，倍加可爱。

甘丹村泥石流遗址

甘丹村泥石流遗址地处318国道距工布江达县县城10公里处。该地岩层以硅质页岩、石英砂岩、钙泥质页岩为主，经多年风化腐蚀、冰雪切割，岩质极为疏松。1964年9月26日，由于连日降雨，对面山上的湖水决口，暴发泥石流。该遗址虽经数十年风雨侵蚀，但泥石流所经痕迹仍清晰可见。遗址中被泥石流冲击而下的石块经滚动和风雨侵蚀基本呈现浑圆状，具有很高的地质科研价值，是预防自然灾害的实地教科书。甘丹村泥石流遗址已被列入保护范围，经多年维护，该处青山环绕，绿水中流，置身其中，令人感叹历史的沧桑变迁和大自然的神奇造化。

朱拉寺

朱拉寺位于工布江达县朱拉乡吉木雄村以南约200米、朱拉乡政府驻地以西约2公里处，尼洋河左岸支流朱拉河东北岸，北邻日志山，海拔3566米。该寺由宗喀巴大师的弟子达瓦桑布于1441年主持创建，奉格鲁派，主供佛为宗喀巴大师师徒三尊。寺庙规模较大，存有部分历史悠久的殿堂遗迹和建筑。

传说，寺内四世活佛益西旦真不仅精通各种文学，而且熟悉所有藏学，还掌握一定的工艺知识，他画的佛像和工艺雕像至今还在。当时在整个西藏地区的活佛之中，益西旦真名声显赫。朱拉寺还出过一位叫益西塔堆的甘丹赤巴（法王）。当西藏各族人民英勇进行抗英战争时，益西旦真活佛曾带领僧众奋勇抗敌。朱拉寺原有 12 个康村、500 名僧人，现有常住僧人 12 名。

阿沛管家庄园

阿沛管家庄园位于工布江达县仲萨乡境内，距 318 国道约 1 公里，距阿沛庄园 15 公里，距巴宜区约 90 公里，系全国政协原副主席阿沛·阿旺晋美担任西藏嘎厦政府官员时的管家索朗多布杰的庄园。该庄园始建于 1926 年，是林芝市著名的人文景观和现今保存最为完好、规模相对较大的庄园，为工布江达县文物保护单位。庄园总占地面积 17.1 亩，房屋建筑面积 984 平方米，主房建筑面积 493 平方米。主楼为 3 层碉房，高约 15 米，共 24 间。房顶为西藏少有的天井式。房内隔墙多为木制，雕刻精美。楼内至今保留着一幅比较完整的壁画，长 3.75 米，宽 1.85 米，上为 5 位王公贵族，画像色彩艳丽，人物神态自然。壁画上留有既非汉文，又非藏文、梵文的奇异文字。楼外为石片铺成的院坝，面积 391 平方米，院坝的两边均为马房。阿沛管家庄园反映了旧西藏的社会制度和建筑风格，具有重要的历史文化、学术研究、旅游观光等价值。

名人故居——阿沛庄园

阿沛庄园坐落于工布江达县工布江达镇阿沛村，距工布江达县县城约 8 公里，系全国政协原副主席阿沛·阿旺晋美过去的庄园。西藏和平解放后，阿沛·阿旺晋美将庄园捐献给国家，现为工布江达县文物保护单位、爱国主义教育基地。阿沛庄园毗邻 318 国道，依山傍水，庄重雄伟，总建筑面积 3600 平方米，主楼建筑面积 800 余平方米，为土木结构，主楼共 2 层，建筑极具古工布地区特色，因年久失修、风雨侵蚀等原因，现仅有 3 座建筑物的遗址保存得相对较好。据说，此庄园始建于公元前 100 年。吐蕃第八代赞普——止贡赞普的大儿子夏赤流亡娘布（今工布江达县娘布乡）时为寻找安身之处，向天上射了一箭。在箭落之处，他欣喜地喊道“阿沛”，意为“命运的安排”。由此，该地得名“阿沛”。千年以后，夏赤的后裔阿沛家族在1904年英军入侵西藏时，率军抗英、血战江孜。民国时期，阿沛家族将拉萨人阿旺晋美招赘上门，世人尊称他为阿沛·阿旺晋美。

阿沛·阿旺晋美，1910年生，幼时入私塾学习藏文，熟知藏族历史、哲学、文学，是著名的爱国人士；1936—1952年，任西藏地方政府昌都粮官、民事法官、孜本（审计官）、昌都总管、噶伦（其间，1951年任西藏地方政府赴北京谈判的首席代表，同中央人民政府代表签订了《中央人民政府和西藏地方政府关于和平解放西藏办法的协议》）；此后，历任西藏自治区筹备委员会副主任、全国人大常委会副委员长、全国人大民族委员会主任委员、西藏自治区人大常委会主任、西藏自治区政府主席等职；1993—2008年，任全国政协副主席；2009年12月23日，因病在北京逝世，享年100岁。

古布宗寺

古布宗寺也称古布寺，位于工布江达县加兴乡吉朗村以东约1公里处、尼洋河北岸的扎改山半山腰上。古布宗寺北面为318国道，距加兴乡政府驻地约18公里，海拔4340米。该寺由直贡嘎举派第十一任法王曲吉杰布创建，至今已有640多年的历史，主供佛为释迦牟尼。

交通重镇——江达

江达是古时候后藏通往康区及汉地的一条商道，著名的茶马古道也从这里经过。江达自清代以来，就是川藏官道上的重要交通要道。1720年，即清康熙五十九年，定西将军噶尔弼率清军从四川入藏驱逐蒙古准噶尔部，工布头人阿尔布巴·多吉杰布率领2000多名工布民军协助清军并主动打头阵，因此，准噶尔军队未能进入工布地区。此后，联系西藏和四川的交通大道，即从成都起程，出打箭炉（今康定），过金沙江，经芒康、察雅、昌都、洛隆、边坝、嘉黎、江达、墨竹工卡、德庆入拉萨，成为政府官员、军队、驿使来往通行的重要通道。江达由于占据十分重要的地理位置，自然成了川藏通道上的交通重镇、军事要津。据《西藏志·卫藏通志》和清代黄沛翘所著《西藏图考》记载，川藏通道自清康熙年间正式开辟以后，从成都至拉萨的程站分为两部分：一是成都、打箭炉、理塘、巴塘一线，为今四川境内程站；二是从巴塘过金沙江，经芒康，出察雅，沿昌都、洛隆、硕般多（今西藏洛隆县硕多镇）、边坝、嘉黎、江达、墨竹工卡、德庆抵拉萨一线，称为西藏境内程站。其中，江达为川藏大道上的重要程站之一。两线共计里程近 2500 公里，有安台 84 处、安讯 13 处。清朝按照每隔短则 30 公里、长则 90 公里的标准，在川藏通道必经沿途设立驿站，建粮台塘铺。江达因其独特的地理位置，被视作凭山依谷、地势险要、进入拉萨必经的重要关口。康熙朝晚期，就开始在江达设粮台塘铺，委派外委 1 员、兵 120 名驻防。乾隆时期，派驻千总 1 名、兵 40 名驻防。道光年间，有外委 1 名、兵 46 名驻防。

清代的江达作为交通要道，在江达宗管辖境内设常多、宁多、江达、鹿马岭 4 个驿站。民国时期，四川都督府都督尹昌衡率西征军西渡金沙江，入藏作战，其间曾筹划在江达、波密设县，并以其号把江达称为“太昭”。但因当时国内时局动荡，军阀间内战频繁，设县规划未能施行。

德庆寺

德庆寺于 1121 年由伏藏大师桑登德庆林巴创建。该寺主供佛为释迦牟尼。德庆寺存有重要文物 32 件。准噶尔部入侵西藏时期，寺院被烧毁，文物被抢走。大约在 1730 年，该寺第七任活佛格桑巴重建寺庙，吸收僧人，继续弘扬宁玛派教派。格桑巴活佛圆寂时，委托阿沛家族照管寺院。从此，阿沛家族成了德庆寺的施主。

德庆寺位于工布江达县仲萨乡那岗村贡巴自然村内，地处尼洋河西北岸，距 318 国道约 10 公里，海拔 3395 米。

该寺庙由主殿、僧舍、伙房、转经筒房、围墙等建筑组成，历史悠久，具有重要的历史、文化价值。寺庙分布面积约 1.2 万平方米，建筑面积 440 平方米。

太昭古城（江达）

太昭古城原名江达，在藏语中的意思是一百个村庄中的第一个村庄。清末民初，江达更名为太昭。它位于工布江达县江达乡太昭村内，地处尼洋河北岸一级和二级台地上，南距318国道约160米，距工布江达县县城约20公里，海拔3350米。五世达赖喇嘛阿旺罗桑嘉措为了加强地方政权，逐步完善西藏地区的宗豀行政管理体制，在古工布地区的江达设宗，成为交通要冲。太昭古城现为西藏自治区文物保护单位。

江达县在古时属娘布王统治之地。大约在500年，西藏第八代赞普止贡赞普被属臣洛昂所杀。止贡赞普的幼子恰赤逃到古工布地区（今巴宜区、米林县、工布江达县），后来成为该地区的统治者，历史上称之为工噶布阿杰王。

1642年，五世达赖喇嘛阿旺罗桑嘉措在西藏建立政权。为加强地方管理，他先后在古工布地区设孜拉、觉莫、雪卡、江达四宗，合称工布四宗，江达即工布的江达宗。

1720年，新疆准噶尔部叛乱，侵扰西藏。清康熙帝派遣清军入藏平叛。在沿途工布民兵的协助下，清军一举击溃准噶尔部的蒙藏联军，乘胜进驻拉萨。准噶尔部首领仓皇逃回新疆。工布头人阿尔布巴·多吉杰布因协助清军战功显赫，被清朝授予贝子爵位，后升任西藏地方政府噶伦。

1912年，西藏地方政府沿袭清朝驿站建制，在江达宗境内设立驿站，确保藏东南交通畅通。

1951至1956年，江达宗仍受西藏地方政府管辖。

1960年，实行民主改革后，工布江达设县，划属于新设的塔工专区。1963年，塔工专区撤销，工布江达县划归拉萨市管辖；1986年，设林芝专区，工布江达县转隶林芝专区。

关帝庙遗址：关帝庙遗址曾为全木质结构。逢藏历四月十五日，当地百姓在关帝庙前集会，举行祭祀活动。庙前还留有“敬献宝炉”石碑。藏族地区的关帝庙一般被称作“格萨拉康”，即格萨尔神庙。

度母庙遗址：度母庙也叫“卓玛寺庙”。度母也叫“救度佛母”，在藏传佛教中是观世音菩萨的化身，藏语称之为“卓玛”。

万善同归碑：碑文上记载着清嘉庆二年（1797 年），驻守太昭的清军官兵看到江达古道交通不便，路途险恶，“上悬陡壁，下迫激流”，便捐资修建江达古道的历史。虽经历 200 余年的风雨，碑文尚可辨认。

古驿站隘口：古时西藏通往内地的道路有四条，其中有三条都经过太昭。元朝时在太昭始设驿站，太昭古城从此形成规模，古驿站隘口就是当时一个重要的中转站。在古驿站隘口旁边有个拴马桩。进出西藏的大臣来到此地，只要是四品以下的官员，都必须在此下马。

小八角街：小八角街古时称“八廓街”。当时，太昭古城人口众多，市镇繁华，店铺林立，曾经是太昭宗政府（县政府）所在地。藏、汉、回等民族和尼泊尔的客商来这里经商交易，太昭是当年西藏重要的商业、文化中心。

太山石敢当：据《天朝筹藏录》记载，1911 年 6 月，清廷驻藏大臣联豫急电川滇边务大臣赵尔丰，请求派兵会攻波密。赵尔丰奏派边军统领凤山为波密督办，与驻藏清兵分东西两路会攻。7 月，平定波密。8 月，清兵前锋攻至工布江达，在太昭设兵营，并立“太山石敢当”石碑。

宗政府：该建筑物是按照当时宗政府的样子重新修建的。当年的宗政府，一楼是办公机构，二楼有宗本的休息室、办公室、贵宾接待室等专用房间。旧时的宗政府旁还设有牢房。

清军墓群：太昭村西南高坡处是清军墓地，坐落在太昭村西侧的大象山脚下。此处残存的坟墓有 100 余座，现有 6 座墓碑，据考证皆建于清光绪、宣统年间，是清军葬于西藏的较大墓群之一。

十八军桥：1951 年，由王其梅副政委率领的中国人民解放军第十八军进藏先遣支队到达太昭。匪徒为阻止十八军进入太昭村，把娘曲河上的唯一一座木桥炸毁。十八军先遣支队抢攻，战士们歼灭匪徒并修复木桥，修复的木桥被当地群众亲切地称为“十八军桥”。

扎西曲林寺

扎西曲林寺在历史上称作扎西曲龙寺，位于工布江达县嘎旦村，修建于1439年，是格鲁派早期在今林芝市境内最为知名的寺院之一，也是格鲁派大活佛帕巴拉一世至三世的重要道场。一世帕巴拉出生在今工布江达县娘蒲乡古觉囊。

工布天门——米拉山

米拉山位于318国道旁，距工布江达县县城143公里，距拉萨127公里，海拔5013米，是拉萨通往林芝的必经之路，也是沿途海拔最高的山峰。站在山顶俯瞰群山，实有“一览众山小”的感叹。米拉山周边是郁郁葱葱的原始草场，偶尔可见野生动物在山间吃草、玩耍。天空中，秃鹫盘旋鸣叫。山顶处有当地群众和游客自行拴挂的经幡，祈祷山神保佑万物生灵。条条经幡在山顶迎风飘展，似万众僧人齐声唱诵，场面极为壮观。

拉 龙 寺

拉龙寺位于工布江达县工布江达镇拉果旁村内，海拔3811米。该寺创建时间不详，寺内主供佛为莲花生大师。该寺十四世转世灵童名叫仁增次旺，于1981年圆寂。仁增次旺活佛为西藏和平解放作出了重大贡献，生前是工布江达县政协委员。拉龙寺的文物因历史原因已经流失，主经堂内的壁画十分珍贵。

珍珠神泉

珍珠神泉位于工布江达县加兴乡。泉水从石缝里渗透出来，呈帘状，经过岩石的多层过滤，清冽异常。因为海拔高、气温低，滴下来的泉水往往冻成晶莹剔透的冰柱和洁白的冰粒，形如珍珠，故名珍珠神泉。泉水中含有多种微量元素，用它清洗眼睛可以消除眼部疲劳，据说还可治疗眼病；洗脸、洗手可使皮肤光滑并富有弹性，据说还有神奇的退烧作用。它被当地人视为神泉，常常有人从远方赶来取水。

松多温泉

松多温泉位于318国道上的松多小集镇旁，有温泉多处，自然环境特别适合饲养牛羊。每逢秋季，牧民都要把牛羊赶来喝温泉水。因泉水富含多种矿物质和微量元素，这里出产的牛羊肉肉质细嫩，没有膻味，酥油也格外香甜，是款待宾客的上佳食品。在西藏和平解放之前，每年都要作为贡品进献噶厦政府。松多温泉还可以进行医疗，对脚气、皮癣、胃病等都有一定疗效。

邦杰塘草原

“邦杰塘”在藏语中意为开满龙胆花的草坝子。邦杰塘草原位于工布江达县加兴乡境内、318 国道附近，草场总面积 15 平方公里，平均海拔 4700 米，距工布江达县县城 100 公里。邦杰塘草原地形起伏，绿草如茵，犹如一块天然的绿色大地毯。蓝天、白云、青山、绿草浑然一体，让人心旷神怡、浮想联翩。

独特的自然环境，孕育了工布牧民热情、豪迈的性格。每逢节日来临，牧民们都要举行射箭、骑马、摔跤等传统比赛，把酒临风，欢歌载舞，对远方而来的客人也是热情款待。工布牧民常举行工布独特的响箭娱乐比赛，利箭离弦，发出“呜呜”的响声。牧民还喜欢玩一种叫“乌朵”的投石索，它是用羊毛制成的，中间有一块手掌大小的皮子，用来放置石块。牧民常用它使离群的牛羊归队，有经验的牧民可百发百中。电影《红河谷》中名为格桑的男主角，就甩过“乌朵”。

这里的牛羊肉口感鲜嫩，盛产的奶酪和风干牦牛肉也味道极佳。

洛哇傍卡摩崖石刻

洛哇傍卡摩崖石刻位于工布江达县江达乡江达村以西约 2 公里的洛哇傍卡山东南麓崖壁上，海拔约 3580 米。

造像面积约 50 平方米，高 1.5—3 米，均为阴刻，内容包括人物造像 6 尊、佛塔、早期藏文题记和六字真言等。6 尊人物造像位于中部，高 1.55—3 米，宽 0.6—2 米，内容分别为佛像、度母、世俗人物等。左下角刻有佛塔 10 余座，最为突出的形制特征中，不见晚近藏传佛教佛塔“第四层塔阶”和“第三层塔阶”的标准形制，而且能判断的佛塔“相轮”数量有“六轮”“七轮”等，这些特征均为早期佛塔所有。依据目前掌握的资料，这种造型的佛塔不会晚于 13 世纪。古藏文题记有 10 余字，可辨文字意为“无上戒律”。从藏文形体风格判断，造像时代为吐蕃王朝晚期，即 9 世纪初至中期。

米 林 县

米林县地处西藏自治区东南部、林芝市西南部、雅鲁藏布江中下游，是318国道“醉美景观”的延伸、306省道“醉美景观”的核心和焦点，更是浏览藏东南空中美景的落脚点——林芝米林机场所在地。米林的地势西高东低，多宽谷，属高原温带半湿润季风气候区。湿润的气候、2950米的平均海拔、80%以上的含氧量、洁净的空气、极高的森林覆盖率……共同造就了最舒适的“云端上的桃花源”——米林。米林，藏语意为“药洲”，这里有藏医药发展史上最重要的地标、藏医药的发祥地——扎贡沟。“藏族医圣”宇妥·云丹贡布在此创立第一所藏医学校，并在此完成藏医学巨著《四部医典》。米林蕴藏着丰富的藏药材，多种菌类、蕨类植物，以及珍稀的动物、鸟类等，是世界上呈现生物多样性最典型的区域之一，堪称生物基因库。加上日照时间长、昼夜温差大等自然条件，米林成为全球气候的微缩景观和天然博物馆。

南迦巴瓦峰

被誉为“云中天堂”的南迦巴瓦峰海拔7782米，藏语意为“直刺蓝天的战矛”，也有“雷电如火燃烧”的意思。其巨大的三角形峰体终年积雪，云雾缭绕，从不轻易露出真容。南迦巴瓦峰西坡是一陡峭的断崖绝壁，直达谷底。而其东北侧延伸出一条长长的山脊，由一系列海拔6000米以上的高峰连接，如锯齿，似刃锋，峰顶覆盖着厚厚的冰雪。南迦巴瓦峰南边是乃彭峰，两山之间发育着3条巨大的山谷冰川，一直往下延伸到郁郁葱葱的林海里。南迦巴瓦峰与围绕乃彭峰的举世闻名的雅鲁藏布大峡谷的平均相对高差在5000米以上，构成世界上地形变化最剧烈的地区之一。在这独特的山地生态系统中，发育、繁衍着复杂而丰富的植被类型和动植物区系，被许多生物学家誉为“植被类型的天然博物馆”“山地生物资源的基因库”。

南迦巴瓦峰是复式褶皱中一个向北倾斜的短轴向斜构造，山体以片麻岩为主，主要有三条山脊——西北山脊、东北山脊和南山脊。东北山脊蜿蜒约 30 公里，直抵雅鲁藏布江岸，脊线上有 6 个海拔 6000 米以上的山头凹凸起伏。南山脊 2 公里处的乃彭峰，海拔 7043 米，它们之间的山口称为“南坳”。乃彭峰主峰高耸入云，常年云遮雾绕，充满着神奇的传说。当地人们相传，天上的众神时常降临此山，聚会、煨桑。那高空风造成的旗云，就成为众神们点燃的桑烟。自古，这座陡峭的山峰就受到人们的无比推崇和敬畏。从乃彭峰向东南、西南伸出两条“人”字形山脊。西北山脊突出着海拔 6936 米、7146 米的两座雪峰。南迦巴瓦峰的三大坡壁大都被冰雪切割成风化剥蚀的陡岩峭壁，以西坡为最。坡壁上基岩裸露，残留着雪崩留下的道道沟溜槽。峡谷之中布满了巨大的冰川。

南迦巴瓦峰耸立陡峭，攀登难度系数极大，一直为世界登山界所瞩目，到 1992 年才被中日联合登山队征服，此前一直无人能攀。南迦巴瓦地区地震频繁，地热活动在多处都有显示，以南迦巴瓦峰为首是个强烈上升的中心，上升速度和幅度为青藏高原其他地方所不及。1950 年的特大地震使大峡谷的雅鲁藏布江上两处落差达 10 多米的河床大瀑布消失，江道堵塞，山河面貌改观，现代构造运动的强烈为世人所目睹和震撼。同时，季风型海洋性冰川中的跃动冰川类型在南迦巴瓦峰的侧隆沟被发现。中国科学院在对该地的综合考察中采集到各种动植物标本近 5 万种，其中许多种类都是世界首次发现、国内首次发现或西藏高原首次发现。初步估计，昆虫的新品种、新记录在 100 种以上。采集到的很多珍贵标本是相关研究工作的“活化石”，对研究生物资源有着重要的科学价值和经济意义。

加拉白垒峰

加拉白垒峰位于米林县、巴宜区境内，海拔 7294 米，与世界第十五高峰南迦巴瓦峰隔江对峙，两峰仅距 20 公里。加拉白垒峰顶部平展，常年冰雪覆盖，走向为东西弧形排列，主脊线向南侧、西北侧增生着数条支脊，多为陡壁悬崖。山谷中发育着数十条海洋性冰川。相传很久以前，外部世界形成之后，上天众神派南迦巴瓦和加拉白垒来守护雪域东南部的工布地区。南迦巴瓦是兄长，派遣他守护海拔较低而地形复杂的雅鲁藏布大峡谷以南地域；加拉白垒是弟弟，派遣他守护海拔稍高而风景诱人的雅鲁藏布江以北地域。兄弟俩经常互相往来，互相照应，感情很好。加拉白垒茁壮成长，他的身体和能力、勇气也逐渐强大，南迦巴瓦希望他能成为雪域群山之首。此时，一个诡计多端的妖魔化身为南迦巴瓦，来到加拉白垒跟前，趁他没有防备，砍断了他的头。从此，加拉白垒再也没有长高，没有成为雪域群山之首。

兄长南迦巴瓦知道这个悲剧之后，为自己没能保护好弟弟而悲伤万分，永久低下了默哀的头颅，并待在雅鲁藏布江对岸，没有回到天界去。

丹娘佛掌沙丘

米林县丹娘乡的雅鲁藏布江岸边有片金黄色沙地，与蓝天白云、碧水青山形成鲜明对比。它在地理上属于风力沉积的荒漠地貌。暖湿气流由雅鲁藏布大峡谷北上，与雅鲁藏布江水逆流摩擦，产生涡旋作用，在雅鲁藏布江米林县、朗县段的一些地方形成固态沙丘。风力分选的沙砾，层层堆积成小山状。日积月累的沙丘，构成长约 2 公里、宽约 1 公里的蔚为壮观的沙海，最高处约 15 米。高低不同、呈波纹形状的沙丘，远看如一条巨龙盘卧，佛掌沙丘这个名字，缘自沙丘与江水的倒影呈现出一幅双手合十的佛掌。

羌 纳 寺

羌纳寺位于米林县羌纳乡羌都岗村以东约 200 米处、雅鲁藏布江右岸二级台地，南为梯钦林山，东为达巴山，北距岗派公路和羌纳乡政府驻地约 200 米，海拔 3008 米。该寺由宗喀巴大师的弟子丹巴塔吉于 1494 年创建，奉格鲁派。寺庙历史悠久、规模较大，有珍贵的可移动文物，是林芝市较为有名的寺庙之一，现为西藏自治区文物保护单位。

传说大约在 15 世纪时，由女神多吉帕姆化为猪身前来指明，寺庙被建在今羌纳乡的一个山坡上，属于噶举派；后来由于地震造成房屋倒塌，又遇教派之间的争斗，迁至娘龙沟，并改奉格鲁派（黄教）。寺内至今还供奉着猪头像，这就是对传说中化为猪身的女神多吉帕姆的供奉。

在 1950 年墨脱大地震中，羌纳寺藏有的响铜、金、铜等制成的较小佛像 10 多尊、一层高弥勒佛像等较大佛像 13 尊，以及精美绝伦的壁画等文物、建筑物全部被毁。1957 年，羌纳寺由娘龙沟搬迁至如今的所在地梯钦林。在重修该寺时，建有 3 层（面积为 4 根短柱）的强巴佛殿；强巴佛殿上部为 8 柱间大的护法神殿；集会殿有包括 2 根长柱在内的 28 根柱子，外部门廊有 7 根柱子。当时有 200 多名僧人。1959 年西藏实行民主改革时，寺内尚有 60 余名僧人。“文化大革命”时期，羌纳寺被毁。

20 世纪 80 年代后，进行了几次维修，才形成现在的规模。羌纳寺主供佛为强巴佛孩童像。强巴佛是佛教中的未来佛，即弥勒佛。西藏的弥勒佛没有那种笑呵呵、胖乎乎的模样。据佛教解释，弥勒佛将在释迦牟尼寂灭 50 亿年后，继承弘扬佛法的大任。寺内现存有一幅中央代表团赠送的、用藏汉两种文字书写的“中华人民共和国各民族团结起来”的锦幅，极具纪念价值和历史意义。

2014 年，文物部门出资 700 万元对寺庙进行保护性维修。羌纳寺现由集会大殿、接待室、僧舍、法器室等组成，占地面积为 6484 平方米，建筑面积为 5088 平方米。

该寺主要宗教仪轨和佛事活动有：每年藏历一月举办神变节，基本形式类同于拉萨大昭寺的祈愿大法会（从三日到十五日举行法会，在十五日举行迎请强巴佛、摸顶赐福等仪轨）。届时，有众多信众前来观佛、求福。藏历九月举办降神节。藏历十月二十五日举办甘丹阿曲（甘丹燃灯节），祭祀宗喀巴大师。

结果石碑

结果石碑位于米林县羌纳乡杰果村东南约 2 公里处，坐落在雅鲁藏布江右岸塔巴林山山脚下的密林中，西北距岗派公路约 2 公里，海拔 3031 米。

该石碑在西藏噶厦政府时期由结果宗建造。石碑的材质为青灰色细晶岩，未经加工，在自然石面上雕刻藏文，矗立于地面，高 1.68 米，宽 0.42 米，厚 0.36 米。“文化大革命”时期，石碑断为数截，现存的碑身亦腰断为两截，一截至今下落不明，仅存上段和下段。残碑上段一截斜立在地面，撑着下段碑身，高 0.88 米，宽 0.26 米，厚 0.16 米，碑身最宽处为 1 米。

石碑四面均刻有文字，但因年代久远，其中三面所刻文字已无法辨认，仅留有碑身东面少量的词汇可以辨认。根据现存碑文判断，结果石碑记载的是吐蕃王朝时期，属臣洛昂弑君篡位的内容。碑文却是采用 11 世纪后的藏文书体，并且在碑后有疑似立碑者的署名——当琼旺布及平措达杰。鉴于此碑风化严重，故而无法判断其立碑年代。

丹娘村石雕像

丹娘村石雕像位于米林县丹娘乡丹娘村内，地处雅鲁藏布江南岸台地，南距岗派公路约 200 米，海拔 2934 米。建造年代不详，来历众说纷纭。该雕像为一尊石雕像，当地群众称之为工布王石雕像。它是米林县乃至林芝市目前发现的唯一一尊石雕造像。

丹娘村石雕像原来放置在一户村民家中。为了保护雕像，当地政府给这户村民建造新房后，将以前的房屋用于保护雕像，成为雕像现有的保护建筑物。雕像立于后来修砌的一块长方形的土台座上。“文化大革命”时期，雕像的头部被破坏。后来按原样，将头部修复。雕像高 1.82 米，肩部宽 0.54 米。雕像座高 0.15 米，长 0.76 米，宽 0.51 米。

朗嘎石碑

朗嘎石碑位于米林县丹娘乡朗嘎村东面约 400 米处、朗嘎山北麓坡地上，北距岗派公路约 400 米，海拔 2982 米。石碑上刻有古藏文，刻于藏王赤松德赞在位时期（755—797 年），对研究古藏文和西藏历史等具有重要的参考价值。今称为“丹娘朗嘎吐蕃石碑”。

此碑由碑帽、碑体、碑座组成。碑帽为三角形，形似老鹰，正面刻有日、月、狮子纹饰，碑座绘有大象图案。碑体高 3.83 米，宽 0.90 米，厚 0.31 米。

这块碑刻由于石壁粗糙，加之历经1000余年的日晒雨淋，碑文风化十分严重，记载的31行文字基本磨损殆尽，仅剩30余字尚可释读。

经西藏社会科学院专家巴桑旺堆多年考察研究确认，此石碑为赤松德赞时期颁给工嘎布王的盟约性质的文书，该盟约的主要内容可能涉及以下几点：（1）赤松德赞赞普许诺，工嘎布王治理下的工布或工域邦国固有的各种特权得以继续维持；（2）保证地方官员不侵害工嘎布王的利益；（3）保证工嘎布王之位只有工嘎布王的后嗣才能继承等。

加帮沙山

加帮沙山位于米林县里龙乡加帮村、306省道旁，其成因与丹娘佛掌沙丘的成因相同。连绵起伏的沙山高达10多米，置身沙山上，如果不是远处的雪山、森林作为参照，往往让人产生身在沙漠的错觉，别有情趣。

仲麦觉旦庄园及杰布孔庄园

仲麦觉旦庄园及杰布孔庄园位于米林县里龙乡朗贡村，海拔4600米，为朗贡村的标志性建筑，至今有100多年历史。1951年，进行了一次维修。现由仲麦觉旦庄园和杰布孔副庄园两部分组成。庄园建筑面积为1200平方米。该庄园保持了原始的贵族庄园风貌而且地处边境地区，是林芝境内少有的、保存完好的贵族庄园，现为西藏自治区文物保护单位。

仲麦觉旦庄园的主人名叫平措，是拉萨人，于1940年过世，享年70多岁。平措的夫人名叫仁增，也是拉萨人。平措的女儿名叫措杰（早年因食物中毒，在朗贡村去世），女婿名叫觉旦（羌那乡朗多人）。当时，庄园有6名佣人。1940年，平措去世后，由觉旦掌管仲麦觉旦庄园；1958年，觉旦带着家仆及贵重物品潜逃出境，庄园交由格桑顿珠看管；1977年，格桑顿珠将庄园交付三女儿索朗卓嘎及其丈夫嘎玛看管；索朗卓嘎去世后，由其姐姐措姆看管；现由措姆及其妹夫嘎玛共同看管。庄园楼高约15米，3层土石结构的房屋共11间，中间为天窗。房屋造型好，设计独特，墙体厚1.2米，门与窗均有精致的藏式传统雕刻；门锁为自制门锁，设计精巧，做工精致，非常牢固，一般人无法打开；房屋之间用木板隔开；第一层用于圈养牲畜及堆放杂物，第二层为会客室及生活区，第三层为卧室；四周都设有瞭望窗；房屋主体完好，结构完整。

杰布孔庄园在当时为副庄园，迄今有 70 多年历史。庄园主名叫桑白，是拉萨人；桑白的夫人名叫丹增旺姆，也是拉萨人。桑白曾效忠于仲麦觉旦和杰布孔两大庄园的主人，代收苛捐杂税，后趁庄园主出逃，占据了副庄园。1959 年，桑白夫妻二人潜逃出境，临逃走前，要求措姆老人的丈夫加央洛追看管杰布孔庄园，并强行带走措姆老人及部分牧民为他们搬运东西。后来，桑白在经商途中被河水冲走。现杰布孔庄园占地面积约 200 平方米，整体保存较好。

雅鲁藏布大峡谷

派镇属米林县管辖，地处雅鲁藏布大峡谷入口处，海拔 3000 米。派镇小集镇（墨脱转运站），位于距米林县派镇镇政府所在地 3 公里处，是墨脱县通往外界的主要出入口，也是进入雅鲁藏布大峡谷与墨脱前难得的物资补给和游憩地。这里是南迦巴瓦峰最好的观赏点。派镇转运站北临雅鲁藏布江，岗派公路沿江横穿而过，水陆交通便利。江畔村庄绿树掩映，远处可以观赏南迦巴瓦峰和加拉白垒峰的壮丽雪山风景。夏季时，出入墨脱的商人、旅游者从四面八方会聚于此，热闹异常，它已成为集人流、物流、商贸、民俗、娱乐于一体的极具特色的重要集镇。

魔湖：魔湖位于雅鲁藏布大峡谷入口。因雅鲁藏布江在此水面宽阔，水势平缓而形成湖泊。传说魔湖是魔鬼巴洛拉领地的标志，由两只独角水怪看守。一日，魔鬼巴洛拉与镇守该地的南迦巴瓦神决战，被斩首于后山。就在南迦巴瓦神与巴洛拉决战之时，两只独角水怪偷吃了佛主赐予南迦巴瓦神的仙丹，藏身于湖中。每过一段时间，水怪就会出来作乱，数十里内的居民深受其害。后来，南迦巴瓦神派弟子格桑下山修建镇妖宝塔，并赐给他一块神石，告诫该石必须由 9999 个族人诵经祈福，再放入宝塔方可镇压水怪。由于水怪作乱，此地人丁稀少，格桑徒步 13 年，走遍珞瑜部落，找足 9999 个诵经祈福的族人后，带着神石归来，才把水怪镇住。水怪的心脏被扔在大桑树旁，而头被扔在江对面的半山腰上。你如果在那片插满经幡的地方仔细观察，可看到水怪的狰狞面孔。

吞白古茹寺：位于吞白村的藏传佛教宁玛派寺庙，名为古茹寺。据传，那里是莲花生大师最早的修行洞之一。莲花生大师是藏传佛教早期（即 8 世纪左右）的著名法师，他一路从其家乡——印度的邬仗那（今巴基斯坦境内）来到西藏传法，而大峡谷区域则是其活动的密集区域之一。如今，大峡谷区域内众多地名的来源，都可追溯到莲花生大师和佛教、苯教之间的故事。

巴洛拉的城堡：巴洛拉是传说中力大无比、体形巨大的妖魔。他可以把一只脚放在南迦巴瓦峰上，另一只脚放在另一座雪峰顶上。南迦巴瓦神为降伏巴洛拉，在古茹寺的洞中苦修 3 年。3 年后，南迦巴瓦神把手中的金刚橛从洞中抛出，一举击败了巴洛拉。如今，在修行洞上方仍有一个通透的小孔，据说就是被金刚橛穿透的。

情比石坚：由派镇转运站前行 5 公里左右，一块看似一分为二的巨石夹缝中长着一株桃树。“情比石坚”的名称源自一个凄美的爱情传说。传说“桃树之王”寿多有两个女儿：大女儿拉玛生性暴躁、相貌平平，而且嫉妒心强；而小女儿拉姆美貌绝伦、聪明睿智，深得寿多宠爱。拉玛迫于寿多的威严，将对拉姆的嫉恨深藏在心底。一天，姐妹两人在桃园散步，看见有一个面色疲惫的男子走来。他虽衣衫褴褛，但俊秀的面孔还是引起了两姐妹的注意。男子名叫阿尼达，生长在很遥远的一个部落，从小与母亲相依为命，为人正直诚恳、非常孝顺。阿尼达 13 岁时，母亲上山采摘野果，不小心跌入山谷。族人把她找到送回时，四肢都不能动弹了。阿尼达跪在母亲身边悲痛不已，发誓要让母亲重获健康。部落的一位老者对阿尼达说：“孩子，你的母亲只有得到桃王寿多的仙桃，才可以恢复健康。那是个非常遥远的地方，要有坚强的意志，并历经苦难才能到达。”阿尼达站起来，坚毅地决定，一定要让母亲恢复健康。第二天，阿尼达把母亲托付给族人后就启程了。经 6 年长途跋涉，阿尼达终于到达桃王寿多的属地并遇到拉玛和拉姆。阿尼达快步走到这两位女子面前，自我介绍并询问桃王寿多的消息。阿尼达生得英俊，言谈又温文尔雅，深得姐妹两人倾心。妹妹拉姆得知阿尼达舍身远行是为了救母亲，甚为感动，并答应会竭力帮助他，年轻、善良的两个年轻人渐渐互生爱意。姐姐拉玛也爱上了阿尼达，就想尽办法从中阻挠，想从拉姆身边夺走阿尼达。拉姆向父亲寿多讲述了阿尼达的孝心，寿多听后也被感动了，就让拉姆将一个仙桃转交给阿尼达。拉玛知道后气愤不已，偷偷地跟在拉姆后面。当拉姆快到阿尼达的住所时，丧心病狂的拉玛发出凶恶的毒咒，漫天石雨顷刻而下。可怜的拉姆把仙桃紧紧护在胸口，身体却被一块巨大的石头压住。日月如梭、光阴似箭，几千年过去了，拉姆的身体早已化为尘土，但那胸口护住的仙桃顶开石头长成桃树，片片桃花都展露着笑容，似乎还在奉守着与阿尼达的约定，期待着早日见到心爱的阿尼达。

工尊德姆拉康：工尊德姆拉康位于玉松村，相传为莲花生大师所建。寺中主供工尊德姆。拉康中有一幅黑唐卡和一个工尊德姆女神的面具。拉康外的江心上，有三块天然的平整光滑的石头，传说是工尊德姆一行五人从印度飞来后的修行台（落脚点），最初有五块。旁边的一块石头传说是五尊神坐骑的象征，附近还有马蹄的痕迹。工尊德姆在这里下马，并从此处过江。向江中看去，有一连串的五块石头呈一条斜线，从此岸一直到对岸均匀地排开，据说是工尊德姆过江时的脚印。

“魔鬼头”（骷髅石）：格嘎村江对面的半山腰上有一块突出的石头，从远处看酷似一个骷髅头，当地人称之为“魔鬼头”。关于“魔鬼头”有一个传说。当年，魔鬼玛章茹扎与莲花生大师在此地大战。结果，玛章茹扎被斩首，头被抛到此处，而四肢和心、肺等分散放于江的另一端。据传说，“情比石坚”旁的一块巨石便是玛章茹扎的心脏。

格嘎温泉：格嘎温泉位于距米林县派镇格嘎村 1600 米的陡坡上，现有泉眼 7 处，有 4 个不同功能的泉眼被小规模开发利用。泉水水温为 40—50 摄氏度，含有多种微量元素和矿物质，能够治疗多种疾病，深受当地群众喜爱。每年 4—5 月，野桃花盛开之季，正是沐浴温泉的最佳时节。

直白村：直白村位于雅鲁藏布大峡谷入口段、南迦巴瓦峰的山脚上，是观赏南迦巴瓦峰的最佳位置。

加拉村：该村地处雅鲁藏布江东岸，是雅鲁藏布大峡谷米林段的最后一个村庄，由此往前，便进入了无人区。1998 年，中国首次穿越雅鲁藏布大峡谷的科考队，就是从加拉村东岸进入大峡谷的。

加拉巴东：加拉巴东是宁玛派最先开发的圣地。从直白村可乘船或徒步到达该地，它是前往乃白玛圭（朝圣圣地）必须参拜的地方。此处有一个大瀑布（藏语“巴东”即为“瀑布”），据说该瀑布有九层，由于江水上涨，只能看到其中关键的一层，即阎罗王的驻地。瀑布观景台下方宝塔上的繁体古藏文，刻印了当地主要景点及历史解说经文。半山上有一座名为丹结拉康的寺庙，内供阎罗王、莲花生大师、噶玛巴及掘藏师德登·维色多吉的灵塔。殿内悬有一根铁链，传说是大成就者唐东杰波从阎罗王大瀑布中取出的。由于曾失窃过，加拉村把两件镇寺之宝保存在村中，一件是镏金的莲花生大师石像，另一件是天然形成的石质莲花生大师右鞋。

九兄弟山：九兄弟山位于加拉白垒峰右侧。因山顶有九个峰头，如同九个兄弟手足相连、并肩而立，故而得名。峰顶常年积雪，雄伟壮观。

加拉森当：加拉森当位于加拉白垒峰大本营下方，是一片巨大、平整、浸透青草香味的草坝。“森当”意为“驯狮”。传说莲花生大师来到这里后，坐骑狮子不走了。于是，莲花生大师把此地定为建寺之址。草坝子被加拉白垒雪山环抱着，正后面是加拉白垒峰的侧峰。昔日，西班牙与瑞士联合登山队就是走这条路抵达加拉森当，再往前即可到达加拉白垒峰大本营。草坝四周的山坡高处，不时可以看到成群的野生羚羊和羚牛。原可容下千人的加拉森当寺已毁于地震，现仅为残垣断壁。在寺庙遗址后面100米处的一块岩石上，依稀可以看到一个狮子爪印，相传这就是莲花生大师坐骑狮子的爪印。

松林口：松林口海拔3550米，位于多雄拉山近山顶部，是翻越多雄拉山至墨脱的入口，也是徒步出入墨脱县的唯一出入地。由此向前，便是通往墨脱的漫长山路。

大渡卡：大渡卡是雅鲁藏布大峡谷派镇入口处景区现存的唯一一个现实人文遗址，藏语的意思为“放马处”，之前是某工布王的城堡，后在战乱中被毁，距今约500年。站在大渡卡边可俯览平静、美丽的魔湖，它也是水上行程的第一个停靠点，船会在此停留约15分钟。

大桑树：桑树属桑科桑属，为落叶乔木。据有关专家实测，该树已有

1450 多年树龄，为当地所见最大的桑树。这棵树在当地群众中被视为幸福、长寿、美满的象征，树上挂满吉祥的哈达，树下是当地群众举行婚庆等重要活动的场所。

藏布巴东瀑布群

被誉为“大峡谷中的隐士”的藏布巴东瀑布群，位于西兴拉往下到帕隆藏布江汇入口之间的位置，海拔 2140 米。河道仅 20 余公里长，却是整个雅鲁藏布大峡谷中最为险峻和奇特的河段。

藏布巴东瀑布群在 2005 年被《西藏人文地理》杂志评为“中国最美的十大瀑布”之首。其地理位置为：北纬 29°46′，东经 95°10′。河水奔腾咆哮，河床坡降显著，平均坡降达到 9.6%。藏布巴东瀑布群由三个瀑布组成：处在最上游的瀑布为藏布巴东瀑布，宽 117.7 米，落差 33 米；第二个瀑布为白浪瀑布，宽 62 米，落差 35 米，是现知雅鲁藏布江干流落差最大的瀑布；第三个瀑布是落差和宽度相对较小的藏布巴东三号瀑布。

藏布巴东瀑布群为雅鲁藏布大峡谷中最大的河床瀑布。飞瀑水流巨大，水花朵朵，声音宏亮，十分壮观磅礴，气势犹如巨龙出世，令人惊心动魄。瀑布溅起的水雾有时可以达到数百米高，漫天浮游，使周围完全处在一片菲菲细雨的笼罩之中。七色彩虹横挂当空，美轮美奂，真是一幅别致的“匹练挂遥峰”图。

此外，在白马狗熊以下的河床上，有 20 世纪 20 年代英国植物学家 F.K.Ward 提到的“虹霞瀑布”。考察时证实，遗址只剩下 4 处跌水残留。专家认为，可能是 1950 年 8 月 15 日发生的 8.5 级大地震使它消失的。瀑布群的概念，是中国科学家在对雅鲁藏布大峡谷进行实地考察和测量之后首次提出的。

扎贡圣地

南伊珞巴民族乡辖域内的南伊沟，地处扎贡圣地中心地带，故名南伊，意为圣地。

扎贡圣地意为杂日扎大圣地的头或起始地，距米林县县城约 7 公里。

据传，扎贡圣地为莲花生大师加持过的“四杂”之一（另“三杂”分别为杂日扎、杂囊、杂扎，均为佛教圣地），将在合适的机缘下开启并利益众生。开启扎贡圣地的，是大成就者唐东杰波和二世噶玛巴·拔西。

扎贡圣地的转经路线主要有三条：一是从雪卡沟翻山越岭，从帕普白贡山沟里出来；二是从东多牛布沟到琼林的转经道；三是从南伊村村头，翻越江噶日山，由扎贡普的夏巴拉山口走出。扎贡圣地内的原始森林面积达 8.2 平方公里，蕴藏着各类植物药材，种类达 3000 多种，是藏医药文化的重要发源地。八功德俱全的甘露水泉眼，传说由藏医泰斗宇妥·云丹贡布大师挖掘，可治愈 224 种疑难杂症。

野生黄牡丹：属于濒危物种的野生黄牡丹是我国八大牡丹品种之一，生长在海拔 2000—3500 米的高山峡谷地带，目前仅在四川、云南和西藏东南部有少量分布。黄牡丹的丹皮可入药；花瓣不能食用，有微毒。它在每年的 5—6 月份开花，花期为 3 个星期左右。除我们看到的大片野生黄牡丹外，黄牡丹在扎贡沟内处处可见。

千年云杉王：此树矗立于南伊扎贡沟内，被誉为千年云杉王，为松科云杉。据专家实测，该树胸径 298.4 厘米，树高 56.8 米，树冠面积达 304 平方米，是扎贡沟迄今实测到的最粗的云杉树，为典型的丽江变种，主要特征是枝盛叶茂、树形庞大。千年云杉王树北侧有一条清澈的小溪，水质纯净，四季长流，冬夏气候变化对溪流无任何影响。传说，千年云杉王和溪流由藏医始祖宇妥·云丹贡布点化而成。它们分别被当地群众称为“神树”“神水”。

求米央拉吉：求米央拉吉意为“可治病的神水”。泉水发自地底，涌发量很大，富含多种矿物质。饮用此泉，有益身体健康。相传，该地有神泉 108 股，求米央拉吉是 108 股神泉的总称。108 股泉水清澈透底，各具治病神效。

弥姆石柱：当地人所称的弥姆，就是唐东杰波的弟子、一世桑顶·多吉帕姆女活佛。此处就是她的修炼地。传说中半人半仙的弥姆女神留恋这里美丽的风景，因而对佛祖屡次催返的旨意无动于衷，被护法神强行带回。带回过程中，弥姆女神不慎将自己的半截发钗遗落，遂形成弥姆石柱。还传说，远古时期的藏族和珞巴族经常发生战争，直到有一天，有位德高望重的大师出来调停，这两个民族才停止了战争。为纪念和平并告诫后来者远离战争，遂立弥姆石柱以表永世修好。

甘露洞：与奇正藏药园相隔的扎贡沟内北侧半山处有一天然岩洞，并有泉水从石缝中滴出。寒冬，水滴成冰，造型奇特，被称为甘露洞（仙女洞）。传说它是藏医药鼻祖宇妥·云丹贡布大师行医收徒之地，洞内至今仍保存着宇妥·云丹贡布大师的造像，供世人瞻仰。

唐景龙二年（708 年），云丹贡布出生于逻些西郊堆龙其纳的一个藏医世家。其曾祖父洛哲希宁是松赞干布的御医。他自幼受家庭熏陶，天赋极高。据说，云丹贡布 10 岁时，医术就声名远扬，吐蕃赞普赤德祖赞将他送到桑耶寺继续学习深造。他谦虚好学，刻苦钻研。善于吸收百家之长的云丹贡布，对汉地的医学原理倍感兴趣。为进一步丰富、提高医学理论和技术，他在 25 岁时离开富裕的家庭，如饥似渴地外出考察，虚心向各地名医学习，与能者求教。云丹贡布先后在当时的尼婆罗、克什米尔、天竺等邻近国家，今天的四川康定、青海、五台山，以及西藏的阿里、羌塘、拉萨、日喀则、察隅、山南等地留下足迹。

云丹贡布的著作《四部医典》是古代藏族劳动人民智慧和汗水的结晶，千百年来被藏医、蒙医奉为经典医著，后经历代藏医学家的修改、补充、注释、整理日臻完善。《四部医典》自成书问世以来，有上百种注释本，并被先后译成汉、蒙等文字，对我国西藏、青海、内蒙古等地区影响颇大，一直是这些地区治病防病的指南与依据，而且是今天各地藏医学校和藏医院使用的基本教材。此外，该书在国外也很有影响。最早的俄文译本，有 1898 年的巴德玛耶夫（Badmaev）译本、1908 年的波兹德涅耶夫（Pozhneev）译本等。1976 年，又有联邦德国芳克（EJi-SAbethFinekh）的部分译本等等。

宇妥·云丹贡布在晚年，除继续著书立说外，把主要精力放在医学教育方面，培养了众多藏医学人才，其中有“本然巴”学级的名医 50 人、“然觉巴”学级的名医 50 人、“噶居瓦”学级的名医 100 人。他创建了贡布门龙医学寺院，收门徒千余人，潜心讲授并研究医药学，为藏医学的开创、奠基和发展作出了卓越贡献。

当地群众视甘露洞为“神洞”，相信祈祷膜拜后可万事如意，并视洞内泉水为“神水”，相信饮用后可祛百病、延年益寿。洞壁左侧上方有一方形石块，当地群众称之为“酥油石”。下方石壁有一天然小洞，闭眼将头伸入，可隐约听到低沉的诵经声，名曰“听经洞”。听经洞前方有一夹壁石缝，能从中穿过者，据说是有福、孝顺之人，死后可早日轮回转世。

南伊沟生态旅游风景区

南伊沟生态旅游风景区距离米林县县城仅 7 公里，原始生态保护完好，气候湿润，动植物资源十分丰富。

琼林珞巴民俗村：琼林珞巴民俗村位于米林县南伊沟景区，地处河畔，风景秀丽，绿树成荫，是观光旅游、休闲度假的最佳境地。这里有最原生态的珞巴族民俗，有风味独特的奶、肉制品等珞巴族饮食。

沙棘岛：沙棘岛，以一树树、一串串黄里透红的沙棘著称。沙棘又叫酸刺、黑刺，属胡颓子科落叶灌木。果实味道甘美，并且含有人类必需的氨基酸和近 20 种微量元素，具有一定的药用价值。1000 多年前，人们发现，常食沙棘果的居民身体健壮，很少生病，特别是患有肠胃疾病、心脑血管疾病的患者不治而愈。西藏医药典籍中，有喇嘛称沙棘果为包治百病的“灵丹妙药”的记载。遍地熟透的沙棘与各种乔木、灌木相互辉映，勾勒出一幅美丽画卷。

“阴阳树”：南伊沟生态旅游景区的天边牧场旁，生长着一棵神奇的“阴阳树”，因树身有两部分状似男女生殖器官而得名。当地老百姓把这棵树视为“神树”。它最让人感叹的是，“阴阳树”不是人为的，而是大自然的作品。

天边牧场：天边牧场是南伊沟景区的标志性景点，动植物资源丰富，景色怡人。蓝天白云，雪山皑皑，古树林立，牛羊成群，牧民小屋散布其间，周围密布着原始森林。

才召珞巴民俗村：林芝市的珞巴族，主要分布在米林、察隅、墨脱等县与尼泊尔接壤的边境地区。米林县南伊珞巴民族乡正式成立于 1988 年 6 月。

从林芝市八一镇沿 306 省道西行至南伊沟景区，著名的才召珞巴民俗村就在路边。才召村依山而建。山泉穿过村庄流入雅鲁藏布江，滋养着满山遍野的各种野生果树、野生黄牡丹，千年古桃、古桑、古杨树，以及叫不出名字的各种树木。

珞巴族没有文字，通用藏文。珞巴族有自己的语言，属汉藏语系藏缅语族。珞巴族内部对本民族没有一个统一的称谓，而是以不同部落相称，主要有博噶尔、德根、米新巴、米古巴、希蒙、登尼、崩尼等部落。各部落都有关于起源的传说。从各类传说中可以探知，珞巴族大概从青藏高原南部一带的古老群体中的一支或数支繁衍而来。

珞巴族的服装与藏族明显不同。珞巴族以擅长狩猎闻名于世。后来，珞巴族刀耕火种，开始从事农业生产，而打猎渐退其次，在闲暇时间才进山狩猎。

目前，才召村的珞巴民风民俗保存完好。进入才召村，独特的珞巴民俗民风和保持良好的生态环境让人眼前一亮。以前，狩猎是珞巴族最重要的副业之一，现已改变狩猎传统。现在的珞巴人兼营畜牧、纺织、采集和竹器编织。珞巴族信奉原始宗教，图腾崇拜的对象包括太阳、月亮、虎、豹、熊、猪、牛、羊、狗、鹰等 30 多种，还有对天体、山石、土地、树、水、火等自然物和自然现象的自然崇拜，以及历史久远的灵魂崇拜和祖先崇拜。

江河汇流

在米林县羌纳乡和巴宜区米瑞乡都可以看到江河汇流，江是雅鲁藏布江，河是尼洋河。雅鲁藏布江在古藏文中是“央恰布藏布”，意思是“从最高顶峰上流下来的水”。尼洋河是雅鲁藏布江五大支流之一，意为“神女的眼泪”，是林芝市的母亲河。江河汇流处，尼洋河水清澈湍急，雅鲁藏布江水浑浊缓慢，一清一浊，泾渭分明。尤其是江河交界的那条分界线，蜿蜒于水面，将浩瀚水面分为颜色相异的两部分。尼洋河汇入雅鲁藏布江后，逆流而上，形成江水倒流的奇观。

天下第一坡

天下第一坡位于米林县里龙乡巴让村境内。天下第一坡的河水晶莹透彻，上游河面宽阔、水流平缓，中下游怪石林立、水势湍急，河岸山崖陡峭险峻、林木繁盛，是开展漂流的绝佳地段。沿河道旁的山间小路前行 14 公里左右，到达桑格山坡。传说文成公主进藏路过此地时，遇到一伙强盗。强盗抢劫财物后走到桑格山坡处，突起狂风，将他们全部埋在地下。后来，人们便称此山坡为“脾气古怪的桑格山坡”，生动地向我们说明了此山坡终年多风的气候特点。

扎西绕登寺

扎西绕登寺位于米林县扎西绕登乡雪巴村内，北距扎西绕登乡政府驻地约 200 米，南距扎西绕登河约 1.8 公里，海拔 2994 米。该寺由二世达赖喇嘛根敦嘉措的弟子仁钦南杰于 1422 年创建，奉格鲁派。建筑面积 2677 平方米，占地面积 4861 平方米。扎西绕登寺的可移动文物藏量丰富，现为西藏自治区文物保护单位。

相传，当年噶举派红帽世系二世嘎玛巴·卡觉旺布来到此地观察地形，看到被当地奉为三怙主神山的水晶圣山深处，清泉直流，上空似法轮，地貌如莲花，四面八方齐聚自然生成的吉祥八宝，便深信此处乃佛法圣地，并摘下红帽贴在南面的一块巨石上，石面立刻显现出黄帽（格鲁派僧帽）的印迹。他于是预言，将来此处一定会建一座格鲁派寺庙。若干年后，二世达赖喇嘛根敦嘉措的弟子仁钦南杰前来此地，寻找建寺宝地。他在途中遇到一人，问其姓名，答曰扎西；后又遇一人，问其姓名，答曰绕登。行至今雪巴村，仁钦南杰也看到此地的地形殊胜，遂决定在此建寺，弘扬佛法。然后，他把在途中遇到的扎西和绕登的姓名合起来，为寺庙取名扎西绕登寺。

寺庙在 1950 年墨脱大地震中被毁。1957 年，依照原寺的样子重修了一座两层主殿，“文化大革命”期间再次被毁。从 20 世纪 80 年代开始，先后进行过多次维修。现寺庙由主殿、僧舍、厨房、法器室等组成。

扎西绕登寺的强巴佛殿（弥勒佛殿）中央，供有两层高的强巴佛像。右侧供有三世佛像，左侧供有宗喀巴大师师徒三尊像。集会殿中央为宗喀巴大师师徒三尊像，后部供有鎏金铜莲花生大师像、泥塑四臂观音像、响铜释迦牟尼像。响铜释迦牟尼佛像为甘丹麻母琼寺（该寺已成废墟）的唯一一件旧文物。另外，还供有文殊菩萨像、仁钦南杰像、益希嘉措像等。集会殿左右墙壁上，画有精美的明代壁画。第二层为护法神殿，供有大威德金刚十三众、多闻天王、白主怙五众、神怙三主等。

龙达吉玛曲登塔

龙达吉玛曲登塔，位于米林县里龙乡才巴村茂公自然村以西约 1.2 公里处、雅鲁藏布江北岸一级台地上，南距 306 省道约 1.5 公里，海拔 3227 米，信奉宁玛派。现由佛塔和保护性小殿堂等组成。该塔建筑面积为 196 平方米，占地面积为 500 平方米，历史悠久，有着很多相关的传说，是名震全藏区的佛塔。

“龙达吉玛曲登”意为风马沙丘佛塔。相传，莲花生大师在降伏藏区的妖魔时，得知亚巴的长臂罗刹女逃到了塔布一带的甲贵宗，欲追踪降伏。在追踪到今天的才巴村时，莲花生大师突感身体不适，流下几滴鼻血。此时，天空奇现彩虹，空行母下凡。染过莲花生大师鼻血的沙子变成一座座小塔，空行母就把这些小塔集中在一起作为胎藏，修建了一座镇魔塔。后来，掘藏大师桑杰林巴又把空行母施法修建的佛塔作为胎藏，修建了龙达吉玛曲登塔。该塔从此名震全藏区，成为沿雅鲁藏布江顺时针转经朝拜的起始点。

倾波高原牧场

倾波高原牧场位于米林县卧龙镇倾波地区，是米林县主要的高原牧场之一。这里草场如织，牛羊成群，雪山连绵起伏，森林茂盛，雨水充沛，是游客感受高原绿色生态、体验游牧生活的理想场所之一。

珊瑚天柱

珊瑚天柱位于米林县里龙乡巴让村境内，远眺其主峰呈金字塔形，四季冰雪覆盖，气势磅礴，雄伟非凡，被当地人奉为“天柱”“神山”。山峰半山腰处有一天然湖泊，山脚下前后各有一湖泊，湖水平缓宽阔，四周草木繁盛，景色极其优美。每到夏季放牧时节，帐篷处处，篝火点点，牛羊四野，高原的湖光山色令人遐想无限。传说湖中曾有“湖怪”等大型野生动物出现，一些石头上还存有古代海洋生物的足迹。这多少可以证明，西藏这片神奇的土地曾经是一片汪洋，令人不觉有沧海桑田的感慨！

塔巴西日神山

塔巴西日神山（无垢晶石山）坐落在米林县里龙乡朗贡村上方的一处山谷里，是新、旧杂日神山的核心。《西藏古迹志选编》记载：大山塔巴西日又称毗若杂纳，被四佛及佛母围绕，其形状如同佛塔。

另一传说是，释迦牟尼被众罗汉围绕，内境像胜乐双运处留下菩提之水，外密如脐轮火水晶，饮此水为八功德水，能得四灌顶。

嘎玛巴佛塔

嘎玛巴佛塔位于米林县里龙乡巴让村后山的一条沟内。里龙乡巴让村在古时是一个宗教圣地。“里龙”在藏文中的意思是“宗教第一路”或“天堂第一路”，因此，要感受西藏的宗教文化，最好踏上“宗教第一路”。据传，嘎玛巴为使众生解脱病魔，在里龙的益当修建了一座镇病魔塔。

热嘎庄园遗址

热嘎庄园遗址位于米林县米林镇东多村热嘎自然村以南约2公里处、雅鲁藏布江南岸罗布坝的密林中，东北距306省道约2公里，海拔3177米。

“热嘎”意为风水宝地。据说，热嘎庄园是工布王阿吉杰布的一座庄园，距今已有1300多年的历史。若这一传说成立，则该遗址的最初建筑修建于7世纪，但因缺乏可靠的参考文献及考古测量数据，其具体创建者和始建年代不详。2000年，西藏自治区文物局主持全自治区文物普查、复查，首次对该遗址进行了调查。按照当地村民的说法，很早以前，热嘎庄园遗址是一座寺院。也有人认为，它可能是工布王的庄园，而且有人在该遗址山脚的306省道边立了一块“工布王庄园”的说明牌。然而，目前没有任何证据能够证明该遗址是工布王的庄园，我们只能将它暂定名为热嘎庄园遗址。

现存遗址有土台子、街道和房屋等遗迹。建筑遗迹主要集中于遗址中部，还能看到稍有房屋轮廓的残垣断壁，但不能辨清完整的房屋形制。墙体最高者达 5 米之多。砌建方式分为三种：自然石块垒砌成墙，石块勒脚和土石结构的墙身，外墙为大石块、内添小碎石的墙体等。从遗址内柳树等粗大树木的生长情况看，该遗址废弃的时间至少在 200 年以上。

热嘎庄园遗址的主体建筑位于被称为罗布坝的山坡平地上，东南低、西北高，遗址的周围全被森林覆盖。经全球定位系统（GPS）测量，该遗址占地面积约为 4 万平方米。

林芝机场

林芝机场位于八一镇南面、雅鲁藏布江南岸河谷地带，距八一镇 55 公里，距米林县县城 19 公里，海拔 2951 米，为国内旅游支线机场，也是西藏海拔最低的民用机场。林芝机场飞行区按 4D 级技术标准设计、建设，机型选择为 B757、B737、B737-300 和 A319-100 等相关干线飞机。林芝机场于 2006 年 9 月 1 日正式通航。

朗　县

朗县位于西藏自治区东南部，地处喜马拉雅山脉北麓、雅鲁藏布江中下游，地域面积4186平方公里。县政府驻地朗镇，海拔3200米，距拉萨约420公里，离林芝市政府所在地八一镇240公里。朗县东与米林县相邻，西与山南市加查县靠近，南与山南市隆子县接壤，北与工布江达县毗连。朗县是十三世达赖喇嘛土登嘉措的故乡。

朗县基本属于高原、丘陵地貌类型。地势北部和中部高、南部低，多为开阔谷地、坡地和山地。全县平均海拔3700米，一般山峰的海拔多在5000米以上，并且多被冰川覆盖。名特产品主要有多类畜产品、辣椒、贝母、五灵脂、葡萄、苹果、核桃及藏帽、木碗等。境内的扎日莎巴山为佛教圣山。

因朗县县城的地势与大象鼻子颇为相似，人们形象地称该县城为“朗”，意为“显现”。朗县境内山脉纵横，沟壑相连，地表起伏大，地形复杂多样。朗县属高原温带半湿润季风气候区，干、湿季分明，日照充足。朗县的草场面积1200平方公里，森林面积367平方公里，旅游资源十分丰富。该县最具代表性的景点就是位于金东乡境内的列山古墓群，气势宏伟，具有很高的科考价值，现已被列为国家级历史文物保护区。

1982年6月和9月，分别勘察和挖掘了三座小型封土墓，发现墓地墓穴建筑使用的都是阿嘎土。同时，这也是西藏最早使用阿嘎土的实例证明。

阿嘎土是最能代表西藏建筑风格的材料。“阿嘎”在藏语中指“一种黏性强而且色泽优美的风化石”。当水泥等建筑材料还不曾问世时，阿嘎土就是西藏寺院、宫廷、府邸和私宅必不可少的建筑材料。它的广泛应用、独有特性和西藏人民在实践中积累的使用经验，确立了阿嘎土在藏族传统建筑中的地位和作用。

根据史料研究推测认定：列山古墓群的年代可以初定于吐蕃王朝时代（7—9世纪）。该墓群是西藏传统丧葬制度的一个特例。研究表明：大概在8世纪，随着佛教的传入，原本信奉苯教的藏文化逐渐把墓葬风俗，改变成现在这样以天葬、水葬、火葬为主的丧葬方式。

列山古墓群反映了1000多年前西藏的丧葬制度和墓葬水平，对于研究吐蕃王朝的兴起、衰落，特别是研究吐蕃王朝奴隶制社会严重的阶级对立具有重要价值；对于研究西藏历史，并探讨青藏高原千年尺度的古气候、古环境变化，也具有十分重要的意义。

列山古墓群

列山古墓群位于朗县金东乡列村东北约1500米的列山山坡上，海拔3200余米。主墓地西南面的金东河从东南流入雅鲁藏布江。

该古墓群是20世纪80年代西藏文物界发现的西藏古代重要墓地遗存之一，整个墓地分为东、西两大墓区，中间为相距1.5公里的深沟和山梁，共有183座封土墓。东墓区东西长1.2万米，南北宽约650米，面积78万平方米，有162座封土墓，呈扇形分布。另外，还有殉马坑、祭祀场、房屋遗址和石碑座等。西墓区面积小，有封土墓21座，呈曲尺形分布。列山古墓群按封土的形状，可分为梯形、方形、圆形和“亚”字形4种。其中，梯形封土墓最多，共有153座。该墓形前宽后窄，平面和立面均呈梯形，分别用夯筑和石土混合堆筑两种方法建成。最大的梯形封土墓高14米，面积近3000平方米；最小的封土墓仅露出地面，面积约11平方米。方形封土墓亦称塔形墓，有2座，平面呈正方形，立面呈塔形，分为4级，不出檐，由塔基、塔身和塔顶三部分组成，以土、石、木逐层夯筑而成。圆形封土墓有馒头形和圆锥形两种形制。“亚”字形封土墓只有1座，立面似方形城堡，四面各有一个马面。它们是研究吐蕃时期墓葬制度的重要实物资料之一。

列山墓地的发现及其宏大壮观的场景震撼了学术界，引起了藏学界的极大关注。但是，藏文史籍中对列山古墓没有留下片言只语的文字记载，墓穴所在村村民口中，贴近史实的口传故事也早已失传，既无文献佐证，又无口碑史学。因而，如此大规模的墓穴，如何还原其历史背景、如何界定其墓主身份，成为学者们研究的主攻方向。

30 多年来，各学界多学科多种角度进行相互参照研究，梳理了列山古墓所在地的历史谜团，提出列山古墓所在的金东地区，最早处于十二邦国之一钦域邦国的发祥地境内，古地名为钦域。列山墓地极有可能是钦氏家族的主墓地，而且多数大型墓穴建成于吐蕃王朝时期。目前，列山墓地是钦氏族或家族主要安葬之地的观点基本上成为国内外学界的共识，但围绕墓葬的许多涉及历史、考古的问题，仍然需要学术界进一步研究。

朗顿庄园

朗顿庄园位于朗县县城内。1880 年，为了迎接十三世达赖喇嘛土登嘉措回朗县探亲，当地政府修建了朗顿庄园。该庄园保留了当时的建筑风格，占地约 800 平方米，园内有十三世达赖喇嘛亲手种植的苹果、桃、梨等果树，并且长势良好，为朗县文物保护单位。2009 年，公布朗顿庄园为第五批西藏自治区文物保护单位之一。·

十三世达赖喇嘛出生地与家族居所

十三世达赖喇嘛土登嘉措的出生地冲康村，史称朗敦村；自从十三世达赖喇嘛诞生后，更名为冲溪村，意为“诞生庄园”。他出生的房子，名为“冲康”，即诞生的房子。藏历第十五绕迥火鼠年（1876 年）五月初五出生的十三世达赖喇嘛，法名为吉尊阿旺洛桑土登嘉措济差旺秋确列南巴杰瓦德，简称土登嘉措。英国人柏尔（Charles Bell）在其著作《十三世达赖喇嘛传》中写道：“十三世达赖喇嘛是一个非常热爱祖国，对推动西藏的经济、文化、军事等迅速发展抱有雄心的人。”十三世达赖喇嘛土登嘉措在繁忙的政教事务中，仍抽时间从事写作。他的著作据藏文传记称，有

《上师普觉传及建塔志》《音韵解注》《僧团戒律问题》《佛经经典讲释》等。

十三世达赖喇嘛土登嘉措于1933年圆寂，享年58岁，是自五世达赖喇嘛阿旺罗桑嘉措以后年寿最长的一位达赖喇嘛，以及在历史上颇有影响的政治家及宗教领袖，对推动西藏建立政教合一制度起到了突出作用。十三世达赖喇嘛执政长达38年，领导西藏人民两次抗击英帝国主义的侵略，并进行反对清廷民族压迫政策的斗争。

雅江巨柏

雅江巨柏位于朗县至米林县的雅鲁藏布江两岸，学名西藏巨柏，木质坚硬，性喜沿水线生长。相传，在修建西藏第一座寺庙——桑耶寺时，奴隶们将木材通过水路源源不断地运往桑耶寺工地。多年大兴土木，使奴隶死伤无数。一只乌鸦目睹这一切，顿生同情，于是站在加查山顶上，编织谎言说桑耶寺已经建好，不再需要木材。奴隶们于是将木材沿江丢弃。从此，这些木材就地生根，形成了如今巨柏整齐排列于雅鲁藏布江两岸的自然景观。

拉多藏湖

拉多藏湖位于朗县拉多乡藏村，距离朗县县城35公里。湖面海拔3700米，由5个大小不一的湖泊构成，分别是万鱼偏嘴湖、逢扎西湖、神马湖、圆环湖、尾湖。这5个湖泊通过小溪相互连接，形态各异，各呈月牙状、圆盘状。湖泊由山泉汇集而成，湖水总面积约6平方公里，平均深度3—4米。湖水清澈见底，微波荡漾，游鱼如织，野鸭、白鹭等各种飞禽悠然其间。四周山坡上，松柏葱葱郁郁，五彩杜鹃争奇斗艳……

传说，这5个湖泊是女神撒落的一串珍珠，湖水蔚蓝，碧波轻荡，白云雪峰倒映其中。传说中，湖水直接来自神山的融雪，是圣水，用它来洗浴，能清除人们心灵中的五毒、肌肤上的污秽，使人的心灵纯洁。

邦玛洞穴

邦玛洞穴位于朗县金东乡邦玛村，洞口在半山腰陡峭的岩壁上。洞穴为岩石夹缝，时宽时窄。邦玛洞穴内有三条分支，形成“T”字形。洞室内设有一神龛，供奉着哈达、青稞及酥油。邦玛洞穴共有两个洞口，相距约 20 米。它是一处宗教活动场所，流传着各种神话、传说，对考察当地悠久的历史和文化，具有非常重要的意义。

嘎贡瀑布

嘎贡瀑布位于朗县洞嘎镇嘎贡村，落差约 150 米，宽 7—8 米，最小流量为 0.8 立方米 / 秒。瀑布犹如雷霆万钧，一倾而下，气势磅礴。嘎贡瀑布之上有 9 个湖泊，湖泊均由山间小溪汇集而成。最大的湖泊被当地群众称为“神湖”，当地和山南市加查县的许多群众每年都前往朝拜，围绕“神湖”走一圈大约需 2 小时。

勃勃朗冰川

勃勃朗冰川位于朗县洞嘎镇边嘎沟以东 28 公里处，海拔 5600 米，地处喜马拉雅山脉北坡。一年四季冰雪不化，人迹罕至。即使在夏季，山顶仍是雪花飞舞、白雪皑皑，对登山爱好者有极大的吸引力。

仁布圣水

仁布圣水位于朗县金东乡西日卡村一组，距西日卡村约 18 公里。相传，仁布峰顶峰有“一塔”“两湖”。“塔”呈黑色，约 3 米高，占地面积约 25 平方米，为自然形成。“两湖”中，一湖的湖水呈乳白色，占地面积约 15 亩；另一湖的湖水呈黑色，占地面积约 5 亩。

每年藏历五月十五日（公历 7 月中旬）左右，仁布神峰斜面将发出一阵巨雷般的轰鸣声。随后，原本清澈见底的水，就会变成像牛奶一样的乳白色液体喷涌而出，流出一股股乳白色的喷泉泉水，这是一道美丽、奇特的自然景观。这种像牛奶颜色的水会持续流上一星期左右。当地群众把这种水称为“圣水”。据说，全世界只有两个地方有这种奇特现象，而金东乡的仁布圣水便是其中一股。各地虔诚的佛教信徒不远千里，来到此处拜祭神灵，用“圣水”洗去身上的污垢、净化心灵和灵魂。当地的农牧民群众聚集在此，跳舞、赛马、拔河来庆祝“圣水”。自古以来，信奉者们把仁布圣水出水的仁布峰当成极其珍贵的一座“神山”。仁布峰上有很多佛陀、菩萨的塑像。

钦拉天措神山

钦拉天措神山，在敦煌文献中被记载为钦拉天措，但有的文献把它记载为钦拉沃岗。该山耸立在雅鲁藏布江南岸的喜马拉雅山脉东段，是洞嘎镇勃勃朗冰川的主峰。

《钦拉祷祀诵》记载：“威武雪山如云伞，祥云如作飞幡扬，中有雪山高如云，插入云天为天幡。”钦拉天措神山海拔 6179 米，地理坐标为北纬 28°50′、东经 93°13′。沿 306 省道从边嘎桥往南沟行驶 12 公里，就会到达这里。钦拉天措神山的前后左右，有众多的山岭、山沟、小河。整个地貌形似众大臣围绕着君主，非常神奇、威武。同时，钦拉天措神山被大小各种湖泊围绕，形似呈献供品。钦拉天措神山最初是十二邦国之一——钦域邦国的族神，是钦氏家族祖先的殊胜之地。后来，钦氏家族与吐蕃赞普世代联姻，势力越变越大。由此，钦拉天措家族神逐渐变成全吐蕃的战神之一，并成为吐蕃赞普世系所依的战神之一。钦拉天措神山周边洞嘎、金东、拉多等地的群众，一直以来都把钦拉天措神山当作战神和牧神来祭祀。

甘丹热登寺

甘丹热登寺位于朗县仲达镇拉丁雪村北部、普曲河北岸一级台地上。东约 20 米处，有一条乡村公路。甘丹热登寺海拔 3267 米，距仲达镇政府驻地约 10 公里。寺庙占地面积 5173 平方米，建筑面积 768 平方米，2008 年被列为朗县文物保护单位。

协敖堪布 · 云旦乔于藏历第三绕迥木猴年（1164 年），创建了仲达新寺（位于今山南市加查县热塘村）。该寺传承藏传佛教噶当派教义达 150 多年。后来，恰巴 · 扎西达杰修建了瑞庄园（今仲达镇瑞村），被任命为宗本。1396 年，宗喀巴大师的弟子格西西热扎巴将仲达新寺搬迁至瑞庄园下方。1648 年，堪钦·图多班觉根据五世达赖喇嘛的旨意，把寺庙迁到了拉丁雪村，改奉格鲁派，由顿珠嘉措上师任住持。此后，寺庙名称改为甘丹热登寺。

相传，堪钦·图多班觉向主供佛强巴佛请示寺庙可否搬迁时，强巴佛开口说："我要在杂日神山和塔拉岗波神山之间度化众生，使他们脱离疾病之苦，故不能迁移。你只要在仲达新寺里新塑一尊我的塑像即可。"随后，堪钦·图多班觉又从当地的湖里掘出一尊药师佛像，并举行了隆重的跳神仪式，把药师佛像迎请至寺中。从此，甘丹热登寺便举行药师佛灌顶仪轨并延续至今，已有 360 多年的历史。当时搬迁寺庙时，按照胜乐金刚坛城的形状，在寺中央建有四层主殿。主殿由赤塔活佛寝宫、集会殿、拉章三个部分组成；主殿前方底层为厨房，第二层为护法殿；主殿四周有两层高的僧舍和上、下两个辩经场。

1960 至 1985 年，甘丹热登寺基本处于废墟状态。1986 年历时一年，重建了面积 12 柱的集会殿、面积 1 柱的厨房等。1987 年，基本恢复了该寺日常宗教活动。1988 年，赤塔·丹增赤列伦珠 37 岁时，在甘丹热登寺重新坐床。当时，他是拉萨市佛教协会的工作人员。1991 年，新收 9 名僧人，并新建僧舍 8 间，后扩大到 14 名僧人。1993 年，恢复了跳神活动。1995 年，僧人数量达 31 人，加上修供药师佛仪轨及举办安曲法会时外来的僧人，人数曾多达 55 人。2010 年，重修面积 12 柱的寺庙主殿，主供新铸的镀金红铜药师佛像、护法神黑扎嘎夏塑像等。集会殿中央供有格鲁派师徒三尊塑像；右边供有释迦牟尼佛泥塑像、镀金红铜宗喀巴大师像、阿底峡大师像及佛塔，藏有全套大藏经；左边供有泥塑弥勒佛像、莲花生大师像、马头明王、持金刚塑像。在强巴（弥勒佛）殿内，供有高达两层楼的泥塑弥勒法轮像、泥塑佛祖像和宗喀巴大师像等。护法殿面积为 1 柱，供有泥塑大威德十三众像、六臂护法像、咋米德护法像、黑扎嘎夏护法新旧塑像 2 尊、天女玛索玛护法新旧塑像 2 尊以及多闻天王像等。

孜列寺

孜列寺位于距离朗县县城 61 公里的登木乡孜列村、山南市加查县达拉岗布寺与扎日神山交界处，又名达布之地寺庙。该寺由主殿、观佛殿、藏经阁构成，占地面积2100平方米，平均海拔3600米，现有僧人14名。该寺90%的僧人为半僧半俗，寺庙教派属宁玛派。孜列寺自创建至今已有500多年的历史，它是达布之地宁玛教派的第一座寺庙。

在旧社会，该寺属敏珠林寺的管辖范围。779年，吐蕃赞普赤松德赞建成桑耶寺时，莲花生大师一心要在藏区建108座寺庙。当时，由莲花生大师的弟子贡庆曲古维色修建了孜列寺。该寺主供佛莲花金刚塑像由纯金、纯银构成，并具有三层楼高度，此莲花金刚据说是藏区最高的莲花生大师塑像。为了驱邪并使当地百姓安生，据说该寺坐落于“大鹏”（藏语中叫“琼”）的心脏上，而大鹏的翅膀伸展于寺庙南、西两侧的田地。左肩上建有白塔，右肩上种有田地。至今，还可以看见“大鹏”东边自生的马头、南边自生的莲花生大师、西边自生的度母及北边自生的阎王。寺庙的四面，可以看见四个墓地、四个洞穴、四个白塔。

孜列寺的主供佛为莲花生大师、无量明佛、马头金刚、师君三尊、十六尊者（罗汉）等。经过长年风雨、自然灾害、“文化大革命”和人为破坏之后，寺内的主供佛像、壁画及诸多建筑遭受破坏，已失去了当年的面目。2009年，对大殿、主供佛进行了修缮和重建。主供佛莲花生大师像具有两层楼高度，是一尊由纯金、纯银构成的泥塑像。为了纪念莲花生大师的生日，一直以来，每年从藏历五月十日开始，举办为期三天的“孜列次久节”。佛事活动期间，进行跳神、摸顶、火供等宗教活动。其间，从各个地方赶来的商人聚集在此地进行物资交流，并不断丰富当地群众的文化生活。

工字荣原始森林

工字荣原始森林位于朗县以北、雅鲁藏布江北岸的洞嘎镇达木村，距朗县县城35公里，距八一镇210公里。林区内景色迷人，树木密集。这里有三个湖泊，最大的湖泊面积约1平方公里，由山间小溪汇集而成，湖水清澈，游鱼如织。

巴尔曲德寺

巴尔曲德寺又名朋仁曲德寺，位于朗县朗镇堆巴塘村西北约 20 米处、雅鲁藏布江北岸朗钦山的山腰上。南面有通往外界的乡村公路。该寺海拔 3172 米，建筑面积约 9000 平方米，占地面积约 1.2 万平方米。巴尔曲德寺历史悠久、规模较大，是林芝境内较为古老、较为有名的寺庙之一，建筑风格类似于山南市的雍布拉康，现为西藏自治区文物保护单位。

该寺名称的由来有两种说法：一种说法是，因寺后山势像佛塔的塔阶层层叠起，故得名“朋仁曲德”，意为佛塔的塔阶法坛；另一种说法是，从雅鲁藏布江对面远眺，该寺建筑酷似叠合在一起的佛经，故得名“邦曲德”，意为佛经叠合的法坛。藏语汉音译得不准确，就成了“巴尔曲德”。

该寺的前身为容甘丹寺，位于今巴尔曲德寺西面约 2 公里处，现只存遗址。在藏传佛教后弘期，容甘丹寺由鲁美·崔成西绕于 1009 至 1013 年间创建。相传，今巴尔曲德寺主供佛大悲观世音菩萨卡萨巴呢，是从印度迎请来的，最初供于甲玛仁青岗，由吉贡巴、桑杰温等诸多高僧大德供养过。有一次，佛像发出声音说：“我的弘法之所，在塔布荣嘎之地。”后由创建巴尔曲德寺的索朗森格大师（1075—1138 年）按照佛像的预示，修建佛殿，将大悲观世音菩萨卡萨巴呢迎请至容甘丹寺，从此成为容甘丹寺的主供佛。后来，纳索古热巴（古热土司）下令放火烧毁容甘丹寺时，大悲观世音菩萨卡萨巴呢再次发出声音：“达瓦扎巴香灯师，请救救我。”达瓦扎巴香灯师奋不顾身地跳进火海，请出了佛像。不过，佛像的手指还是被烧毁了，后虽修补，但仍能看到烧毁的痕迹。达瓦扎巴香灯师背起佛像逃到今巴尔曲德寺下方的山脚时，佛像又一次发出声音：“请把我送到这座山的山顶上去。”后来，索朗森格大师在此以该佛像为主供，修建了噶当派寺庙巴尔曲德寺，还塑了上师桑杰温的像。

巴尔曲德寺集会大殿右侧的墙壁上，画有十六尊者围坐于佛祖释迦牟尼驾前、密集金刚坛城大威德金刚、胜乐金刚法轮、二十一度母等画像；左侧墙壁，画有八大菩萨围坐于格鲁派始祖宗喀巴大师驾前的师徒三尊画像。

巴尔曲德寺周围，还有二世达赖喇嘛的足印、降白伦珠嘉措大师的掌印、颂扬十三世达赖喇嘛的诗词碑等圣迹。

该寺的主要佛事活动以格鲁派仪轨为主。规模较大的，属每年藏历四月二十九日至五月三日的跳神节。其间，要跳神，举行灌顶、抛朵玛等仪轨。届时，朗县境内的信众前来观看跳神，接受灌顶。

森木寺

森木寺位于离朗县县城 65 公里的登木乡森木村北边的半山腰上，属宁玛派，始建于 1517 年五世班禅洛桑益希时期，由孜列仁庆青布的儿子曲吉贡庆所创。在鼎盛时期，森木寺建筑面积有 300 多平方米，具有三层楼的壮观景象。该寺自创建后共传承了 10 世活佛。

1984 年，经山南地委、行署批准，由群众投资及无偿投劳重建森木寺，占地面积 1500 平方米。现森木寺在编僧尼 8 人，实有 6 名僧尼，60%的僧尼为半僧半俗，平均年龄在 38 岁左右。寺庙平均海拔 3800 米。

达贵碉楼群遗址

达贵碉楼群遗址位于朗县仲达镇达贵村境内，始建年代及历史沿革不详。碉楼原有 5 座，现存 4 座，占地面积约 6000 平方米，为西藏自治区文物保护单位。

4 座碉楼残高 3—15 米，皆为石砌而成，平面呈方形，形状、大小、结构甚为相似，内部结构不详。以 2 号碉楼遗迹为例：它坐东朝西，墙体残高约 15 米，东西长 8.2 米，南北宽 6.6 米；西面残存底层门的轮廓，门宽 1 米、高 2 米；西墙残存的通风口离地面约 8 米。3 号碉楼遗迹南面和西面的墙体垮塌。4 号碉楼遗迹南面和东面的墙体垮塌。

卓岗碉楼群遗址

卓岗碉楼群遗址位于朗县仲达镇卓岗村境内，始建年代及历史沿革不详。碉楼原有 6 座，现存 5 座，占地面积约 3000 平方米，为西藏自治区文物保护单位。

5 座碉楼残高 2—18 米，皆为石砌而成，平面呈方形，形状、大小、结构甚为相似，内部结构不详。以 1 号碉楼遗迹为例：东南墙垮塌，残高约 16 米，东南至西北长 4 米。2 号碉楼遗迹的北墙底层门高 1 米、宽 2.2 米。3 号碉楼遗迹，残高约 18 米，南北长 7 米，东西宽 7 米，保存较好；南墙垮塌，残高约 8.5 米，南北长 7 米，东西宽 5 米。4 号碉楼遗迹的东南墙垮塌，残高约 9 米，东北至西南长 8 米，东南至西北宽 7.2 米。5 号碉楼遗迹全部垮塌，残高 2 米。

金东藏纸坊遗址

金东藏纸坊遗址位于朗县金东乡嘎木村，海拔 3829 米。如今，有 3 处造纸坊遗址被发现，即卓秀扎、岗秀扎和加琼秀扎。这些造纸坊，是林芝境内目前发现的古代藏纸坊遗址。

藏纸制作技术有 1000 多年历史，是具有西藏特色的手工产品制作技术，2006 年 5 月 20 日，入选国家级非物质文化遗产名录。上述 3 处造纸坊生产的藏纸统称“金秀”，意为金东藏纸。金东藏纸是藏纸技艺的分支和重要组成部分。金东藏纸顾名思义，是指传统西藏南部塔布下部地区之金东地区所产藏纸。最初，金东藏纸坊建于金东康玛村，称卓秀扎，意为卓这个地方的造纸坊。19 世纪初期，造纸坊搬迁至岗村。现在的岗村又叫岗秀扎，意为藏纸坊。对于加琼秀扎建于何地，何因、何时成为废墟，既无文字记载，也无当地人的说法。位于康玛村的金东藏纸坊，即卓秀扎建立的确切年代，目前尚无相关的史料记载，因此不得而知。据第司·桑杰嘉措所著《五世达赖喇嘛灵塔志》载：塔布下部金东卓秀扎所产藏纸称为“金秀”。据此，最晚在 17 世纪末，金东藏纸坊就已经存在，并成为西藏主要的藏纸坊之一。当时，西藏还有后藏尼木产的“尼秀”、错那产的“错秀”、聂拉木产的“聂秀”、昌都察雅产的“察秀”、藏南不丹产的“洛秀”、门地产的“门秀”、塔布上部地区产的“塔秀”等。

西藏民主改革前，金东藏纸坊负责为西藏地方政府供应纸张，主要用于刊印经书，印刷噶厦政府公文和制作纸币、布票、粮票，是众多藏纸中用途较广的藏纸。过去，多数藏纸的制作材料，一般是胡麻、柏树、瑞香狼毒等有毒或无毒的植物。目前，金东藏纸的主要原料是柏树皮。与其他藏纸相比，金东藏纸有自己的特点：一是保存时间长，过了上千年也不会被虫蛀；二是纸面光滑；三是耐用，抗潮性强；四是用途广，不仅被用于写字、刊印，还具有商业用途；五是纸上的文字、图画清晰。

金东藏纸制作技术曾经几乎失传。随着近几年非物质文化遗产抢救工作的开展，金东藏纸制作工艺得到了很好的传承和发展。2000 年，金东乡新建了金东藏纸生产厂，使濒临失传的藏纸制作技术重新恢复了生机。2011 年，金东藏纸被列入西藏自治区非物质文化遗产保护名录。

拉多藏医南派遗址

拉多藏医南派遗址位于朗县拉多乡拉多梯村，距朗县县城约 17 公里，海拔 3400 米。

藏医学分南、北两大派系。历史上，塔布、工布地区的藏医大师们，结合当地的自然资源、气候特点、生活习俗等，在处方、药材鉴别、药物配制等方面，形成了独具特色的医学体系，藏医学界称之为南派。南派藏医学的发源地在拉多苏喀，因而也称为拉多苏喀学派。拉多苏喀学派兴起于 15 世纪初，开始时以拉多地区为中心，主要影响西藏南部的塔布和工布地区。它经由宇妥·云丹贡布大师传承，成于苏喀·娘尼多吉，盛于苏喀·洛追杰波。

拉多藏医南派遗址，现存当年大师们修行的山洞、研磨药物的石臼、配药的石槽以及古老的藏医药典籍等。由于年代已久，苏喀·娘尼多吉大师等贤者的故居已不复存在，也没有详细的文字记载，无从考证。在此，我们简要介绍藏医学拉多苏喀派代表人物——苏喀·娘尼多吉和苏喀·洛追杰波的生平事迹。

苏喀·娘尼多吉，1439 年生于塔布的拉多苏喀地区（今朗县拉多乡拉多梯村）。父名仁增彭措，母名扎西南木杰。他自幼跟随父亲并师从夏惹瓦和旺久桑布等大师，学习藏文读写、藏医药学等各门功课。他聪慧好学、勤奋用功，16 岁时就在藏医药学方面取得较高成就，得到了藏医学界大师们的高度评价。此后，苏喀·娘尼多吉大师更是苦读各种藏医药典籍，潜心研究藏药配方，结合当地制药资源配制药物，并广收门徒，著书立说。主要著作有《千万舍利秘法》《医学四续广注·水晶彩函》《四续问难·银镜》《致四方医师的信函》《医学格言》，等等。他邀集塔布（今山南市的桑日、曲松、加查三县和朗县）、娘布（今工布江达县）、工布（今米林县和巴宜区）等地著名的医学家，共同研讨并合著了《珍宝药物形态识别》《甘露池塘》《甘露宝库》等书，详细论述了药物的释名、本质、味道、性能、功效及其作用等。苏喀·娘尼多吉还培养了许多在藏医学方面颇有造诣的学生。其中，在医学方面确立了崩绕、绕姜、嘎久、兑惹四个学术等级。

1476 年，今米林县卧龙镇卓玛单嘎村发生规模较大的传染病疫情，请藏区的很多医师前来防治，却都收效甚微，疫情没有得到控制。苏喀·娘尼多吉大师得知这一情况后，自愿前往疫区防治传染病。在大师的不懈努力下，疫情终于得到控制。但不幸的是，大师自己被传染，因医治无效，于 1476 年 7 月 15 日去世。苏喀·娘尼多吉大师的遗体火化后，以他的骨灰作为胎藏，在卓玛单嘎村立塔。当地村民至今仍旧转塔膜拜，以此寄托对苏喀·娘尼多吉大师的缅怀之情。

苏喀·洛追杰波于 1509 年出生在拉多苏喀。他是藏医学拉多苏喀学派后裔的第三位代表人物，也叫次旦杰。苏喀·洛追杰波在噶玛赤勒尊者前剃度，取法名班旦顿珠南木杰。他师从措麦堪钦的门徒朗普却吉，系统学习《四部医典》和《千万舍利秘法》等藏医药典籍。苏喀·洛追杰波不仅继承发扬了拉多苏喀派，还师承北派大师扎西白桑、阿里医师仁杰旺波；尤其是前往萨迦门仲（药城），拜昌迪父子为师，学习《医学八支论》《自注》《月光》《医学十八支》《金升》以及《银升》等藏医药典籍。为了寻找宇妥·云丹贡布大师的著作，苏喀·洛追杰波前往并长期居住在后藏（今日喀则一带）四处寻访，终于在藏娘麦找到了宇妥大师的手抄本《四续论注释》。后来在山南的扎塘，在雅加巴·第巴的资助和鼓励下，苏喀·洛追杰波这位贤者校订了《四部医典》原版，并将它刻成版。后世称之为扎塘版《四部医典》，被众多学者认可，享誉四方。

苏喀·洛追杰波一生著作众多。其代表作有《祖先言教》《苏喀·娘尼多吉传》《两仙发悲心除难》《千万舍利之目录贤者意乐》《补遗信准掬花》《医学四续经和论的分类除暗明灯》《煎药论说》《龙脑、红花和檀香等一些药物的纠正》等。苏喀·洛追杰波大师于 1572 年逝世。

波 密 县

波密，古称“博窝”或“波窝”，藏语意为“祖先”。波密县位于西藏自治区东南部，依傍念青唐古拉山脉、横断山脉和喜马拉雅山脉三条山脉。帕隆藏布江与易贡藏布江横贯中部，汇聚于西南部的通麦，向南注入雅鲁藏布江。波密县东邻昌都市八宿县，北靠昌都市洛隆县、边坝县，西与那曲市嘉黎县、工布江达县接壤，南连察隅县、墨脱县、巴宜区，川藏公路318国道横贯东西，距拉萨市642公里，距林芝市政府所在地八一镇236公里，距林芝机场279公里，距邦达机场360公里。

波密全县下辖3镇7乡85个村(居民委员会)，总人口3.8万，总面积16767.91平方公里。县境内最高海拔6648米，最低海拔2001.4米。县城驻地扎木镇，海拔2720米，距八一镇234公里。318国道横贯全县东西213公里。波密风景秀丽，气候温和湿润，夏天最高气温25—26摄氏度，夜间最低气温12—13摄氏度；冬天最高气温12—13摄氏度，夜间最低气温0摄氏度上下。县境内主要居住着藏族和门巴、珞巴等民族。

波密县的旅游资源十分丰富，尤以冰川、河流、森林见长。波密原始森林众多，各种亚热带作物均可在此生长，自古就发达的农业和林业至今仍保持着优势。县城周围群山环抱，葱郁的森林与皑皑雪山交相辉映，宁静中蕴含着灵气，活泼中凸显出多彩。

历史上的波密曾长期脱离西藏地方政府的统治，成为藏东南高度自治的一个王国，同吐蕃王朝并存。历史悠久的扎木镇，为古代波密地区争权的要塞。波密人擅长剑术，刀不离身，英武不凡。据说，波密王是藏王止贡赞普次子涅赤的后代。直到清朝道光年间，波密才归西藏地方政府管辖。

名列 2005 年《中国国家地理》杂志社评选的中国最美景观的波密岗云杉林、米堆冰川等景致和诸多原始森林，也是吸引众人目光的地方。

波密县是林芝市冰川最为集中、规模最为宏大的地区，境内的冰川多达数千条，堪称“冰的世界”。其中，米堆、卡钦、则普、朗秋等冰川较为有名。波密的旅游资源中较为成熟的，当属名列“中国最美六大冰川”之四的米堆冰川和名列“中国最美十大森林”之五的岗云杉林。米堆冰川的高处随处可见晶莹闪烁的冰盆绝壁，动人心魄；低处的冰川末端一直延伸至亚热带常绿阔叶林内，如入仙境。岗云杉林则受东喜马拉雅山脉独特自然条件和西南季风的影响，孕育出壮观的景色，保存了极为完好的原始性和无与伦比的生物量。行走波密，青山伴绿水，人在画中游，能够充分体验人与自然的和谐共生。

巴琼村藏式民居区

巴琼村藏式民居区是融合工布特色和波密特点的房屋建筑。一片片坡型屋顶、一座座藏式民居，在繁花绿树中错落有致。因该村人均年现金收入超过 1 万元，巴琼村又被称为“万元村”。

多 东 寺

“多”在藏语中意为“会发音的石头”，“东”在藏语中意为“海螺”，多东即“寺庙附近一块像海螺的石头”。多东寺为波密县文物保护单位，位于波密县县城西南部，距波密县县城 3 公里。多东寺属红教，是波密的三大寺庙之一，由达香·努丹多吉于 1689 年修建，后同伏藏大师德庆曲吉岭巴一起新创了嘎瓦龙寺（属多东寺的一个活动点）。寺中僧尼冬天在多东寺居住，夏天则迁至嘎瓦龙寺。主供佛为古如措吉多吉，寺中还有古如仁布切佛、卓玛佛、顿巴佛、嘎当塔（均为合金）等几十件重要文物。

嘎瓦龙景区

嘎瓦龙景区包括嘎瓦龙牧场、嘎瓦龙山及嘎瓦龙天池。嘎瓦龙牧场是巴琼村和桑登村村民的牧场。一般来说，村民在春季利用山地阳坡带牧场放牧，再根据季节变化，逐步转移到其他地方。

嘎瓦龙山是波密县与墨脱县的分界山。该山海拔较高，降水量丰富，左、右各有一条冰斗冰川，绵延长约 3 公里。

嘎瓦龙天池距波密县县城 30 公里。以海拔 4322 米的多热拉为界，南部是墨脱县，北部是波密县。嘎瓦龙天池整体形如一只展翅的大鹏，周围的雪山状似人体。雪山北坡，依次分布着三个湖泊，中间的小湖上有两个小岛。湖水分别为茶青色、酒黄色、奶白色。据说，牛羊喝了奶白色的湖水，奶制品产量会增加。相传，嘎瓦龙天池是莲花生大师的修行地之一，因此又被称为莲花圣地，是藏语中“白马岗”的重要组成部分。

帕隆藏布峡谷

帕隆藏布峡谷就其深度而言是世界第三大峡谷，由发源于然乌湖的帕隆藏布江和发源于易贡乡的易贡藏布江两条二级支流汇合而成。从然乌湖入口到扎曲村，峡谷长约 200 公里，最深处为 4001 米。由东向西的帕隆藏布江与由北向南的易贡藏布江交汇后汹涌南下，在门中村附近汇入雅鲁藏布江。该流域地处中国三大原始林区之一，是藏东南林区的重要分布区，也是中国最大的季风型海洋性冰川分布区。峡谷中许多地段，岩石直立陡峭，几乎成 90 度，众峡谷形态十分完整。峡谷流域分布着然乌湖、米堆冰川等著名景区（点）。

龙 哑 喊 泉

龙哑喊泉位于波密县松宗镇栋亚村、318 国道边北坡上，西距波密县县城所在地扎木镇 20 公里，东距松宗镇政府驻地 17 公里，距离 318 国道仅 400 米。游人在龙哑喊泉下大声呼喊，崖底缝隙中就会有涓涓细水流出，并随呼喊声的消失而逐渐停止。

龙哑喊泉坐落在一个悬崖上，崖底小小平台的左边是木质小梯，右边架着用小碗粗细木料凿成的、合起来约 30 米长的小水槽，水槽下有一个接水盆，盆中盛有水。泉水清凉无比，含有六种离子(碳酸氢根、硫酸根、氯、钙、镁)、两种气体（二氧化碳、氡）和某些活元素（铁、砷、碘、溴等)，属于冷泉。据水文专家和地质学家、医学家、医学地理专家研究，龙哑喊泉的水是从地壳深处喷出的，含有氮、氧等成分，有治疗关节炎、牙痛的功效，对胃病、肠炎和小儿软骨症也有相当疗效。长期以来，藏族群众经常来此喊水，藏药厂也到这里取水用于制药。

达大湖景区

达大湖景区位于波密县多吉乡达大村中央，距多吉乡政府驻地 1 公里，距 318 国道 35 公里，距波密县县城 76 公里。多吉乡是波密县享有盛誉的“民俗文化之乡”，当地民风淳朴，居民能歌善舞、乐观豁达。达大湖景色优美，成群的牛羊漫步湖岸草场，古朴的藏式民居错落有致。湖周围的卓玛神山一半银装素裹，一半青绿苍翠，当地群众每年都在神山上举办“斗熊节”。每年波密县的传统节日“达大马术节”，也在这里举行。

松宗风景区

松宗风景区位于波密县松宗镇，距离波密县县城 40 公里，紧靠 318 国道，地域辽阔，环境优美，主要景点有桑朵白日神山、盔甲山、纳玉姊妹温泉、朗秋天然岩洞、朗秋冰川。

桑朵白日神山：桑朵白日神山（吉祥铜色山）地处距波密县松宗镇约 1 公里处，位于念青唐古拉山脉，海拔约 4700 米，地理坐标为东经 29°72′、北纬 96°09′。开启松宗桑朵白日圣地之门的，是吉布·益西多吉、伏藏师嘉村宁布和活佛索朗伦珠三人。桑朵白日神山在松宗镇北边，东面有董宗念布和念波查日两座神山主护门。此圣地位于古绒境内，南边的圣地主护门是贡陀杰山，西边的圣地主护门是多格颇拉神山，北边的圣地主护门是帕雄扎拉嘎布神山。

印度的金刚座、汉地的五台山，以及李域江热木布、萨霍尔僧伽域、西方的乌仗那、北方的香巴拉、岗（刚）仁布齐、拉齐、曲瓦尔、空行刹土杂日、卡瓦格布、苯地的定日德古、尼泊尔的帕巴星衮、桑朵白日神山等，都是佛陀授记过的圣地。桑朵白日神山具有如生命明点的精要佛法。

盔甲山：桑朵白日神山东边，是波密著名的盔甲山（也称大象山、铠甲山）神山，藏语叫“念波查日”。该山距松宗镇 2 公里，山顶海拔约 4000 米，形似鞍辔俱全的大象驮着经书。在《格萨尔王传·门岭大战》中，松宗的念波查日神山，形似由正法经书垒砌。传说，为了帮助格萨尔王降伏以四大妖魔为主的诸妖魔，莲花生大师命令骑羊护法到人间去锻造战神的武器，但骑羊护法动作不迅速。莲花生大师面露怒容，将骑羊护法的打铁工具箱夺来扔到波密，在此地锻造了岭国 30 位英雄的铠甲和头盔等，并让大象驮着前去降伏北方的妖魔。为此，盔甲山就是大象驮着战甲急行于北方的情形。

纳玉姊妹温泉：纳玉姊妹温泉位于松宗镇纳玉村牧场的左如沟，距离松宗镇政府驻地 16 公里。温泉共两个泉眼，水温差距为 5 摄氏度。温泉对面紧靠左如河，处于纳玉沟地质断层构造带上，来自岩层处的地下水含有丰富的矿物质和微量元素。纳玉姊妹温泉具有治疗风湿性关节炎、牙疼、小儿麻痹症、胃肠道疾病及各类皮肤病等神奇的疗效。当地牧民把温泉水称为“神水”。

朗秋天然岩洞：朗秋天然岩洞位于波密县松宗镇朗秋村，距松宗镇 53 公里。在朗秋牧场边上的半山腰或悬崖处，分布着三个天然岩洞。

朗秋冰川：朗秋冰川位于藏东南的念青唐古拉山脉东部尾闾与伯舒拉岭西侧接合部，属现代海洋性冰川。冰舌伸入原始森林达 5 公里以上，末端海波 3668 米。冰舌末端有巨型冰瀑布、黑白相间的冰川弧拱构造等景观，同时也有美丽的冰川湖泊——拥措。朗秋冰川由 4 座冰川组成，在近处可 270 度观看冰川。

松宗寺

松宗寺位于波密县松宗镇政府驻地以西约 300 米处、帕隆藏布江北岸，北距 318 国道约 30 米，海拔 3026 米。明成化元年（1465 年），由朱拉·强曲坚参创建，主供强巴佛，奉格鲁派。寺庙分布面积 38179 平方米，建筑面积 700 平方米。

寺庙由原茶绕扎西曲林寺、德寺、根尼寺三寺合建而成，故得名松宗（“三合”之意）寺。就该寺的选址，格鲁派典籍预言：“曲宗藏布江和阿供藏布江两江汇合之地形，犹如宗喀巴大师法帽，日后定能大兴格鲁派。”松宗寺正是建在两江汇合之地、形似宗喀巴大师法帽的地势上。原来，松宗寺的领地非常广，寺庙规模盛大，佛事兴旺，建有两层亚乃拉康：底层为集会殿，里边为色康；第二层为强巴佛（弥勒佛）殿。此外，还有三层次久拉康：底层为集会殿，第二层为札仓和伙房，第三层为护法神殿。

该寺在“文化大革命”时期被拆毁，所有石料和木材都用于修建区政府、学校、卫生院等，寺庙文物被没收或卖给个人。

1986 年，在政府资助的基础上，由寺庙僧人化缘，重建了亚乃拉康；由于没有在原址地基上修建，后来垮塌了。1996 年，寺庙用化缘的收入，重建了面积 12 柱的集会殿。2008 年，在上级有关部门的资助下，新建了 4 间僧舍、2 间伙房、护法神殿、接待室和图书室等。

现在，次久拉康的主供佛为 2 层高泥塑强巴佛像。次久拉康藏有唐卡 100 多幅，大藏经《甘珠尔》2 套、《丹珠尔》1 套、《般若经》2 套，供灯 900 余盏。

波堆桃花谷

从波密县县城往八一镇方向走 10 公里左右，便进入波堆桃花谷，处处可见野生桃树。每年三四月，桃花盛开，蔓延河谷两侧。2016 年，波堆桃花谷被上海大世界基尼斯总部评为“中国最大的桃花谷”。

波堆桃花谷主要包括古乡、倾多镇、玉许乡 3 个乡镇，面积约为 155.04 平方公里，平均海拔 2740 米。印度洋暖湿气流沿雅鲁藏布江进入帕隆藏布江，为波密带来典型的江南气候，雨水充沛，土地肥沃。因此，波堆桃花谷的田埂、山谷，随处可见一种高 6—14 米、冠幅 8 米 × 8 米至 12 米 × 12 米的野生桃树，被称为光核桃树，最大的桃树胸径有 1.43 米。

据专家估算，波堆桃花谷约有光核桃树 18 万—20 万株。通过生长锥法，并结合树干砍痕年龄分析，波堆桃花谷 70%的光核桃树树龄约 360 年，树龄最大的约 680 年。

日昂寺

日昂寺位于波密县玉普乡阿西村以东约 3 公里处，距额贡藏布江北岸约 60 米，南距 318 国道约 40 米，海拔 3254 米。据《倾多寺简史》载：在倾多寺第二十二代住持时期，阿武达杰杰仲·米尤瓦创建日昂寺，奉宁玛派。寺庙分布面积 900 平方米，建筑面积 300 平方米。2007 年 3 月 2 日，日昂寺被公布为波密县文物保护单位。

相传，当地百姓从木如沟迎请无量寿佛像去附近的寺院。背夫们在途中休息时，看到佛像背对人群。背夫们觉得，佛像朝着木如沟，再继续往前抬会不吉利，遂决定把佛像抬回原处。这时，佛像开口说话：“我要去的地方叫日昂。我朝着木如沟，是在祈福途经的地方无天灾人祸、人们终生安乐祥和。”快到玉普的迥巴村（今仲坝）时，佛像又说：“我要去的地方不是这里，而是一处两河交汇、周围有形似五佛的山峰之地。”于是，背夫们按照佛像的指点继续寻找，到达现在的日昂寺建寺之地时，看到周围有五座山峰，形似五佛，便在此地修建了无量寿佛殿，后被人们称为日昂寺。“日昂”意为五座山峰。

1985 年，当地信教群众在来自甘孜木雅的上师其美仁增带领下，于废墟上重修了日昂寺。2007 年，由该寺的强巴贡桑僧人和阿西·平措朗杰、次旺索朗负责，铸造了一尊高约 4 米的镀金铜无量寿佛像，以作日昂寺的主供佛。

寺庙现由主殿、僧舍两部分组成。主殿坐西北朝东南，位于寺庙的中央，为三层石木结构的楼阁式建筑，屋顶由木板和铁皮搭建成四角攒尖顶。前部为一门廊，面阔 9 米，进深 3 米。后部为集会大殿，面阔 3 间用 2 柱长 9 米，柱间距 2.2 米；进深 3 间用 2 柱长 11 米，柱间距 3.3 米。柱子为方形木柱，柱边长 0.2 米。僧舍位于寺庙西南面，为后期修建而成，共有 5 间房。寺院的东北、西北、西南面堆有玛尼堆。

现在，日昂寺藏有较大的金质佛像 12 尊、较小的金质佛像 4 尊、金质佛塔 2 座、泥塑佛像 7 尊、旧唐卡 3 幅、新绘唐卡 18 幅、大藏经《甘珠尔》2 套、《丹珠尔》1 套、佛经《十万颂》3 套、《金光明经》1 套、《经藏》1 套、《贤劫经》1 套、《五部箴经》1 套等文物和宗教藏品。

朱西冰川

朱西冰川位于波密县倾多镇南面，距离波密县县城 45 公里，距倾多镇政府驻地 3 公里。“冰湖古道，百年古寺”是对其最形象的概括。

朱西冰川四面环山，野生动植物资源丰富多样。西面是之前形成的冰川群，规模宏大，气势磅礴，蜿蜒千里，与 318 国道边的古乡冰川实属一脉。冰川下面有 180 多个大小各异、清澈幽深的小湖，与冰川群对应相照，亦真亦幻。晶莹透亮、无边无际的冰川，在阳光下折射出美丽的色彩，让人似乎来到童话中冰的故乡、冰的世界、冰的海洋。在大自然神奇的作用下，冰川以奇特的造型、光怪陆离的姿态，展示给世人它的冷艳绝美、傲然不群和冰清玉洁。千姿百态的冰世界，会令你感到趣味隽永。

北面山的山腰坐落着具有 400 多年历史的普龙古寺，古朴传统的设计风格和艺术装饰，富有浓厚的传统民族特色，是当地群众朝佛祈福的场所。普龙寺同周围茂密的原始森林、风光秀丽的田园景色互相辉映，在古山古水的原始风貌中，凸显着神山秀水的无限魅力。

倾 多 寺

倾多寺距波密县县城 40 公里，位于波密县倾多镇政府驻地。因为整个倾多镇的沟里都是桃花，这里又被称为桃花沟、倾多沟。

倾多寺始建于 1403 年，属藏传佛教的格鲁教派，创建人是第一世杰瓦帕巴拉，现为西藏自治区文物保护单位。西藏嘎厦政府所设波堆宗与倾多寺同在一处。波密地区和平解放后，波堆宗改称倾多宗。据《景家栋日记》记载，1900 年，清廷驻藏大臣裕纲接替文海兵扶波窝，设立波窝土守备、土把总、土外委等职衔，并拟定治理章程、颁授印章，标志着清朝光绪皇帝对波窝地区的管辖。裕纲曾率众大员，在波堆宗立匾额、楹联以示纪念。据载，匾额呈宽 3 米、高 2 米的长方形，挂在宗政府大门上，大门前的左右廊柱刻有楹联。波堆宗政府遗址，裕纲所题匾额、楹联均已被毁。

桑林寺

桑林寺位于波密县易贡乡贡仲村以西约 1 公里处、易贡藏布江北岸坡地上。南约 100 米处，有通往外界的乡村沙石公路。该寺海拔 2286 米，由竹钦·嘎当唐巴创建，创建年代不详，奉宁玛派，主供莲花生大师。寺庙建筑面积 500 平方米，分布面积 800 平方米。

1984 年，波密县政府出资 5 万元，当地信教群众募捐筹集 20 万元，由白玛桑旦和安培负责在原址上修复桑林寺。现在，寺庙由主殿、接待楼、嘛呢拉康等组成。

米堆冰川

2005 年由《中国国家地理》杂志评为“中国最美六大冰川”之四的米堆冰川，位于波密县玉普乡境内，距离波密县县城 110 公里，距 318 国道 10 公里。冰川脚下就是米堆村，距离冰川 2 公里。

米堆冰川主峰海拔 6800 米，雪线海拔仅 4600 米，末端海拔只有 2400 米。冰川下段穿行于针阔叶混交林带，为西藏最重要的海洋性冰川，是世界上海拔最低的冰川，同时是罕见的跃动性冰川。此外，米堆冰川因为消融速度与补给速度均衡，使它拥有两条 700—800 米高的冰瀑布。

米堆冰川由于冰面较暖，常生活着冰蚯蚓、冰蚤等动物。米堆冰川所在的纬度为北纬 29°，但冰川末端比北纬近 44°的天山博格多山的冰川还要低，这是我国现代冰川中较为特殊的现象，与喜马拉雅山脉东南段的气候有着密切关系。米堆冰川冰洁如玉、景色优美、形态各异、姿态迷人，周围有成群的牛羊、古朴的藏式民居、雄伟壮观的雪山，还有常年不离的攀羊、猴子等野生动物。

关于米堆冰川，还流传着一个传说。相传很久之前，米堆冰川附近的土地因缺少水源，农作物颗粒不收，百姓疾苦交迫。雪山仙女岗嘎拉姆得知了这里的情况，怜悯米堆百姓，洒下了圣水。圣水在天空中变成雪花飘落人间，形成了最初的米堆冰川。雪山仙女为了使冰川能够长期为这片土地提供水源，就将圣水宝壶放在了米堆冰川主峰上。我们现在遥看主峰，依旧能隐约看出宝壶的形状。当地百姓感念雪山仙女，将米堆冰川主峰命名为岗嘎拉姆峰。

海洋性季风气候对冰川的孕育起着至关重要的影响，米堆冰川连接着察隅的阿扎冰川。

米堆冰川有一处著名的景点，名为夫妻树。夫妻树的两根支干均匀分布在主干两侧，远远望去，像极了依偎在一起的两个人。它们因共同汲取同一主干的养分，相伴相生，一起垂暮，这与《诗经》中描述的“死生契阔，与子成说。执子之手，与子偕老”的夫妻之间至死不渝的美好爱情相契合，因此得“夫妻树”之名。

米堆古村落

米堆村是波密县玉普乡的一个行政村，位于318国道南侧约7公里处，距玉普乡政府驻地约37公里，距波密县县城108公里，海拔3600米。

据民间传说和当地长者口述，在吐蕃小邦时期，此地就有人居住。目前，米堆村共有40余户、300余人，耕地面积181.9亩，草场面积84451.2亩，是典型的高原半农半牧区。房屋多为三层石木结构，底层为土石垒砌的牲畜圈，第二层为木板结构的住房，第三层为放置杂物的板房。新农村建设中，在保留具有当地特色的民居建筑风格前提下，改善了基础设施，实现了“六通一改”，即通水、通电（太阳能）、通路、通广播电视、通邮、通电话及厕所改造。

大鹏石

大鹏石位于波密县玉普乡米美村，是额贡藏布江中的一块石头，因形状与传说中的大鹏鸟非常相似，常常引得过路的人们驻足观望，被当地群众奉为守护神。藏族创世歌谣《斯巴形成歌》中记载“天地混合在一起，分开天地是大鹏”，而且，大鹏卵生人而成为藏族始祖。在西藏的佛教塑像中，所有忿怒相的佛像头顶上，都飞着大鹏金翅鸟。很多藏族人都会随身佩戴大鹏金翅鸟的像章，相信这样可以获得吉祥、智慧与力量。

中共扎木中心县委红楼

中共扎木中心县委红楼位于中共波密县委机关大院内，是在 1953 年修建的当代建筑物。这座红楼系两层木质结构，仿苏式建筑，镀锌铁皮坡屋顶，所有外墙外贴木制鱼鳞板，整体外墙为红色，与西藏的革命历史有诸多关联，被赋予红色革命历史的寓意，故又被称为红楼。现今保存的建筑为北面正中的红楼，东西长 38.34 米，南北宽 12.92 米，两层主体建筑高 9.6 米，共 28 间房，总占地面积为 869.62 平方米。中共扎木中心县委红楼在 2001 年 12 月 12 日，被波密县政府公布为县级文物保护单位；2007 年 5 月 22 日，被西藏自治区政府公布为自治区级文物保护单位；2013 年，被列为国家级文物保护单位。

卓龙沟

卓龙沟位于波密县南部，距波密县县城扎木镇 6 公里，沟里有雪山、冰川、瀑布和原始云杉林及高山草甸。在茂密的原始森林中，栖息着黑熊、鹿、猴、豹等珍禽异兽，并生长着种类繁多的野生药材及食用菌类。沟内瀑布众多，其中以卓龙瀑布最为有名。

卓龙沟内除了自然景观以外，还有一处神秘的树葬，吸引着世人前来一探究竟。此处，树葬了近 500 具婴孩的尸体（包括年久掉落的尸体），并土葬了近 20 具高僧的遗体。

从波密县县城出发，车行 5 公里，再步行 1 公里，就到了这片神秘的原始森林。“卓龙”意为圣地，古老的传说为它披上了神奇的色彩。相传，卓龙是藏传佛教中神女多吉帕姆的领地。多吉帕姆专门给那些出生不到一年就死去的婴孩安排安葬的地方。此处树葬预示着纯洁，因为藏传佛教认为，这样的婴孩没有接触过社会，亦无善恶行为，拥有被树葬的资格。茂密高大的树是树葬的最佳处所。藏传佛教希望被树葬的婴孩轮回后，像大树一样茁壮成长。

这种传统落葬习俗，是人们让死者的灵魂回归大自然的一种愿望。树上挂着各色经幡和祭品，表达着人们的虔诚信仰和祈福心理。漫长的历史过程中，人们认为，除了自然界，世界是由人和鬼神组成的，三者存在于同一个宇宙之中，但人神异处，又有联系。人类为了取得与鬼神的密切联系，必须有沟通人与鬼神的桥梁，于是就有了此类沟通方式。在人们心里，祭祀是与神进行交流的主要手段，是祈神、谢神的基本形式，用意在于防灾并祈求好运。

嘎朗湖景区

嘎朗湖景区位于波密县县城以西 18 公里处的古乡嘎朗村，距 318 国道 1.7 公里，湖面面积 1500 多平方米。景区内，主要有嘎朗湖、王宫遗址、嘎朗王朝兵营遗址、原始森林和嘎朗特色民俗村。嘎朗湖湖水清澈见底，湖周围青山环绕、古树参天。远处的嘎朗王朝兵营遗址，更给嘎朗湖增添了一份幽秘和神奇。

嘎朗湖是由于地壳运动自然形成的，成为科考专家研究西藏几千年前地貌的可靠证据。湖区面积 2 平方公里，湖中鱼类繁多、游鱼如梭，同时也吸引了成群的黄鸭、大雁、野鸭、黑颈鹤在湖心捕鱼。嘎朗湖碧波如镜，四面环山，被包围在一片汪洋绿海中。

嘎朗特色民俗村是典型的波密特色地方民居，宽敞、舒适、明亮的高楼融现代风格与民族特色于一体。大多数藏民家中喜欢养花，花朵在藏语中叫作“梅朵”。藏族百姓最喜欢的花是淡紫色的丛花——格桑花，它是整个西藏最常见、最普遍的花。格桑花又名“张大人花”。藏族人民为了纪念清朝驻藏大臣张荫棠在西藏时的各种功德，命名这种生命力强的花朵加以缅怀。

嘎朗王宫遗址

嘎朗王宫遗址位于波密县古乡嘎朗村西南约 1 公里处、帕隆藏布江北岸、帕隆藏布江支流波堆藏布江西岸色沃山的山脊密林中，海拔 2778 米。它始建于 1180 年，为嘎朗王朝的王宫。遗址分布面积广、历史悠久，对研究藏东南地区的嘎朗地方政权具有重要意义。

嘎朗王宫遗址（又称嘎朗第巴遗址）为波密王署驻地。嘎朗王朝鼎盛时期，下设第巴等政府管理机构。在准噶尔部入侵西藏时，嘎朗王宫被烧毁，后来迁移至现在的雪瓦卡村。目前，在嘎朗村有嘎朗王宫遗址一座、王妃寝宫遗址一座，此外还发现嘎朗王行宫遗址一座，以及卡托第巴遗址、宗达第巴遗址。嘎朗王宫遗址由大殿废址、拉康废址、墙体废址三部分组成，位于色沃山的最西面。现存部分建筑残体，为夯筑墙体，内部结构不清。大殿废址位于遗址中央，为墙体保存较好的一处建筑，南北残长 11.6 米，东西残宽 8.9 米。遗址周围尚存部分围墙残体。西面的围墙残长 20 米。拉康废址位于大殿废址以东约 50 米处，现存两座建筑废址，为石砌墙体，内部结构不明。其中，距大殿废址较近的一处废墟东西长 10.6 米，南北宽 14.2 米。在大殿废址最东面约 200 米处，残存一段东西走向的夯土墙，残长 30 米。王妃寝宫遗址位于嘎朗村东南约 500 米的山坡上，为东南朝西北走向。墙体倒塌严重，内部结构不详，仅东南面的墙体保存得相对较好，整体建筑长 51.4 米、宽 40 米。在嘎朗王宫遗址和王妃寝宫遗址之间有佣人房废墟，仅存部分墙体，内部结构不明。整体建筑东北向西南长为 26.7 米，东南向西北宽为 16.3 米。

卡托第巴遗址

卡托第巴遗址位于波密县古乡嘎朗村东北约 600 米处的一片密林中。嘎朗王朝时期，在波密（时称波窝）境内设有 8 个第巴，管理辖区内的政治、经济、文化、治安等。卡托第巴便是其中之一，始建于 1200 年前后。1932 年，各第巴均被弃置。卡托第巴遗址建筑面积 124 平方米，依山而建，现存两层建筑的遗迹：第一层残高 3.3 米，第二层残高 2.7 米。东南面的底部为石块勒脚、夯土墙身，底部石块的垒砌高度为 1.7 米。东南面尚存 5 级台阶。

宗达第巴遗址

宗达第巴遗址位于波密县倾多镇丁仲村东南约 1 公里处，海拔 2848

米。宗达第巴始建于1200年左右，1932年被弃置。该遗址分布面积475平方米，坐东北朝西南，现存四面墙体，内部不可辨认。

古乡湖

古乡湖位于波密县县城西面的古乡古村，是波密的母亲河——帕隆藏布江的一段，距波密县县城35公里，距八一镇210公里。古乡湖海拔2600米，长5公里，宽1—2公里，最深处有20余米。1653年，古乡后山的雄陆给尼冰川爆发，卡贡弄巴（“弄巴”在藏语中的意思为“深沟”）形成泥石流，堵塞帕隆藏布江，形成古乡湖。它是藏东南著名的淡水湖之一，湖水清澈见底，与远处的森林、雪山交相辉映，像极了一幅浓墨重彩的山水画卷。最妙的是，还有微微露出湖面的老树桩，湖波轻轻荡漾，树桩静静伫立，动静相宜，景色美不胜收。古乡湖地处318国道边，交通便利，是一个天然公园。湖中有一岛，名为阿古米拉岛，面积为1000多平方米。

乔那温泉

乔那温泉位于波密县古乡乔那村，平均海拔2400米，距古乡乡政府驻地40公里，距波密县县城72公里，温泉水温在86摄氏度左右。这里四季常青、景色优美、风光迷人，周围有千奇百怪的树木及各种争奇夺艳的野花，还有雄伟壮观的雪山，以及猴子、山鸡、野鸭等野生动物。此处旅游资源丰富，气候湿润，物产丰富。泉水含有对人体有益的多种微量元素，据说有调节身体机能等医疗效果。

巴卡寺

巴卡寺位于波密县古乡巴卡村西北约100米处、帕隆藏布江南岸山坡上，海拔2714米。13至14世纪期间，由一世巴卡活佛仁增扬达嘉措创建。主供莲花生大师，奉宁玛派。

巴卡寺又名巴卡桑昂曲林。寺庙所在地河水湍急，水浪高达数米，“巴卡”意为浪尖，故得名。

当年，一世巴卡活佛云游波密各地，观地貌、看星象，寻找建寺宝地，最后觉得巴卡村曲索仓家的农田为最佳之地。曲索仓的土地属于两位老人。在一世巴卡活佛的请求下，这两位老人欣然答应把土地献出来建寺。因此，巴卡寺从建寺到“文化大革命”前，每年举行的跳神活动中，都会表演一种扮演两个老人的神舞，以此纪念当年献地的两位老人。

该寺佛事活动有：按宁玛派的仪轨，在每月的吉日良辰进行诵读佛经活动。其中规模较大的宗教活动，算是每年藏历十一月十日举行的诵经、摸顶、供奉祭祀活动。

许木寺

许木寺位于波密县玉许乡麦差村，地处波堆藏布江西岸坡地上。南约50米，为玉许乡通往外界的乡村公路。该寺海拔2989米，1386年，由红帽世系二世嘎玛巴·卡觉旺布创建，奉噶举派。

1386年，红帽世系二世嘎玛巴·卡觉旺布37岁，率弟子300余人到今波密地区讲经传法。因其声音洪亮，极具穿透力，当地信众对卡觉旺布非常敬重，随他修习。后来，卡觉旺布的声望日隆，从四面八方慕名而来的僧俗信众络绎不绝。卡觉旺布便在今波密一带创建岗索寺，也就是许木寺的前身，主供噶举派本尊佛及八大菩萨像。当时，有100余名僧人在岗索寺内修习噶举派经典。

1586年，岗索寺所在地发生泥石流灾害，寺庙主殿及许多僧舍被埋，僧人死伤惨重，寺庙被毁。事后，向羊八井主寺汇报了泥石流灾情。由于当时的红帽世系嘎玛巴活佛年幼，无力重修岗索寺。若干年后，又报请九世嘎玛巴·旺久多吉重修岗索寺。旺久多吉对此高度重视，亲自来到波密查看地形，为建寺选址。他看到许木的曲巴拉村一处山坡形似海螺，四面群山环抱，树木葱郁，山顶犹如莲花盛开，便认定此地是吉祥殊胜之地，在此重修了岗索寺，并更名为许木寺。当时建有三层楼高的主殿，主殿名为万物昌盛宫。

十世嘎玛巴·曲英多吉（1604—1674年）时期，一次，法王在去羌地途中，在许木寺开坛讲经，并将此寺献给了八邦寺活佛司徒·却吉迥乃。从此，许木寺的住持、法王、管家都由八邦寺派驻。在主殿下方的台地上建有法王寝宫，法王每 3 至 4 年轮换一次。此后，历代司徒活佛都到许木寺讲经传法，深受当地僧众欢迎。司徒·白玛归桑时期，八邦寺派驻许木寺的住持扎西拉达，在寺庙附近修建了 9 座佛塔。扎西拉达圆寂后，司徒·白玛旺乔找到其转世灵童，赐名为嘎玛常松尼玛·洛追若色。嘎玛常松尼玛·洛追若色 10 岁时拜白玛旺乔为上师，13 岁开始在八邦寺学经，精通各类佛法典籍。嘎玛常松尼玛·洛追若色 25 岁时到许木寺任住持，在当地广收门徒，开坛讲经，弘扬噶举派教法。

1959 年，西藏上层发动武装叛乱时，许木寺被损毁。20 世纪 80 年代，在麦差村东面的一块空地上重建了主殿。原许木寺只残留大致的建筑轮廓和部分石堆，墙体不存，内部结构不明，南北长 23.2 米，东西宽 10.2 米。

许木寺的佛事活动，除了按照噶举派的宗教仪轨，在吉日良辰诵读佛经外，还在每年藏历十一月二十二日举行规模较大的诵经、摸顶等佛事活动。

成色寺

成色寺位于波密县易贡乡贡扎村西南约 1 公里处、易贡藏布江南岸坡地上。以北约 100 米处，有通往外界的乡村沙石公路。该寺海拔 2368 米，奉宁玛派，主供莲花生大师。

据寺僧称，成色寺由白玛德达林巴创建于 1200 年之前。另一种说法是，由伏藏大师南迦多吉创建，创建年代不详。

“成色”意为俯瞰集市。从寺庙所在地俯瞰时，远处的村落就像繁华热闹的集市，故得名成色寺。

玉仁寺

玉仁寺位于波密县玉许乡扎西岗村那青自然村以东约 200 米处、波堆藏布江右岸约 60 米的坡地上，海拔 3056 米。该寺由红帽世系嘎玛巴·曲吉扎巴创建于 1453 年，主供莲花生大师，奉噶举派。

玉仁寺先后经历过 5 次迁址：第一次，从玉仁山脚下迁至林昂。第二次，从林昂迁至纳达唐。第三次，从纳达唐迁至玉仁米饶，更名为玉仁米饶寺。第四次，把玉仁米饶寺和拉卡桑旦林寺合并成一座寺庙，并迁至玉仁纳钦，更名为玉仁纳钦寺。第五次，迁至现址。这期间，玉仁纳钦寺发生火灾，寺庙建筑和文物损毁严重，僧人伤亡惨重，加上在该寺修行的僧人寿命都较短；因此，十世嘎玛巴·曲英多吉来到该寺勘察地形后，认为玉仁纳钦寺建寺的地形如同磨子，故而寺庙灾祸迭起。于是，他将寺庙迁至现址，更名为玉仁扎西绕登寺，也就是现在的玉仁寺，属于楚布寺的子寺。

贡果寺

贡果寺位于波密县玉许乡海定村以北约 200 米处、波堆藏布江左岸的贡果山山顶上，海拔 3056 米。该寺于 1653 年由掘藏大师顿堆多吉创建，奉宁玛派。

顿堆多吉系西藏东部康区德格县人。贡果寺建成后，他从康区来到后藏，拜仁增加村宁布为上师。29 岁时，顿堆多吉根据上师的意愿来到波密地区，从神山圣水中挖掘出大量伏藏经文和佛像。他也因此被认作雪域高原著名的 128 位掘藏大师之一。他曾在叫作布乃的奇特岩壁处，与朗曲米久多吉大师相遇。两位圣者一见如故，共叙弘法大事。

藏历第十一绕迥土兔年（1639 年），顿堆多吉观察贡果山四周地貌，依照桑多白日山的形状，在贡果山山顶修建了 3 层楼高的寺庙。寺庙底层为面积 4 柱的集会殿（又名次久拉康），第二层为寝宫，第三层为库房、藏经阁。当时，在此修行的僧人众多，涌现了很多佛学造诣高深的弟子。顿堆多吉 58 岁时，在铜色吉祥宫圆寂。此后，其弟子朗卡晋美、仁增龙色宁布、巴追确曲坚参、竹钦（大成就者）· 白玛仁增、归桑恰朵伦珠、竹钦 · 白玛罗布等人先后任贡果寺住持。在嘎朗王室和当地贵族的资助下，后世传人罗布永扎时期，贡果寺开始名扬四方。

普龙寺

普龙寺位于波密县倾多镇朱西村以西约 500 米的拉曲密山半山腰上，

海拔 3064 米。

该寺在 1253 年左右，由竹钦·嘎当唐巴创建，主供释迦牟尼佛，奉噶玛噶举派，现为西藏自治区文物保护单位。

竹钦·嘎当唐巴在 36 岁时，前往后藏、工布、杂日等地拜山朝水，虔心修行。到达今波密后，他受到了曲如、易贡、嘉措、古村、嘎朗等地群众的欢迎。竹钦·嘎当唐巴看到波密森林茂密、鸟语花香、民风淳朴，尤其是普龙沟的朱西这个地方，周围山峰矗立，形似吉祥八宝，于是决定在此建寺，弘扬佛法。竹钦·嘎当唐巴 61 岁时，修建了色康钦莫殿（金色大殿），仅用 69 天时间就封顶。从此，他在普龙寺广收门徒，开坛讲经，于当地大兴噶玛噶举派。

其后，普龙寺历经 42 代住持。后来，德格八邦寺活佛司徒·邦玛贡桑来到波密，对普龙寺和仓巴龙南（镇风）殿进行了修缮。此后，德格八邦寺每隔 3—5 年，都会派遣法王和侍从到普龙寺进行管理。

普龙寺在 700 多年的沧桑历史中，曾先后两次被嘎朗王、准噶尔部的军队烧毁，后被修复；在 1950 年墨脱大地震中，再次被损毁，后由桑杰活佛和夏岗活佛重修；“文化大革命”中，又一次遭到破坏。

曲宗寺

曲宗寺位于波密县多吉乡政府驻地东南约 300 米处、曲宗藏布江南岸约 30 米的央宗山北麓坡底，海拔 3358 米。藏历第八绕迥木猴年（1464 年），倾多寺第五代法嗣肖巴·确吉扎巴以原有的北崩拉康为基础，创建了曲宗寺，奉格鲁派，主供强巴佛。寺庙历史悠久，规模较大，有珍贵的寺藏文物，现为西藏自治区文物保护单位。

据传说，在 640 年，即吐蕃赞普松赞干布迎娶文成公主时，文成公主一行渡过金沙江，经昌都洛隆到达波密境内，准备在此休整。当快要到今曲宗时，文成公主提前派使臣命当地官吏，在曲宗修建一座放置释迦牟尼佛像的小型拉康。随文成公主进藏的汉族工匠同当地群众一道修建了拉康，取名北崩拉康。拉康修好后，文成公主一行在此休整了一段时间。虽然这一说法纯属民间传说，但说明北崩拉康的修建年代很早。

1464年，肖巴·确吉扎巴将北崩拉康扩建成曲宗寺，建有弥勒殿、吉康（公用房）、护法神殿、佛塔、寺庙围墙、三扇大门、寺庙东西南北各一座拉康及僧舍等，在此大兴格鲁派。当时，有150多名上师和僧人在该寺修行。后来，先后修建了下大殿（夏居大殿）、强萨拉康（也叫新弥勒殿），以及扎根寺、唐根寺、多卡寺、维色寺等支寺。

党的十一届三中全会以后，特别是中央召开第一次西藏工作座谈会以后，党的宗教政策得到落实，曲宗寺也得到了维修。

1980年，由国家资助2万元，当地信教群众自发进行维修。当时，修复了面积2根长柱的公主（文成公主）拉康和4根长柱、12根短柱的大殿1间，后又修复了厨房2间、僧舍8间、接待室1间以及活佛寝宫等。

加达寺

加达寺位于波密县多吉乡木古村北部，在木古行政村的两个自然村——日木村和木古村之间，地处曲宗藏布江以西约200米的缓坡上，海拔3228米。1600年左右，倾多寺第六代住持荣布·西饶桑布创建该寺，奉格鲁派。

加达寺原属倾多寺的支寺，为格鲁派寺院，当初建有3座集会殿，僧人达100多名。当年，曲宗寺和倾多寺发生矛盾，倾多寺僧兵头领旺吕率众在加达寺安营扎寨。曲宗寺的僧兵夜袭加达寺，致使寺庙被烧毁，加达寺僧人几年间无处修行。后来，曲宗宗本多吉旺久把自己的粮仓借给加达寺，加达寺便更名为多吉寺。1905年，清军程凤翔部到达波密一带时，多吉寺和松宗寺进行了抵制，但最终被攻陷，寺庙被烧毁。次年，再次修复加达寺。“文化大革命”时期，该寺又被毁。20世纪80年代，喇嘛勘惹和白玛仁增、布曲、罗布占堆等人，动员当地百姓募捐6600元修复加达寺，并从德格印经院迎请了大藏经《甘珠尔》。

则普冰川

则普冰川位于波密县玉许乡南部约15公里处，距玉许乡政府驻地12公里，距则普村3公里。则普冰川面积较大，属于第三纪古冰川遗址。冰川脚下由积雪融化汇集而成的淡水湖泊措罗布湖，总面积达 4200 平方米。由此，形成了较为完整的冰川遗址。

林珠藏布冰川群

林珠藏布冰川群距波密县县城 86 公里，距离 318 国道 67 公里，位于玉许乡沙仁村。该冰川群面积比则普冰川小，海拔 5554 米，有盘羊、猴子等野生动物。玉许乡政府驻地距该冰川群 23 公里，普拉村距该冰川群 9 公里。

冰碛丘陵

冰碛丘陵又叫冰川基碛丘陵，是一种古冰川堆积地貌组合。这种地貌形态出现在波密县波堆藏布江流域的玉许乡一带。其中，形态最典型、构造最完整、规模最壮观、数量最多的冰碛丘陵，就在波密县玉许乡热西村玛玉塘境内。此地海拔 3200 米，面积约 50 万平方米，丘陵约有几百座，距八一镇 270 多公里，距离波密县县城 65 多公里，距离 318 国道卡达桥 42 公里。此处旅游资源丰富，气候湿润，交通便利。

麦拉鱼塘

麦拉鱼塘位于波密县玉许乡政府驻地西北方向 1 公里处，约 3000 平方米（现已申报准备扩建），养鱼上万条，鱼的种类繁多。特别是当地特产“无鲤鱼”，肉质鲜美，口味纯美，鱼身无一片鳞甲，确为鱼类一绝。鱼塘边常年生活着一群鱼鹰。鱼塘四周是宽阔的草场，放养的牛马成群出没在草场上，与周围山上的原始青冈林一起，将麦拉鱼塘这片土地渲染得美丽无比。

岗云杉林

位于波密县县城以西 22 公里处、帕隆藏布江畔南侧的岗云杉林，被评为“中国最美十大森林”之五，总面积 46 平方公里，海拔 2700 米左右。这里青山绿水，古木满山，以名贵树木云杉和华山松为主。云杉林的长势十分整齐，高大的巨树拔地而起。现在发现的最古老树木高达80米左右，树围达到4—5米以上，每公顷立木蓄积量可达3000立方米。云杉木质轻软、纹理通直、节小、易加工，是很好的建筑、桥梁、箱板等用材，同时也有很好的共鸣性，被广泛用于乐器制造。波密岗自然保护区里的云杉众多而且产量高，是我国东北林区云杉产量的4—5倍，也高于北美、西欧等地，其生物产量举世罕见。

中国科学院植物研究所研究员李渤生对岗云杉林的评价是："进入林内，可见树体下部枯枝脱落，宛如仙境中可见的巨伞林冠，几乎将天外的世界全部遮掩，偶尔透入帷幔的一缕阳光竟显得那么耀眼夺目，像一把闪光的利剑，将林中的浓雾劈开。我几乎跑遍中国各地的森林，但当我来到岗乡时，却找不出语言来形容这片森林的伟岸。"这可爱、魅力无边的云杉林，你越往里走，越觉得自己的身子比平时小了很多。当地百姓中有这样的说法："人不能穿入云杉林腹心地带，如果不注意穿进腹心地带，就会被此山的神女隐藏，终生无法回来。"这只能说明，这里的云杉长得太高、太粗、太密。

当大家穿越原始森林肥沃的土地，眼前的绿色望不到边，空气中富足的氧气似乎让人全身每个细胞都张开了，心情自然是无比愉悦。康德在其著作《世界公民观点之下的普遍历史观念》中总结道：树木只有在茂密的大森林里因为争夺阳光而竞相生长，才长得高大笔直；如果孤立地生长于旷野，对土壤、水分、阳光没有任何竞争，反而长得低矮弯曲、斜枝旁逸，难以成栋梁之材……树木勃发的英姿凸显了原始森林的真实面貌。

十勇士纪念碑

十勇士纪念碑坐落于波密县西北部、原通麦大桥东端，距波密县县城93公里，距易贡乡政府驻地75公里。它是经毛泽东批准、中共中央军委发布命令，为纪念1967年8月中国人民解放军汽车第十七团三营副教导员李显文等10位同志为抢运物资，不幸在川藏线帕隆山遭遇塌方而壮烈牺牲修筑的一座革命纪念碑。2000年6月，十勇士纪念碑被易贡特大地质灾害引发的洪水冲毁；2003年9月，通麦兵站官兵在兵站西面重新修筑了纪念碑，碑上刻有 10 位英雄的名字。

拉颇遗址

拉颇遗址位于波得藏布江左岸一级台地后部、波密县倾多镇巴康村巴托卡自然村，系波堆藏布江流域的一个重要遗址群。拉颇遗址的发现，是西藏自治区新石器时代考古，继昌都卡若遗址、拉萨曲贡遗址之后的又一重大发现。

2009 年 11 月 6 日，当地村民扎西措姆在其房屋东侧耕地内挖沼气池时，发现陶片与磨制石斧。2011 年 10 月，西藏自治区文物研究所实地调查时，再次在扎西措姆家发现陶片标本。后对拉颇遗址进行了考古试掘，开挖 2 米 ×4 米探沟一条，发掘出土一批陶器与动物骨骼标本，确认它是一处新石器时代遗址。

拉颇遗址出土的陶器标本，显示出早期文化的特征。专家在与周边文化进行初步比对后认为，拉颇遗址早期标本的时代为新石器时代晚期，大约为距今 4000—4500 年；其晚期标本的年代大约在距今 2000 年前后。拉颇遗址出土的陶器，有夹砂陶与泥质陶两大系。其中，夹砂陶系内有灰陶、红褐陶。早期标本器表以装饰细绳纹为主要特征，部分标本还装饰有附加堆纹、单向穿孔，在不少器物的腹部发现有鸡冠錾耳。器物种类以体型较大的陶罐为主。泥质陶系的标本数量较少，大多为灰陶。器表经打磨很光滑，火候普遍较高。器物种类以钵为主，还有少量带耳罐。器物中多为平底器。这些特征，与青藏高原东部大渡河流域的中路文化早期遗存极其相似。同时，这些特征又与黄河上游的新石器时代文化有相似之处。据此，初步推断拉颇遗址早期文化的时代约为距今 4000—4500 年。

西藏自治区文物研究所专家认为，拉颇遗址的发现，初步展现了波密地区新石器时代文化的面貌。对其进行进一步的考古发掘与研究，将会促进对波密地区新石器时代考古学文化的研究，也必将为西藏自治区新石器时代考古研究提供重要资料，为全面建立西藏自治区新石器时代考古学文化序列填补一个重要的时空空白。

西藏的国家地质公园——易贡国家地质公园

易贡，藏语的意思是“美丽”，最高处海拔 2300 米，最低处海拔 1900 米，年平均温度 11.4 摄氏度，降水量充裕丰富，森林密布，山清水秀，四季如春，属于亚热带风光。

易贡国家地质公园距离 318 国道 6 公里，海拔 1900 米。易贡巨型山体崩塌滑坡，则是易贡国家地质公园内最系统、最具规模的地质遗迹资源。易贡巨型山体崩塌滑坡造成的地质灾害规模，在我国史无前例。崩塌体的体积达 3000 万立方米，崩塌的最大落差达 2580 米。崩塌体撞击扎木弄沟内松散堆积物，形成高速远程滑坡，滑坡的最大垂直运距 640 米，滑坡的堆积体方量达到 3 亿立方米，滑坡体内最大的单个巨石直径达 44 米、体积达 3 万立方米。滑坡的最大水平位移为 6700—7000 米，滑坡的平均运动速度达到 37—39 米 / 秒，是少有的巨型远程高速滑坡。在气垫效应的作用下，滑坡体前缘部分飞过易贡藏布江南岸的古堆积垅。没有飞过该垅的滑坡体，在回落过程中形成大小不等的土丘群。在原易贡茶场前的盘旋公路边，可以看到以往滑坡形成的堆积垅和最近一次滑坡的堆积特征；在靠近易贡藏布江南岸的高地上，可看到高速滑坡坠落时形成的土丘群，以及湖水溃决后易贡湖消失过程中形成的曲流。

受雅鲁藏布大峡谷与伯舒拉岭对印度洋暖湿气流的引导，易贡附近丰富的降水和特殊的高山地形，形成了我国罕有的海洋性山谷冰川，并成为青藏高原上一个巨大的现代冰川发育中心。在海拔 5000 米左右的盆地中，冰碛丘陵起伏，湖泊星罗棋布，还分布着十分引人注目的鼓丘群和羊背石。易贡的冰川和雪山规模大、类型全、景观奇特，具有极好的观光旅游和探险价值。同时，在易贡藏布江及帕隆藏布江两岸，还生长有珍贵的巨柏和红豆杉。

易贡湖：易贡湖位于波密县易贡乡境内，距 318 国道 16 公里，平均海拔 2350 米，湖面面积为 20 平方公里左右。湖畔，海棠等各色鲜花芳香四溢，树木苍翠挺拔，原始森林及湖区生态环境保护良好。

易贡堰塞湖遗址：这是 2000 年 4 月发生于西藏易贡藏布江的大滑坡

形成的堰塞湖。滑坡前的易贡藏布江是多条支流呈网状分布各处，总面积仅26平方公里。堵断易贡藏布江后形成的易贡湖，成为一个覆盖面积约33平方公里的大湖。易贡湖是易贡国家地质公园一个奇特的组成部分，久而久之，形成现在纺锤状的易贡湖。易贡湖风光独特，时有海市蜃楼，风景变化奇妙无穷。易贡湖对岸翠绿的香柏，传说由六世嘎玛巴活佛亲手栽种。

易贡茶场：易贡的土壤腐殖质异常丰富，非常适宜茶树生长。原来世界上海拔最高的易贡茶场，面积有2100多亩。高原绿茶经高山雪水的浇灌，得冰川雪野之灵气，受充沛阳光沐浴，天然洁净，品质独特，味道极佳，为茶中极品。高原的特殊自然环境使茶叶每年仅生长一次，有道是“易贡之茶妙好如饮琼浆，雪域奇茗馨香心神俱怡”。不幸的是，2000年发生易贡大滑坡，易贡湖淤塞，导致水位严重上升，易贡湖溃决，淹没了周围的树木、村庄和茶园，昔日青翠美丽的茶场而今已不复存在。易贡境内的地质活动十分活跃，地形地貌千奇百怪、摄人魂魄，吸引着中外地质灾害研究专家的浓厚兴趣。这里于2003年被命名为易贡国家地质公园，为地质研究提供了宝贵的科研财富。

卡钦冰川：卡钦冰川位于波密县易贡乡政府驻地的西北部，距波密县政府驻地扎木镇146公里，规模巨大，面积约90平方公里，呈群体分布。冰舌直泻山谷，气势恢宏。卡钦冰川主峰海拔5990米，是中国最大的海洋性冰川，也是西藏最大的现代冰川。易贡附近的所有高山常年白雪皑皑，冰蚀地貌举目可见，与角峰相连的刃脊下展布着一个个冰斗。其下“U”形槽谷内，现代冰川的冰舌伸向海拔2500米左右的山腰，冰舌末端的冰川终碛及冰川两侧的侧碛依稀可见，冰水和降雨形成了一个个冰水扇。在卡钦冰川的前沿，发育有高达600米的冰瀑布。距波密县县城146公里、距离318国道50公里的贡普冰川，也有令人震撼的美。

若果冰川：若果冰川距波密县政府所在地扎木镇179公里，距离318国道83公里，属季风性温性冰川。自西北向的冰流长14公里，沿海拔6200米的江古拉雪山，蜿蜒着向东南而去，末端伸到海拔3630米的高度。亚热带山地森林围绕着冰舌两侧，绿白相间，蔚为壮观。

走到若果弄巴河源的尽头，首先映入我们眼帘的，是一个与河源相接的冰川退缩终碛湖泊，湖泊长、宽各约1200米和300多米。越过湖面看到的，就是若果冰川的末端了。冰川末端一左一右，发育着两个形如城门洞的出水口，看起来活像个硕大精怪的鼻头。不过，由于连续的消融，冰川鼻头朝冰川上游方向斜仰着，显得不是那么潇洒英俊。

波密县易贡乡若果冰川上端海拔4100米处，发现1架运输机残骸和3具尸体遗骸。根据现场调查和对有关物证的分析，基本确定是美国运输机，失事时间大约在1943年4月间。抗日战争时期，美国空运总队曾开辟被称为“驼峰”的喜马拉雅山脉航线，估计这架失事的运输机与此有关。

易贡铁山：易贡铁山，山如其名，含铁量非常高。制作波密非常出名的易贡藏刀所需原料——铁，就出自这座山。它被誉为易贡国家地质公园的点睛之笔。

将军楼

将军楼位于波密县易贡乡加拉村西南约5公里的易贡措南岸、背隆山山脚下，以北约500米为易通乡村公路，海拔2265米。1964年，张国华将军创建将军楼，占地面积300余亩，建筑面积约5515平方米。它有庞大的建筑群，是林芝市保存最好、规模最大的红色遗迹，现为西藏自治区文物保护单位。

2000年4—6月，将军楼因水灾受到严重破坏，2001年后修复。2013—2014年，文物部门出资约700万元，对将军楼进行了抢救性维修保护。现将军楼由11座楼房和11座平房组成。

将军楼皆为石木质结构、仿苏式建筑，屋顶由牛毛毡、木板、瓦片等铺就，平面呈方形。主体建筑由石块垒砌而成（底部由石块垒砌而成，上部由石砖垒砌而成），其余隔间的墙体为木质墙板，墙体分别呈红色、灰色、白色等。1号楼的建筑风格较为独特，坐南朝北，方向正南，长26.2米，宽11.5米，分为东、西两个部分，共14间房，西部为一层建筑，东部为两层建筑。西部共有4间房，由仓库、厨房、配电室等组成，墙体高 3.2 米。西部和东部相接处，为西部通往第二层的木质楼梯。东部第一层和第二层前端都有走廊。第一层共有 5 间房，由卧室、卫生间等组成。第一层中央原为作战室，2000 年遭水灾破坏后，将原有的作战室维修成 3 间卧室。第二层共 5 间房，由会议室（作战室）、卧室、卫生间等组成。石块墙体厚 0.47 米，石砖墙体厚 0.22 米。

其余 10 座楼房都为两层，建筑风格同 1 号楼东部的风格类似，只是在大小规模上有所不同。

平房以 10 号楼为例，坐南朝北，长 29 米，宽 6.9 米。共有 8 间房，由卧室、卫生间、厨房等组成，前端为走廊。其余 10 座平房的建筑风格同 10 号楼类似。

八盖生态旅游区

八盖生态旅游区位于波密县东北部八盖乡境内，距波密县县城 232 公里，距易贡乡政府驻地 54 公里。景区平均海拔 2882 米，自然生态环境保护完整，原始森林资源十分丰富，森林覆盖率达 40.7%，是波密县迄今最完整、最原始的森林之一。主要景点有热带和亚热带原始森林、高山杜鹃花，以及山高谷深、悬崖峭壁的八盖谷“天险”，山如刀切、水从天泻的“莲花生浴水”瀑布及田园风光等。

日卡古村落

日卡古村落位于波密县八盖乡日卡村，距八盖乡政府驻地约 13 公里。“八盖”意为岩壁上需要架梯子方能通过。以前，这里连骡马道都没有，搬运物资全靠人背肩扛。后来修了一条简易骡马道，季节性通行，夏季无法通过。2011 年，公路修至八盖乡政府驻地。2013 年，公路修到日卡村，打开了日卡村通往外界的大门。

正是因为地理上的阻隔，日卡村保留下来许多古老的习俗，与其他藏地的习俗有较大差别。

据日卡村保存至今的《阿孜赞普王自传》记载：在此地，世俗首领、土王阿孜赞普，宗教首领、法王降央扎巴同时存在。我们可以从当地村民的习俗中，窥见氏族组织时期社会生活的印记。日卡村村民没有固定的居所，每户都住在拆建极其方便的木板房内，住 15 至 20 天即搬迁一次，此为一大习俗。木板房内，厨房和卧室通用。屋顶盖有防雨的木板，用竹编围在四周防风，地上铺一层干树叶即可。若有远道而来的客人，出于对客人的尊重，就添点儿干树叶或重铺干树叶。日卡村还有一个特点，就是每家每户的木制粮仓都集中建于一处，据说是为了防止火灾。

当地有著名的美食——八盖藏香猪。八盖自然环境优美，藏香猪的种群得到了很好的保护和延续，加之放养于深山老林中，肥肉少，瘦肉多，肉质鲜嫩可口，如今已成为八盖农牧民致富奔小康的特色产品。另有八盖的木锁，具有古老的历史，同时也体现了当地民众的聪明才智，现已被列入西藏自治区非物质文化遗产保护名录。

日卡村至今仍保留着世代传承的生产生活方式和习俗，并独具特色，是林芝市保存较好的一座古村落。

结木山冰川及“林周弄巴”三湖

结木山冰川及“林周弄巴”三湖位于波密县玉许乡南部的普热村。该冰川的面积比则普冰川较小，但冰洁如玉、景色优美、形态各异、风光迷人，周围有成群的牛羊、古朴的藏式民居、雄伟壮观的雪山，还有盘羊、猴子等野生动物。玉许乡政府距结木山冰川 23 公里，普热村距该冰川 5 公里。

“波卓”与“波央”

波密的“波卓”于 2007 年被列入西藏自治区非物质文化遗产保护名录，“波央”则于 2009 年被列入该保护名录。“卓”是舞蹈的意思，“央”是歌的意思。

波密县易贡乡是现存“波卓”最为完整的地区。

传说 1000 多年前，在波密的倾多修建了一座叫卡娃拉康的寺庙。寺庙修建完成后，举行了一个非常隆重的庆祝仪式。当时，当地的群众自编、自唱，跳起了丰富多彩的舞蹈。从此，这种舞蹈在波密辖区内广为流传，这就是波密“波卓”的由来。

波密“波卓”作为西藏一种独特的舞蹈形式，保留了很多原生态的民俗。“波卓”，也就是波密人的锅庄舞，男子们跳来大气豪迈，女子们跳来端庄大方。波密“波卓”既有昌都“果卓”的豪放雄健气势，又有林芝“恰巴”的欢快热烈风格。波密“波卓”以地、土、山、水、生产生活等作为比喻对象，表达人们对家乡的热爱、对丰收的祝愿，以及对人们无疾病、田地无灾害、家乡无战争、牲畜无疾病的祝福，起到倡导人们尊老爱幼、和谐相处的作用。

从“波卓”中，你可以感受到高原人的淳朴、豪爽。“波卓”的基本特点是慢板舒缓大方、优美自如，快板奔放潇洒、欢快热情。动作千奇百怪，姿态万千。跳“波卓”的规律必须是先唱后跳，先由男女双方对唱，男子唱完，女子继续跟着男子重复唱一遍，然后开始边唱边跳。基本动作有“踏步前进”“双甩手”“抬腿小跳”“顺风旗”“斜托掌”“前踢跳步”“双山膀”等。

跳“波卓”的时候，人越多越好看。为了更好地保护和发展“波卓”这一艺术形式，当地政府在每年举办的波密县民间文化艺术节上，均以比赛的形式安排各乡镇农牧民表演“波卓”，以激发农牧民群众对文化艺术的热爱，也让传统舞蹈得到更好的传承和发展。

和“波卓”一样，波密“波央”也是西藏自治区非物质文化遗产。“波央”是清歌、唱而不舞的歌，音调不高不低，听起来婉转悦耳、轻松愉快。“波央”表达出了勤劳勇敢的波密人民在现实生产生活中以及自己思想上的情感。歌唱中除了表达人们对家乡、风景、老师、父母等的赞扬外，人们还赋予“波央”以生命，从而尽情表达他们在生产方式和民族风俗中蕴含的文化。

波密“波央”的歌词取材于波密农牧民群众火热的生产生活，多为比喻土、木等。“波央”旨在赞美家乡的山山水水、伟大人物的业绩，感谢父母的养育之恩等，是展现当地人民生产及生活习惯的一种民族文化。

波密“波央”的唱法基本上为男女独唱，也可以对唱。它可以在举行各种庆祝活动时歌唱，也可以在不同的生产劳动中歌唱，来赞扬劳动者的智慧和勤劳勇敢的精神。

波密的“波卓”和“波央”，以不同的形式，演绎出了波密人民对家乡、对新生活的无限热爱和赞美。

西巴斗熊戏

在波密县卓玛山脚下，坐落着一个名为西巴的小村庄。每年藏历六月十五日起，村民们都要过别具一格的煨桑节，如今称为“西巴煨桑斗熊节”。西巴煨桑斗熊节是西巴村焚香祭祀山神的一个传统民俗节日，每年藏历六月十五至十六日举行。2009 年，西巴煨桑斗熊节被列入西藏自治区非物质文化遗产保护名录，得到了进一步保护和传承。

相传最初的时候，西巴煨桑斗熊节仅仅是一项烧香求佛的佛事活动。活动中，有一项仪式是必须开展的：一个人扮演成乞丐（小丑），去附近的每一顶帐篷要饭。几个年轻小伙扮演成猎狗，来追咬这个要饭的乞丐。有一次，仪式正在举行时，突然一条花狗从森林中赶出七只狗熊。据传，花狗是巴顿拉姆（护法神）演化的。现场的人们顿时惊呆了，不知道这是件好事还是坏事，纷纷问在场的喇嘛，喇嘛也说不出个所以然来。于是，他们派人赴拉萨，专门向五世达赖喇嘛罗桑嘉措请教。五世达赖喇嘛经过占卜，得出结论，认为这是一件非常好的事情，并鼓励村民把这一习俗保持和发扬下去。从此以后，当地居民就把这项活动改名为“西巴斗熊戏”，并把每年的藏历六月十五日定为“西巴斗熊节”。

藏历六月十五日，当地村民穿上节日的盛装，带上过节的牛肉、酥油、青稞酒等，在天没亮之前赶到神山脚下，节日活动正式开始。整个活动以斗熊、制熊、放熊为主线，集小品、山歌、舞蹈等于一体，向人们宣传保护野生动物、维护生态平衡的思想，体现了当地群众自古以来就与大自然和谐相处的生存观念。斗熊戏结束后，村民们围在一起喝酒、吃肉、唱歌、跳舞，直到第三天清晨才渐次离开。

松宗赛马节

松宗赛马节是在每年的藏历三月十五至十七日，由松宗乡扎西曲林寺举行的一个盛大的祈祷大法赛马节。扎西曲林寺位于波密县松宗镇，距离波密县县城 40 余公里。该寺每年举行的松宗赛马节历史悠久，是融宗教、文化和民间娱乐为一体的传统节日。

松宗赛马节的活动仪式和主要内容如下：首先，由祭祀战神的煨桑活动拉开松宗赛马节的序幕。在煨桑活动中，年轻英俊的小伙子们穿上节日的盛装，腰挎刀、剑，骑上马，带上祭品、经幡，从扎西曲林寺出发，直奔松东白日神山而去，到达神山脚下后，在香炉里奉上供物，在旗座上插上挂满经幡的一根根新旗杆，祈祷菩萨保佑风调雨顺、庄稼丰收、众生幸福。紧接着，迎请强巴佛（弥勒佛）。随着法鼓、号声响起，人们抬着强巴佛缓缓地走出寺庙，从左向右围绕寺庙转一圈。此时，人群格外安静，气氛显得庄重、威严，一下子就把人们的情绪带入一片神秘、奇异而美好的境界。

最后是松宗赛马和马术表演。随着人们的欢呼声，各个村的赛马选手们精神抖擞、威武凛然地骑着骏马，来到比赛的指定位置。“啪”的一声枪响，选手们一手紧握缰绳，一手挥舞马鞭，双腿夹紧马腹，脚下紧踩马镫，如离弦之箭，飞速奔跑。经过激烈较量，率先的马匹踏入终点线后，众人纷纷上前给夺冠的骑手和马匹献上洁白的哈达，表示祝贺。

赛马活动一结束，就要进行马术表演。骑手们穿上鲜艳的马术表演服装，在飞驰的马上，忽而像雄鹰展翅，忽而似飘带伸展，忽而弯腰捡起跑道上的哈达，并将哈达举过头顶，面带胜利的喜悦笑容，飞奔而去。这些矫健的身影、优美的姿势和潇洒的动作，给观众留下难以忘怀的印象，精彩的马术表演将松宗赛马节推向高潮。

察隅县

察隅在藏语中意为“乱石谷”。察隅县是多民族聚居区，有藏族、怒族、傈僳族、独龙族、白族、珞巴族、门巴族等 10 多个民族和一个未识别的僜人，是僜人的主要聚居区。察隅县地处喜马拉雅山脉和横断山脉交界处，东临云南省德钦县，南与缅甸接壤，西与墨脱县相邻，北与昌都市左贡县、八宿县和波密县毗邻，是西藏自治区的边境县之一。吐蕃时期，察隅县就有了官衙建制。1371 年，帕木竹巴政权的绛秋坚赞当政后，宗址设在科麦。清代设科麦县。西藏和平解放前，为西藏噶厦政府所辖。西藏实行民主改革后，于 1960 年改设桑昂曲宗县，县政府驻在下察隅的赤通拉卡。1966 年 5 月，改称察隅县，县政府迁至竹瓦根镇。

全县辖 3 乡 3 镇 96 个行政村 1 个居委会，总面积 31659 平方公里，平均海拔 2300 米，谷地海拔最低处 1400 米，县城海拔 2360 米。地势由西北向东南倾斜，西北高东南低，相对高差 3600 米，是典型的高山峡谷和山地河谷地貌。四季温和，降水充沛，日照充足，无霜期长，年日照时数 1615.6 小时，年无霜期 200 天以上，年降水量 793.9 毫米，属喜马拉雅山脉南翼热带湿润气候区。资源储备十分丰富，林地面积约占全县总面积的 75%，多为未开发的原始森林，大部分林地生长着云杉、冷杉等材质优良的树种。草地类型主要为山地草甸，以生长阔叶草为主，草原覆盖率达 90% 以上。境内 5000 米以上的山峰有 10 多座，最高峰为 6740 米的梅里雪山。

察隅又被称为“水乡”，河流密布，碧波万顷，平原肥沃，梯田层层，纯绿色、无污染的物产异常丰富，枇杷、猕猴桃、石榴、葡萄、西瓜、香蕉、稻米、花生、辣椒、莲藕等各种蔬菜瓜果应有尽有。其中的僜家大米是僜人特有的农作物，传统耕作，雪水浇灌，无任何污染，有“江南稻称圣，僜家味独珍”“珠峰山中水，僜家灶上米”等美誉。僜家大米的米粒质体晶莹、幽香持久、回味无穷，深受广大消费者欢迎，实为馈赠亲友的佳品。

人们把察隅比拟为镶嵌在祖国边陲的“绿色明珠”，不仅因为这里有遮天盖地的原始森林，主要是优越自然条件带来的一派江南风光。传说，古工布一带（包括今巴宜区、察隅县）是旧西藏放逐囚犯的地方。在旧文人的笔下，那时的察隅是“不毛之地”“瘴疠之地”，“上山到云间，下山到河边。说话听得见，走路要一天”，交通极为不便。今天，这里已是“公路绕山转，桥梁跨江建”，处处青山绿水、鸟语花香。鹦鹉、黄莺、百灵、杜鹃、相思鸟、孔雀、雉鸡等欢噪林间，有“鸣禽之乡”的美称。六世达赖喇嘛仓央嘉措的情歌，就多次唱到古工布的鸣禽：“会说话的鹦鹉，从工布来到这方，请问：我心上的人，是否健康?”

“察隅好，入冬天不寒，山头雪积银世界，山谷樟叶泛青光，郁郁似江南。”察隅县是僜人的主要分布区。僜人有自己的语言，属汉藏语系藏缅语族，但没有文字。

察隅县的自然资源极为丰富，主要有慈巴沟国家级自然保护区、梅里雪山、阿扎公拉冰川、日东林海、怒江大峡谷、罗马桃花村、次龙沟、水磨岩、察隅温泉、清水河、毕达瀑布、僜人民俗文化村等等。行走察隅，能体验国画般青绿山水的意境，感受原始、淳朴的僜人风俗。

僜人民俗文化村

僜人民俗文化村位于察隅县下察隅镇沙琼村，是集中展示僜人民俗风情文化的旅游场所。今察隅县境内，原属藏族聚居区（多数是从北部迁来的康巴人），早先并无僜人。100 多年前，僜人开始逐渐从杜莱曲（河）和察隅曲（河）逆流而上，先后迁来。察隅僜人，俗称僜巴，是中国的“未识别民族”，在我国疆域内约有 2000 人，主要分布于上察隅、下察隅的 11 个自然村内。其中的沙琼村，是外地游客到察隅后的必访之地。僜人过去一直住在深山老林，过着狩猎采集、刀耕火种、刻木记事的原始生活，有语言，无文字。西藏和平解放后，政府把僜人请下山，分田造屋，过上了现代、文明的日子。僜人的服饰颇有特点。男性头盘长帕，腰挎僜刀，威武如战神；女性佩耳鼓，戴护额，挂串珠或银饰，穿筒裙，赤足，婀娜如仙女。客厅墙上挂满巴麦牛头，是僜人财富的象征。依僜人旧俗，可一夫多妻，以牛为聘礼。僜人的手抓饭是察隅县最具代表性的食品，也是款待贵宾、招待远方来客的最佳美味。

慈巴沟国家级自然保护区

慈巴沟国家级自然保护区原名察隅自然保护区，位于察隅县中部，地处青藏高原喜马拉雅山脉东段。受印度洋孟加拉湾暖流在此地高山大岭间回旋的作用，保护区内气候温暖湿润，物种极其丰富，是西藏东南部生态系统最为完整的地区。这里有维管束植物 147 科 549 属 1392 种，其中，蕨类植物 34 科 66 属 143 种、裸子植物 4 科 11 属 24 种、被子植物 109 科 472 属 1225 种；有国家重点保护野生动物 51 种，其中，国家一级重点保护动物 15 种（如扭角羚、孟加拉虎、豹等）、国家二级重点保护动物 36 种。1983 年，被西藏自治区林业厅划为察隅自然保护区；1985 年 9 月 3 日，经西藏自治区政府批准，设立察隅自治区级自然保护区；2002 年 7 月 3 日，晋升为西藏察隅慈巴沟国家级自然保护区。慈巴沟自然保护区在生物、地质、冰川、气候、水利等众多科研领域占有特殊地位，是重要的科研基地，对人类进一步深入认识自然规律有重大贡献。

绿海冰川——阿扎公拉冰川

阿扎公拉冰川位于察隅县上察隅镇境内，属海洋性冰川，雪线海拔

4600米，朝向西南，长20公里。“阿”是语气词，“扎”意为猿。据传，此地过去经常有猴群或类人猿出没。“公拉”意为雪山。阿扎公拉山是当地百姓心中的神山。阿扎公拉冰川的前沿部分深入原始森林长达数公里，犹如一条银色巨龙，穿行于“绿色海洋”之中，具有从亚热带到寒带的所有气候特征。阿扎公拉冰川的地形地貌由高向低分为三个阶梯：第一阶梯是冰川的形成区。在这个区域里，由于海拔高，除可作专业登山队的训练基地外，一般旅游者无法涉足，只能从高处远眺其雄伟壮观的风姿。第二阶梯是冰川中间的巨大冰瀑布。第三阶梯是冰川下端的冰川舌。巨大的阿扎公拉冰川好似巨大的银屏凌空飞挂，银光刺眼，晶莹璀璨，气势磅礴。

梅里雪山（戎赞卡瓦嘎布神山）

梅里雪山位于察隅县察瓦龙乡和云南迪庆藏族自治州德钦县交界处，地处金沙江、澜沧江、怒江“三江并流”地区，属怒山山脉中段，海拔6740米，地理划分属西藏地域。梅里雪山逶迤北来，连绵十三峰，座座晶莹，峰峰壮丽，为藏区八大神峰之一，至今仍是人类未能征服的“处女峰”，也是唯一因文化保护而禁止攀登的高峰。梅里雪山是青藏高原东南缘的最高屏障，被美国学者称为“世界最美之山”。

罗马桃花村

罗马桃花村位于201省道旁，距察隅县县城40公里。该村有片天然野生桃林，面积约1000亩。村庄三面环山，林木葱茏，溪水潺潺，鸟语花香，气候宜人，民风淳朴，桃林、房屋、田园、小溪浑然天成，如诗如画，犹如仙境，素以桃花村著称。每年4月，桃花争相怒放，人们纷纷聚集于此，举行盛大的桃花节。罗马桃花村春夏秋冬四季景色各有不同，是广大旅游者和摄影爱好者的理想去处。

察隅温泉

察隅温泉位于219省道边，距离察隅县县城10分钟车程。此温泉的发现和利用，还要追溯到1910年。清军将领程凤翔奉命带兵进抵桑昂曲宗（今察隅）平叛过程中，曾到此处浸浴，发现疲劳瞬间得以缓解，体力恢复极快，顿然欣喜若狂，在温泉喷口旁的巨石上，刻下“水火二气阴阳之义 天炉地冶融成妙谛”字样。察隅温泉最独特之处就是，泉眼同时冒出冷泉和热泉。泉眼在华贡山山腰，100多年来长流不断，是大自然赋予察隅人民的独有馈赠。每年桃花盛开的时候，昌都、波密等周边各地的群众纷纷前来沐浴，祛湿治病，美容养颜。经专家鉴定，察隅温泉对多种慢性疾病都有较好的治疗功效。

古拉生殖器景观

生殖崇拜，是原始社会普遍流行的一种风习。它是原始先民追求幸福、希望事业兴旺发达的一种表示。所谓生殖崇拜，就是对生物界繁殖能力的一种赞美和向往。

在察隅县古拉乡多吉帕姆山上，从山地远远就能看见在一片绿树林中插入蓝天的“擎天柱”。那是一根圆柱形大石柱，石柱中部光滑，顶部似一个半球形，上面长满了杂树，形状十分奇特，整个景观看起来酷似男性巨人的生殖器。当地人认为它是巨人神的化身，成为当地不孕妇女的主要祭拜物。

古玉塔巴寺

古玉塔巴寺（以前叫桑昂曲林寺）位于察隅县古玉乡布玉村以东约1公里的纳布岗山坡上，距然察公路约4公里，海拔3566米。该寺奉格鲁派，主供强巴佛，占地面积40850平方米，建筑面积2632平方米。

相传，最初在古玉地区的措珠之地有衮钦寺，在措龙之地有卓寺和拉贡寺，在果坚之地有朵热寺等4座噶举派小寺。后来，宗喀巴大师的弟子藏巴桑杰班觉和阿里丹巴桑布等人为了在康区弘扬佛法，历尽千辛万苦，来到古玉地区，在三水角（水流三汇处）、三地角（平坝三角形）、三天角（因周围山与沟的形状，天也被看成三角形）的凶地选址，在此建一座寺庙，以镇压水、地、天三凶。在奠基前一夜确定了地基线，可是第二天，地基线跳移到了一处更加完美的凸地上。大家都认为这是天意，遂决定在凸地上兴建寺庙，取名为替帕寺（塔巴寺原址）。“替帕”意为地基线跳移。后来，“替帕”随岁月流逝不断演变，成了“塔巴”。

17 世纪，五世达赖喇嘛依其梦兆，吩咐四世德木活佛阿旺格列坚赞前往古玉兴建一座密宗寺院。1648 年，四世德木活佛奉五世达赖喇嘛的旨意来到古玉，把原来的替帕寺搬迁至西侧约 10 公里的纳布山上，调动以古玉三地为主的 2900 多户人家的人力、物力、财力，兴建了桑昂曲林寺（塔巴寺现址）。“桑昂曲林”，意为密宗法轮。与此同时，设立了桑昂曲宗。塔巴寺原址遂成了废址。

“文化大革命”时期，塔巴寺内木质结构的房屋及所有经书和宗教用品被全部毁坏，只剩残垣断壁。1985 年，由寺庙住持扎西旺堆、仁平负责，国家补贴 3.8 万元，当地群众义务投工投劳，在原来的基础上修复了集会殿、弥勒佛殿及厨房等。1988 年，寺庙用化缘所得资金，修复了主殿第二层的无量寿佛殿、护法殿、罗汉殿、法器库房等。1990 年，寺庙负责修复了主殿的第三层银塔殿。2008 年，寺庙负责维修了面积 12 柱的第三层主殿。

江色寺

江色寺位于察隅县下察隅镇扎巴村以东约 1 公里的托角山脚下，南距洞嘎公路约 5 公里，海拔 1891 米。该寺奉萨迦派，主供佛为观世音菩萨，是林芝少有的萨迦派寺庙之一，现保存较好。

相传，江色寺是在五世达赖喇嘛跟前当过孜仲（原西藏地方政府的僧官）的旦巴维色创建的萨迦派寺庙。“江色”意为柳林。该寺建于柳林中，故得名江色寺。

1985 年，由信教群众贡布等人负责，对寺庙的主殿、僧舍、厨房等进行了修缮。主殿门廊两侧按照藏传佛教的习俗，画有四大天王的壁画。寺内除主供释迦牟尼佛像外，还供有莲花生大师像、度母像、无量光佛像及各种唐卡等。江色寺藏有大藏经《甘珠尔》《丹珠尔》各 1 套，以及各种法器。

通庆寺

通庆寺位于察隅县古拉乡根巴村境内，海拔 2433 米，主供释迦牟尼和萨迦班智达贡嘎坚参，奉萨迦派。寺庙分布面积约 2106 平方米，建筑面积 550.75 平方米。

通庆寺在第司・桑杰嘉措时期，由格龙・多吉桑布创建，后来在一次焚香祭祀活动中不慎失火，寺庙建筑及寺藏文物被全部烧毁。不久，吾金群培上师前往彭波地区（今拉萨市林周县一带）的那烂陀寺，请求绘制重建通庆寺的设计图，并在回到察隅后按照设计图重修该寺。当时，修建底层的集会殿和经堂用了 3 年时间；随后，又用 3 年时间建起了第二层的护法神殿和库房。

通庆寺曾为彭波那烂陀寺的子寺，从建寺至今一直信奉萨迦派。鼎盛时期，曾有 50 余名僧人。“文化大革命”时期，寺庙的第二层被拆毁，底层用作古拉区的商店、信用社。寺藏文物全部被毁，僧人还俗返乡。1988 年，由通庆寺第三世活佛白玛次成负责，用他自己化缘所得的收入，在古拉乡信众的大力支持下，对该寺进行了修缮。

日东寺

日东寺位于距离察隅县竹瓦根镇东面简易公路 104 公里的日东村，奉宁玛派。因该寺地处日东村，故得名。

相传，该寺在藏历第十一绕迥年间（17 世纪），由喀觉多吉上师（又名贡秋丹增）创建。喀觉多吉上师在竹岗地区四处开光，掘出诸多伏藏，并在当地原有的一处日追基础上修建了寺庙。为了保住这座寺庙的灵气，他先后在寺庙四周修建了四座拉康，即南面竹瓦根镇知美村的诺维拉康、东面察瓦龙乡格日村的拉白拉康、北面古拉乡南雪村的宁堆喀拉康和西面日东乡所辖吉塔尔村的恰嘎拉康。他还著有《竹岗寺志》《朗唐祷祝》和《朗桑秘境九莲圣地简介甘露总汇》等著作。那个时期，日东寺十分繁盛，拥有对上部波密古拉欧通至下部甲查米唐（今云南省贡山县藏寨）的参与政教权。继喀觉多吉上师之后，出现了第二世上师白玛喀旺多吉、第三世上师白玛曲珠和第四世上师甲追（自今云南省贡山县藏寨迎请）。据传，在以后的一段时间内出现过几世上师，但直到目前尚未找到有关文字记载，加之没有能够口述的人，故未能记述于此。后来，曲典多吉活佛和现在的上师顿珠仁钦等历世上师在当地大力弘传佛教，使日东寺得到很大发展。

在“文化大革命”期间，日东寺遭到巨大破坏，彻底被毁。1990 年，在国家下拨的经费基础上，由当地信教群众投入大量人力、物力，对寺庙进行了修缮。2015 年，国家又一次投入经费，将该寺建成了两层楼。目前，寺庙建筑面积为 403 平方米。寺庙主供莲花生大师和本尊衮乔吉堆。

佛杖树

佛杖树位于察隅县竹瓦根镇嘎巴村，属无叶花，每年 4 月开花。满树粉红色的花瓣却无一片绿叶，花开时常伴有响声，犹如一曲曲优美的仙乐，被敬为“神树”。当地老百姓认为，听到花开的声音能祛灾禳福。相传，一名西藏高僧前往印度求佛取经，返回途中在此休息，将手杖插在地上，随即生根发芽，化为此树。

察隅瀑布群

察隅瀑布群位于察隅县上察隅镇公路沿途。瀑布大多沿着峭壁汩汩流下，或温文尔雅，或一泻千里，宛如洁白的哈达轻铺舒展，镶在悬崖峭壁之上，美轮美奂，妙不可言。其中，以毕达瀑布较为知名。毕达瀑布位于上察隅镇毕达村，在察墨公路沿线。其特点是流量高差较大，由多节组成，上段水流修长，下段水花飞洒、细如珠玑，抛洒成裙摆状，宛如一个穿着婚纱的少女。

清水河

清水河位于察隅县竹瓦根镇雄久村、219 国道沿线，距察隅县县城约 30 公里，被当地人尊奉为“神河”。清水河和桑昂曲宗河交汇交融，常年呈现一半浑浊、一半清莹，可谓“泾渭分明”。据说，清水河的河水有美容养颜的功效，每天都会有许多年轻姑娘来此沐浴，以求得“神河”的垂青眷顾，获得仙女般的美貌。

原始芭蕉林观光区

原始芭蕉林观光区位于察隅县下察隅镇洞冲村附近，芭蕉林遮天蔽日，芭蕉叶翠绿透明。

桑昂曲宗遗址

桑昂曲宗遗址位于察隅县古玉乡布玉村以东约2公里的纳布岗山坡上，距然察公路约4公里，海拔3527米。该遗址是林芝市目前发现的宗遗址里面保存相对较好的。

据说，五世达赖喇嘛依其梦兆，命令四世德木活佛阿旺格列坚赞前往古玉兴建一座密宗寺院。1648年，四世德木活佛把原来的替帕寺搬迁至西侧约10公里的纳布山上，同时建立了桑昂曲宗。最初只有1名俗官，因管辖地域广阔，而且居民居住分散，难以管理，便增派了1名僧官。僧俗官员的品级均为四品。

桑昂曲宗遗址的建筑面积768平方米。遗址依山而建，为夯筑墙体。一次，宗府楼失火，府内的文件及财物全部被毁。1918年左右，西藏地方政府派遣一位名叫尼根的官员负责宗府楼的维修。他召集古玉地区的属民服差役两年，才使宗府楼得以修复。过了一年，又派来了新的僧俗官员。他们召集察隅各地的头人，对属地内的土地、牲畜、果树等资源进行全面的普查造册，并制定了税赋标准。

西藏和平解放后，桑昂曲宗改名为察隅县，县址迁至竹瓦根镇。

目前，桑昂曲宗遗址残留有两座建筑的轮廓。南面为主体建筑，保存相对较好，共3层，坐西朝东，方向为90度，四面墙体残存，墙体有石块墙基；建筑前部为两层，顶端残留有一排椽木孔，墙体有两排窗户的轮廓；后部为第三层，顶端残留有一排椽木孔，墙体有3排窗户的轮廓；南北长30米，东西宽25.6米；正厅及两侧厢房组成四合院。北面有一栋建筑的遗址，只残留北墙，内部结构无法辨认，仅能辨清为夯筑。

华贡山温泉石刻

华贡山温泉石刻位于察隅县竹瓦根镇嘎巴村以东约1公里的华贡山山腰，距然察公路约1公里，海拔2319米。它为清军将领程凤翔于1910年，奉命率部进抵桑昂曲宗时所刻。该石刻属察隅县境内唯一一块清代汉文石刻，同时也是林芝市境内少有的清代石刻之一。

该石刻凿刻在温泉喷口旁的一块巨石上，石块高1.8米、宽1.1米；石刻字体高0.6米、宽0.77米，离地面的高度为0.65米；阴刻行楷，从右至左竖排，首题“宣统庚戌仲夏”，中部刻“水火二气阴阳之义　天炉地冶融成妙谛”4排16字，落款为“山左程凤翔书”。

程凤翔，字梧岗，山东聊城人，生卒年无考。他以武童投军，随赵尔丰征乡城、定盐井，收服西南数千里。清宣统年间，程凤翔为川滇边务大臣赵尔丰麾下川边巡防新军后营管带，后官至总兵。据《科麦县图志》《察隅县图志》《西南野人山归流记》以及《赵尔丰川边奏牍》等著作所载，为阻止英国人从英属印度北犯西藏，程凤翔奉命统军于1910年2月11日进抵桑昂曲宗（宗址位于今察隅县古玉乡境内），3月25日进驻杂瑜（今察隅县下察隅镇），后于1911年7月前后移驻波密。题刻在察隅县华贡山温泉旁的文字，就是他在察隅期间的1910年仲夏季节留下的。程凤翔驻兵察隅一年多的时间里，在捍卫领土、巩固边防、开展地方行政建设、开发当地经济等方面多有建树。

堆嘎卡摩崖造像

堆嘎卡摩崖造像位于察隅县察瓦龙乡昌西村以南约1公里处、怒江左岸支流卡瓦嘎布色曲河左岸，以北约10米有乡村公路，海拔1763米。造像线刻在崖壁北向崖面上，分布面积约3000平方米。有造像21尊、经文2处，规模较大，是林芝市境内目前发现的造像中保存较为完好、规模较大的。

保存较好的中等造像有 7 尊，从东往西横向线刻在崖壁底部，并涂有颜色，依次编为 1 号、2 号、3 号、4 号、5 号、6 号、7 号造像。保存较差的 14 尊小型造像，位于崖壁底部中央。

丙察察自驾游线路

丙察察线（即新滇藏通道的主段），是从云南贡山的丙中洛经西藏东南部察瓦龙至察隅的道路。它是我国内地进藏的第八条公路，也是进藏线路中最便捷、最养眼的自驾游线路，2011 年被第二届国际自驾游交易博览会组委会评为“精品自驾游线路”。

丙察察线的原生是茶马古道，道路沿线遍布大量自然人文景观，具有极高的探险、自驾与科考价值。一路可欣赏到一泻而下的大流沙、险峻壮观的怒江大峡谷、漫山遍野的仙人掌林、浩渺无际的曲那通花海草场、雄伟粗壮的千年沙棘树林、气势磅礴的梅里雪山、绿草如茵的目若牧场、广阔无垠的原始森林、色彩斑斓的杜鹃花海，以及如诗如画的雄楚拉、次旺拉、益秀拉三个山口。一路景色、异域风情令人心旷神怡，醉在不眠中。穿行丙察察线仿佛置身于世外桃源，是旅游者探险猎奇、摄影挑战、徒步骑行、户外体验的理想天堂。

丙察察线里程：大理—230 公里—六库镇—135 公里—福贡县—114 公里—贡山县—45 公里—丙中洛—16 公里—秋那桶—87 公里—察瓦龙—55 公里—伐木场—25 公里—目若村—103 公里—察隅县。

滇藏分界点

滇藏分界点是茶马古道滇藏马帮的必经点，距西藏察隅县察瓦龙乡政府驻地 54 公里，距云南贡山县丙中洛乡政府驻地 32 公里。相传，当年藏民进出滇藏做贸易时，在这里向着梅里雪山磕头，口念六字真言“嗡嘛呢叭咪吽”祈祷，就会受到梅里雪山众神的护佑，一路平平安安、生意越做越火。

怒江“V”形峡谷景点

怒江峡谷号称世界第三大峡谷。怒江“V”形峡谷位于察隅县察瓦龙乡扎恩村地界，距离察瓦龙乡政府驻地20公里，距离滇藏分界点34公里。怒江在此处的江面宽度约200—300米，平均深度约20米，自然形成山势险峻、绝壁峻峭、层叠有致、谷深水急、回声响彻的“V”形锐角大拐弯，视野开阔，景色壮观，如同缩小版的世界第一大峡谷——雅鲁藏布大峡谷。

大流沙景点

大流沙距察隅县察瓦龙乡政府驻地9公里。风吹来时，飞石从天而降，砸向行人，飞石路长达200—300米，当地人把这段路称为“死亡区”。相传，大流沙本是卡瓦嘎布神山的心脏，魔鬼幻化的巨蛇欲吞噬它。格萨尔王及时赶到，用神力把巨蛇化成了山岭封印。不幸的是，“心脏”被巨蛇的牙齿划破了，流出的血变成有诅咒的飞石，继续祸害着途经此地的行人。

仙人掌林景点

察瓦龙在藏语中意为“干热的河谷”。仙人掌是察瓦龙的特产。它的花期为6—12月；果子可以当水果吃，也可以酿酒；仙人掌的片状茎节不仅可作牲畜饲料，汁液还可作为清洁水质的净化剂使用；仙人掌富含的营养成分对皮肤有滋养作用，并且具有较好的美白效果。

怒江与玉曲河交汇处

左边的玉曲河发源于西藏昌都地区，在察隅境内长约55公里；右边的怒江发源于西藏那曲地区，在察隅境内长约99公里。相传，位于梅里雪山西面的察瓦龙，原本是野兽横行的无人区。梅里雪山众神为平衡生态系统，从远方引入“男左女右”两条血脉，交织孕育出了吃苦耐劳的察瓦龙人。如今，玉曲河与怒江神奇地交汇，形成了独特的风景，寓意世界这么大，“你我”有缘，千里来相会。

次旺拉山

次旺拉山在藏语中意为“有福德者山”，垭口海拔 4505 米，距察隅县县城 92 公里，距察瓦龙乡政府驻地 138 公里。据传说，梅里雪山众神护佑察隅一方水土，降妖除魔、扬善抑恶，传播正能量，成为藏族人民引以为自豪的神山“卡瓦嘎布”。卡瓦嘎布众神在附近的日东林海赛马、练兵，出征时前往次旺拉山山顶祭祀祈福，终能降魔驱害、造福人民、平安吉祥。

墨脱县

作为藏东南门巴族、珞巴族聚集的边境地区，墨脱县拥有独特的历史文化、民俗风情、地理位置和资源优势。“墨脱”一词在藏语中意为“花朵”，历史上有“博隅白玛岗”之称，藏语意为“隐藏的莲花”。墨脱有着别具一格的门巴族、珞巴族民俗文化风情。门巴族与珞巴族的建筑、音乐、舞蹈、绘画、服饰、饮食和民俗丰富多彩，而且远未被外界充分了解。墨脱以门巴族、珞巴族为主的手工业历史悠久，藤编工艺、竹器、石锅、木碗等手工艺产品尤为著名，在西藏自治区内外享有很好的声誉。

地理地形方面，墨脱位于西藏自治区东南部、喜马拉雅山脉东段与岗日嘎布山脉西部，地处东经93°45′—96°05′、北纬27°34′—29°56′之间，总体呈北高南低的走势。全县平均海拔1100米。

自然资源方面，墨脱拥有最优越的气候条件、最充沛的水利资源、最丰富的林业资源、最原始美丽的旅游资源、最丰富多样的生物资源，以及神秘独特的文化资源，堪称“五最一秘”。受印度洋季风影响，墨脱县境内温暖、多雨、潮湿，年平均气温在16摄氏度左右，无霜期达330天以上，年降水量在2000毫米到3000毫米之间。墨脱境内拥有丰富的水利资源和动植物资源，河流年径流深为1903公里，可供利用开发的天然水能资源每年发电量达600万千瓦以上，林业资源用地470490平方米，森林资源蓄积量达14235.53立方米，森林覆盖率高达80%以上，拥有“世界动植物博物馆”和“世界生物基因库”的美誉。

人口方面，全县辖7乡1镇（其中包括1个珞巴民族乡）46个行政村，主要居民为门巴族和珞巴族，此外，还有部分藏族、汉族及其他少数民族（苗族、满族、侗族、彝族等）。截至2018

年年底，全县总人口13786人，其中农业人口10368人、城镇人口2950人。全县有门巴族8199人、珞巴族1591人。

多雄拉山口

多雄拉山口位于喜马拉雅山脉分水岭处，是南北气候的分界线，气象景观引人入胜。山口北部松林口一带的冷杉十分茂盛。由于山口附近风大，而且常年从南吹向北，山口附近的冷杉树，只有北侧生长树叶，好像一杆杆旗帜，当地人称之为“旗树”。山上还有几个高山湖泊，湖水翠绿冰冷，是多雄拉河的源头。

多雄拉山口西北坡和东南坡各有三个平台，可供过往行人小憩和观赏。

北坡第一平台

北坡第一平台即海拔3550米的松林口。这是茂密冷杉林中的一小块平地，也是运往墨脱物资的背运出发地。北坡第二和第三平台的海拔分别为3765米与3940米。多雄拉山口处以一座玛尼堆和迎风飘展的经幡为标志。此处海拔4300米，终年最高气温只有几摄氏度，冷风刺骨，人兽不宜久留。每日中午1点钟以后，多雄拉山口往往大雾弥漫或者雨雪交加，因此，当地有经验的乡民一般都赶在中午1点钟之前翻山，以保证安全。

多雄拉山口一年多数季节都是大雪封山，行人无法通过。每年6至11月是开山季节，也是最为忙碌的运输季节。个别年份开山时间可延长到12月中旬。

汗密原始生态观光区

汗密原始生态观光区以观赏原始生态自然景观为主。汗密驿站周边的景点，主要有老虎嘴探险、地东天然水溶洞、老虎嘴瀑布、汗密瀑布、跨江铁索桥、千年云冷杉原始生态、高山瀑布、雪山、珍稀的杜鹃林等。落差高达 400 多米的汗密瀑布穿越云雾，由山巅奔腾飞泻，跌落于幽深的河谷。多层的汗密瀑布曲折而泻，直至多雄拉河，形成一个深潭。由于落差大，阳光一照，汗密瀑布映出一条条五彩缤纷的彩虹，将河谷两岸的风光打扮得格外绚丽。

汗密原始生态观光驿站距墨脱县县城 60 公里，距米林县派乡乡政府驻地 40 公里，是进出墨脱县的两大交通要道之一。因汗密原始生态观光驿站常住人口少、原始生态保持完好，这里是回归纯朴自然之境最理想、最完美的地方。

老 虎 嘴

老虎嘴位于东经 95°10′、北纬 29°21′，距背崩乡政府驻地 15 公里。因为通往墨脱的道路是在此处悬崖绝壁上开凿出的一段羊肠小道，长约 1 公里，宽 1.2 米，崖壁高约 150 米，山体坡度达 86 度，地势极为险要，如同行走在老虎嘴里，随时都可能有意外发生，故而取名老虎嘴。

老虎嘴瀑布

老虎嘴瀑布位于阿尼境内。老虎嘴瀑布凌空而泻，像银河倒悬，坠至半空，忽被峭石拦腰折断，瞬时雪浪飞溅，宛如千万串断线的珍珠，纷纷扬扬，沿着陡峭的绝壁下坠，落进不见底的深渊，发出惊天动地的狂啸。日落西山，老虎嘴瀑布彩虹缭绕，雪峰顶上绯红一片，妙不可言。

热带雨林景观

热带雨林景观位于墨脱镇、背崩乡、德兴乡、达木珞巴民俗乡，南北长约 70 公里，东西宽约 20 公里，森林覆盖率达 80%，山体坡度在 50 度以上，属于典型的河谷地形，海拔 500—900 米。热带雨林以高大的乔木为主，还有成片的野芭蕉林、阿丁枫等植物群落，以及珍稀树种树蕨、桫椤、乌木等。这一带夏季多雾，早晨和傍晚常常见到“雾锁峡谷”“江中流云”、半山腰云雾缭绕的“仙境”等美丽的景色。早、晚还常见霞光，是雅鲁藏布大峡谷中风景最优美的地段之一。

布裙湖风景区

布裙湖风景区位于墨脱县县城西北方向，在背崩乡境内、西贡寺河下游西侧，面积约为 580 平方公里。布裙湖湖面约 11.5 平方公里。清澈透明的湖水为绿色的群山所环绕，北面有一个不被人们注意的缺口，湖水流出，形成飞流而下的瀑布，注入西贡寺河。周围山势较缓，湖面犹如碧绿的明镜，镶在热带常绿阔叶林海中。蓝绿色的湖水、与热带雨林中倒挂于水中的大型木质藤本植物、拔地而起的大型乔木及绿色的群山交相辉映，山水相连，风光秀丽，景色迷人。布裙湖海拔 1600 米左右，这里一年四季猴啼鸟鸣、花果满山，野生动物活动频繁，各种鸟类异常丰富。我国目前仅有的三种犀鸟中，属于国家一级保护动物的热带珍禽——棕颈犀鸟，在布裙湖畔可以看到它光泽漂亮的棕黄色羽毛和两片看似犀牛角的大嘴。

在景区附近有一座西贡古寺遗址，佛教信徒们常到此朝拜。由于该寺位于墨脱县交通干线马行道附近，便于参观、休息，它也是观光游览的好地方。

吊 脚 楼

吊脚楼是墨脱的传统民居，以当地盛产的多种竹子为原材料，除基底用石块垒砌，地板、横木、横梁与门窗用木材以外，屋顶用竹瓦叠成，墙壁用竹片编成，其余的均用竹子制成。屋顶呈八字形，大门向东，房屋为方形或长方形，分三层，中层住人，下层关牲畜，顶层为角楼，存放粮食和杂物。

墨脱梯田

墨脱盛产稻米，除栽种水稻外，兼种玉米、荞麦、蔓稼（鸡爪谷）等酿酒原料。水稻的普及，使梯田成为墨脱的一大景观。墨脱的梯田主要环绕村寨分布，地形的多样性使得梯田变化复杂。有的整齐划一，犹如列阵的队伍；有的曲曲弯弯，雾里淡出，蜿蜒轻柔，像众多的仙女聚集；还有的条条块块，色彩斑斓，如同美丽的乐章。

扎布瀑

“扎布”在汉语中意为“天然的石洞”。扎布瀑位于墨脱县甘登乡多卡村，距甘登乡政府驻地约15公里，传说莲花生大师曾在此修行3年3月3日。扎布瀑位于雅鲁藏布江边的崖壁之上，洞中宽阔，可容纳200余人。洞内有天然泉水常年喷涌不断，被当地群众奉为“神水”。另外，洞中有一垂直山洞与此洞相通，被当地群众称为“天洞”，又称“佛光洞”。

绒扎瀑布群

“绒扎”在门巴语中的意思是“峡谷之根”。绒扎瀑布群位于距帕隆藏布江入口约6公里的干流河床上，海拔1680米。该瀑布群共有7处，最大的瀑布相对高30米、宽50米，在相距200米之间形成总落差100多米。江面上浪花四溅，涛声轰鸣，彩虹时隐时现。

嘎隆香格里拉风景区

嘎隆香格里拉风景区，地处扎墨公路24K至60K之间，是出入墨脱大峡谷的交通要道。南北长10余公里，东西宽6公里，属墨脱县达木珞巴民族乡辖区，距达木乡政府驻地60余公里，距波密县县城30公里，距墨脱县县城90余公里。每年6至10月，汽车可通行。达木全乡有4个村277户1089人。该风景区内共有六大自然景区，即草原、雪山、冰川、雪山神湖、瀑布、林海。景区内，在不同季节可观赏不同的景致：夏季可观赏草原、雪峰、千年冰川、雪山神湖、瀑布、林海，冬季可观赏林海、雪原、雪山、冰瀑、冰柱。在嘎隆拉山脚下，能观赏到美丽的嘎隆拉千年冰川，并可亲手触摸冰川。翻越嘎隆拉山，将会感觉到印度洋的暖湿气流，气温也逐渐升高；同时，可以欣赏到美丽的瀑布和冰川，观赏三座美丽的冰湖，风景特别美丽，并可以望见远处的雪山、冰川和原始林海；其间，还会看到美丽的瀑布和流淌的山泉。

千瀑峡谷——多雄曲峡谷

从多雄拉到背崩之间有一条“U”形峡谷，谷底是水流湍急的多雄曲。两岸岩壁陡立，瀑布众多，多达数百条以上，因此有“千瀑峡谷”之称，是名副其实的瀑布故乡。千姿百态的瀑布美不胜收，令人心旷神怡。有的瀑布水量充沛，吼声震天，十分壮观；有的瀑布细若轻纱，飘飘洒洒，化为缕缕雾气。

仁青崩风景区

从墨脱县县城出发，乘车前往仁青崩风景区，只需 40 分钟左右。仁青崩风景区一日游，共十五大看点。

仁青崩寺：仁青崩寺海拔 2038 米，位于墨脱县县城东南方向约 6 公里处的卓玛拉山上，属藏传佛教的宁玛派寺庙，是墨脱县修建最早和规模最大的寺庙，共计两层，建筑形式为拥有十二个墙角和东西南北四门的石木结构。寺内有镀金铜佛及其他珍贵文物，是墨脱当地门巴族、珞巴族人民进行宗教活动的重要场所。

相传，仁青崩寺是多吉帕姆女神化身中心“肚脐”的所在地，是众多佛教信徒向往的圣地。寺庙僧人每年都要举行一次大规模的法事活动。

仁青崩寺始建于六世达赖喇嘛仓央嘉措时期，由活佛甘布巴（今山南市加查县人，俗称卓堆林巴）主导修建而成。仁青崩寺的建筑风格奇特，庙宇为十二棱角。该寺在全藏乃至印度、不丹、尼泊尔、缅甸等国影响颇盛，但不幸在 1950 年的地震中被毁。1983 年，经西藏自治区民族宗教事务委员会批准后进行修缮，我们现在看到的就是重新修缮后的仁青崩寺。

三柱洞：三柱洞距离仁青崩寺约 1 公里。这个石洞由三座基石上架着一个大石块构成，整体被诸多树木包围，洞内贴满了佛像。传言，洞内佛像与此福地的双重功力加持，会让在此修行之人得百倍功德。

多娜隆葬台：这个葬台形似大象的鼻子，因此被命名为“多娜隆”。根据墨脱的习俗，人死后必须抬至此处。送葬的人抬着尸体绕此葬台三圈，然后用绳子的一端拴住死者的脖子，另一端拴在形似大象鼻子的葬台上，让尸体平躺在葬台前。然后，送葬的人念经祈福，仪式完毕后，将尸体抬走进行丧葬。当地百姓确信，通过这样的仪式，将消除死者生前的罪孽，并增加死者善行的功德。

大雕石：大雕石是天然形成的，形似一只大雕。传言，这只大雕是从天竺（今印度）的佛祖身边飞来的，因而被老百姓称为“神鸟”。在山体下端大雕肚脐的位置，刚好有一个石眼。当地人相信，这石眼具有神力。当有人身患怪病或无法治愈的病时，把酥油放在石眼内，然后绕大雕石念经祈福，再将酥油取出，涂抹在伤痛处，便可治愈。

八功德圣水：八功德圣水相传由天上流淌而下，水质清澈明亮，味觉清洌爽口。来仁青崩寺朝圣的人，都会在这里取水饮用，并用容器带回，给家人、朋友分享。据他们说，喝这里的圣水，不仅能预防各类疾病，对于很多疾病也有一定的辅助治疗效果。

莲花生大师修行地：莲花生大师曾在此地修行，以法术加持了这里的土地。传言，以前在此干农活的人们，吃这块地上的土就能吃饱，而且还能防治各种疾病。久而久之，知道的人越来越多，地面被挖空而坍塌下去。随着西藏和平解放，人们的生活逐渐富裕起来，不再需要这里的泥土果腹。但神奇的是，莲花生大师修行地旁边两棵大树的树根下，形成两个天然的泉眼，汩汩地冒出甘甜的泉水。人们尝试饮用之后，发现它与从前的泥土一样，有着防治疾病的功效。于是，这里的泉水与八功德圣水一道，成为朝圣者带给家人的重要礼物。

康卓益西措加的灶台：传言，这里是莲花生大师的妃子康卓益西措加使用的灶台。莲花生大师修行时，康卓益西措加在此为莲花生大师煮茶、做饭。现在灶台中间流淌的圣水，传说是莲花生大师离开墨脱时遗留下的茶水。你抛开一切杂念，静静地坐在水流边，仿佛还能听到莲花生大师在这里品茶、诵经的声音。

圣石：在这块被经幡包围的圣石上，印有莲花生大师的手印。相传，莲花生大师曾在此发下宏愿，普度众生，并以此手印为誓。抚摸这个手印，可以直接得到莲花生大师的庇佑，一生平安。

量身石：所谓量身石，即丈量身高的石头。据说，在康卓益西措加时期，人的身高有这块大石那么高，但当时的人只需要吃下面这块小石头大小的饭量，而且营养充足。通过对比，我们可以看到，现代人的身高是不及这块量身石的，但饭量大于那个时候。藏传佛教认为，这是因为现代人逐渐在物欲横流的社会里迷失了心性，失去了信仰，也就相应地缺失了福祉，所以，虽然进食很多，身体状况却不如以前的人。

中阴崖：仁青崩风景区内有两处中阴崖景点。传言中，阴崖是人在“前生已弃，后生未得”的中游时期所经道路。中阴崖有入口处和出口处。据说，一个人如果生前罪恶深重，就无法从中阴崖中穿越，无论体型如何。如果一个人心地善良，就能够从中阴崖中穿越，并且来生福祉盈门。

白玛同椎：白玛同椎据说是莲花生大师的帽子，跟随莲花生大师走过很多地方，早晚听经，也就有了灵性。来此朝佛的人，在白玛同椎供奉了很多神塔小像（藏语叫它们“擦擦”），传言这样可以消灾解难，带来好运。

宝物窟：这个天然形成的宝物窟十分有意思，手能够伸进去，却看不见里面的内容。传言将手伸入其中，可以抓到不同的东西，预示着不同的好运。抓到种子就说明来年会五谷丰登，抓到牲畜毛发就说明来年会家畜兴旺，抓到泥土就说明来年会身体健康、事事顺心。

格萨尔王的拴马杆：据说，这是格萨尔王征战至此，稍作休息时拴马的木杆，后来化为一棵树。当地人认为，这棵树寄托着格萨尔王的强壮与勇武，于是到这里朝圣时，都会切下一小块树皮随身携带，如同由格萨尔王加持，无惧任何妖魔鬼怪。日久天长，这棵树就只剩下了树根，但由于格萨尔王的神力，它依旧存活着。

康卓益西措加修行洞：这里是莲花生大师的妃子康卓益西措加的修行洞。在洞口上端有一块大石，当地的小孩子和年轻人到此，都会争相跳上去，摸那块大石。传言你能够跳多高，就说明今后对父母有多孝顺；相应的，跳跃的高度也代表着父母福气的多寡。

海螺石：这块大石形似海螺，因此被取名为海螺石。在这块海螺石上印有莲花生大师的大拇指印，是莲花生大师亲手加持过的痕迹。在藏传佛教中，海螺被称为“东嘎”，是权威的象征。海螺吉祥的号声可以驱散邪恶的精灵，祈祷平安的降临。同时，此处刚好是转一圈仁青崩寺的地标。传言，转一圈仁青崩寺，等于积攒了一亿个莲花生大师的心咒。因而，这个大拇指印就是转了一圈仁青崩寺、积攒了一亿个莲花生大师心咒的证明。

藤网桥

早在清代，康藏边地史学家刘赞廷就在《西南野人山归流记》中记载了这样一段文字："白玛岗界，其地气候温和，森林弥漫数千里，花木遍山，藤萝为桥，诚为化外之桃园。"白玛岗，自然就是指墨脱；而"藤萝为桥"，说的就是墨脱特有的藤网桥了。

藤网桥是我国少数民族地区人民勤劳、智慧的结晶，由悬索、溜索发展而来。虽然清代就有了关于墨脱藤网桥的文献记载，但实际的修建时间可能远早于此。墨脱县德兴乡境内有一座藤网桥，恢复于 2013 年 11 月。该桥横跨于雅鲁藏布江上空，是贯通墨脱县南北的重要纽带，全长 150 余米，离江面 50 余米，桥体悬空下垂，呈凌晨月状。全桥无桥墩、无木板、无铁钉，仅用藤条网织成，可承受约 2000 公斤的重量。藤网桥整桥用的是白藤。墨脱的原始森林里生长着多种藤本植物，其中白藤较多。它是常绿藤本植物，茎蔓细长，有 40 多米高，柔软而坚韧，是编织篮、筐、椅、箱等用具的好材料，也是藤网桥的原料。一般 200 米长的藤网桥，需要 60 背（约合 3600 公斤）的藤子。修一座藤网桥需要 20 人，历时 10 天才能竣工。桥的横截面呈"U"形，用以支撑桥面。桥体两侧以藤丝为经线，每隔一段距离设一纬线，底部的纬线网较两个侧面更为密集，整体近似密封。走在桥上，随着人本身的重力作用及河谷风的吹送，左右摇摆，飘晃不定，虽然惊险，却颇为安全。

1996 年，墨脱藤网桥被西藏自治区政府公布为第三批自治区级文物保护单位之一。

雅江云雾

墨脱常年云雾缭绕，俗语中有"山顶在云间"的说法，所以，雅江云雾也成为墨脱的一大特色景观。第一次来到墨脱的人，往往会被周边山顶上如哈达般环绕墨脱的云雾所吸引，惊讶于自然的神奇与墨脱的圣地景象。而在无雨的清晨或雨后的傍晚，云雾会更加浓郁，遮天蔽日，犹如传说中的仙境一般，让人流连忘返。

雅鲁藏布江绕南迦巴瓦峰作奇特的马蹄形回转，在墨脱县境内向南奔泻而下，经印度注入印度洋。山上茂密的植被又产生了大量水汽，水汽凝聚后同温暖的气候形成相互作用，就产生了常年缭绕的云雾景观。

雅鲁藏布大峡谷

雅鲁藏布大峡谷是世界上最深、最长、海拔最高的大峡谷。雅鲁藏布大峡谷核心无人区河段的峡谷河床上，有四处罕见的大瀑布群，其中一些主体瀑布的落差都在 30—50 米。峡谷内有极为丰富的动植物资源，堪称世界之最。由于高峰和峡谷咫尺为邻，几千米的强烈地形反差，构成了堪称世界第一的壮丽景观。

2000 年，经国务院批准，始建于 1984 年的墨脱国家级自然保护区更名为雅鲁藏布大峡谷国家级自然保护区，主要保护对象为山地森林垂直景观及珍稀动植物，保护区面积 9168 平方公里。在青藏高原局地环境与复杂的高山峡谷地表形态综合作用下，保护区内形成的多样气候，直接导致了该地区生物群落栖息地生态环境的多样性，其山地生态系统的垂直与水平差异非常明显。该地区共有维管束植物 3768 种，苔藓植物 512 种，大型真菌 686 种，锈菌 209 种，哺乳类动物 63 种，鸟类 232 种，爬行类动物 25 种，两栖动物 19 种，昆虫 2000 余种。其中，以墨脱命名的动植物模式就有 40 多种。无论从生态系统还是从物种多样性或遗传多样性标准来衡量和评价，雅鲁藏布大峡谷保护区无疑是我国生物多样性最为丰富的地区之一，墨脱也因此被誉为西藏的“天然动植物博物馆”。

雅鲁藏布大峡谷形成的直接原因，与该地区地壳 300 多万年来的快速抬升及深部地质作用有关。大约 15 万年以来，大峡谷地区的抬升速度达到 30 毫米 / 年，是世界上地壳抬升速度最快的地区之一。最新地质考察获得的证据表明，大峡谷形成的根本原因是该地区存在着软流圈地幔上涌体。雅鲁藏布大峡谷形成的地质特征，和美国科罗拉多大峡谷基本一致。

果果塘蛇形大拐弯

果果塘蛇形大拐弯位于墨脱县德兴乡辖区内，距墨脱县县城约 12 公里，距德兴乡政府驻地约 4 公里，可驱车抵达。由此可见，奔涌而来的江水如蛇形般突然转向，罕见的景观让人叹为观止；峡谷间云雾缭绕，犹如仙境；繁盛的植被，掩映在这云雾之间，美不胜收。相传，雅鲁藏布江最早并不从此处经过。关于大拐弯的形成，当地人还口耳相传着这样一个传说：有一年，果果塘一带大旱，庄稼颗粒无收，人们无水饮用，很多人口渴而死。天神见此情形，派一条神蛇下凡，救助百姓。神蛇来到果果塘后，看到干涸的土地与受苦的百姓，十分难过。于是，它鼓足力气，直奔奔涌的雅鲁藏布江，把江水吸入肚子后，又奔到果果塘，滋润这里的土地。但是，土地已经干裂多时，神蛇一次能吐出的水又十分有限，它只能不分昼夜地来回奔波在果果塘与雅鲁藏布江之间。终于，筋疲力尽的神蛇，最后一次吸饱水来到果果塘后，再也没有力气将水吐出，重重地倒在地上死去了。但奇怪的是，它的身体依旧保持着环绕果果塘的形状，身躯逐渐裂开，体内的水流淌出来，并引来了雅鲁藏布江水。原来，天神将这一切都看在眼里，为了褒奖神蛇的功绩，让它化作雅鲁藏布江的一段，永远滋润和守护着果果塘。也正因如此，果果塘一带从此风调雨顺，植被丰茂，再没发生过干旱。

嘎隆拉景区

嘎隆拉山位于波密县与墨脱县之间，距扎墨公路的起点扎木镇 24 公里。嘎隆拉景区就隐藏在嘎隆拉山的垭口之上，由嘎隆拉冰川、嘎隆拉天池、嘎隆拉寺组成。

嘎隆拉山海拔 4200 米，山顶常年冰雪覆盖，因此形成了独特的冰川景观，远看银装素裹，近看晶莹剔透，展现出一种浑然天成、冰清玉洁的独特风貌。嘎隆拉天池由三个独立的湖组成，中间的湖还有两个小岛，犹如镶嵌在这冰雪世界中的明珠一般，神秘而高雅。嘎隆拉寺是一座藏传佛教红教寺院，已有 300 多年的历史。据说，寺内有资深喇嘛 5 人、小喇嘛数十人。原始的古寺在 1950 年 8 月的大地震中受到损伤，后由信徒出资进行修缮，并新建了一座大殿和一些禅房。嘎隆拉寺是嘎隆拉冰川的绝佳观景点，每年 7—9 月，冰川消融后，还能看到独特的冰积湖与冰水溪流等景观。

相传，嘎隆拉景区一带是莲花生大师的修行地之一，他曾在这里修行了很长一段时间。受他的法力加持，这里的山水都具有了灵性。这在嘎隆拉天池得到了很好的印证。据说，心诚的信徒可以看到，三个天池分别呈现出茶青色、酒黄色、奶白色这三种颜色。茶青色的池水是莲花生大师赐予的好茶，人畜饮用后可以消除疾病；酒黄色的池水是莲花生大师赐予的美酒，人饮用后可以忘却烦恼，牲畜饮用后可以强壮躯体；奶白色的池水是莲花生大师赐予的鲜奶，人饮用后可以醒脑明目，牲畜饮用后可以增加奶水产量。

林海雪原

林海雪原距嘎隆拉山 8 公里，距 80K 物资转运站 20 公里，雪山环抱，人烟稀少，山脚至山腰却一片翠绿。上千年的云杉、冷杉形成绵延几十公里的林海，镶嵌在千里冰封的雪原中，景象颇为壮观。

林多大瀑布

林多大瀑布位于墨脱县县城以北约 30 公里的冷多附近，呈三级落差，高达 70 多米。瀑布击水轰鸣，从天而降，流水击石成雾，飞溅抛洒，弥漫山坳。冰雪融水纯净飞舞，一梯一梯飞冲而下，宛如冰花碎玉，似雪如云。每下一梯就增加三分声势，水量则骤增四分，重重落入潭底，万点水花飞扬，又急骤汇合、奔腾而去，滚滚的雷鸣声回荡在峡谷。

天然水溶洞

天然水溶洞位于墨脱县背崩乡地东村境内，介于布达拉次布山谷和仁那次布山谷之间，高 3 米，宽 2 米，洞深 200 多米。洞口有一小湖，湖中珍禽出没，周边森林茂密，是典型的热带季雨林景观。

鲁古村——男性生殖器崇拜

鲁古村位于墨脱县最北部，是门巴族风俗习惯最为浓郁的村落，现已搬迁至米林县境内。在此地，仍可以看到原来当地群众刀耕火种留下的众多火烧地，以及插在田地村旁的木刻男性生殖器。生殖器崇拜是门巴族古老的风俗信仰，将木刻的男性生殖器挂在家门上、插在田埂边，祈求人丁兴旺、粮食丰产。

红豆杉林

红豆杉林主要分布在雅鲁藏布大峡谷海拔 2500—3200 米间的部分地区，面积达上千平方公里。当地红豆杉最大的单株树高 30 多米，胸径最大的在 1.5 米以上，美丽漂亮的树冠使其成为一种珍贵的旅游观赏型树种。红豆杉所含紫杉醇，对癌症等疑难病症有良好的疗效。野生原始天然红豆杉林在世界上分布不多，中国此前也只在云南、四川等少数区域有所发现，像雅鲁藏布大峡谷地区这样大面积保存完好的天然红豆杉林实属罕见。

墨脱溜索

珞巴人居住在喜马拉雅山脉南麓的崇山峻岭之间。这里的数百条江河水流湍急，多数流速超过每秒 10 米以上，落差大，水中的巨石、暗礁布满河床，两岸陡峭。除少数平原处的溪流上架有木桥外，绝大多数靠藤网桥或藤溜索过江，舟船仅在下游使用。

藤溜索是把四根白藤劈成八根，对接成需要的长度，拴在两岸的树上，用一个硬藤做的圆圈套在八根藤条上。过江时，人钻入硬藤圈内，放在腰部，脸朝上，头朝向彼岸，双手抓住藤条，交叉用劲拉藤条，双脚配合着向前。滑这种溜索相当吃力，跨度越大越费劲，一条长 80 米的溜索需要 30 分钟才能滑过去。滑这种溜索不但体力消耗大，由于安全系数低，危险性也是极大的。

格当寺

格当寺位于墨脱县格当乡格当村，海拔 1961 米。1890 年，七世杰仲活佛杰仲强巴迥乃（也称顿迥·朗卡多杰扎巴）创建该寺，奉宁玛派。建筑面积 364 平方米，占地面积 800 平方米。

格当寺创建者七世杰仲活佛杰仲强巴迥乃，是类乌齐查齐寺的第七代杰仲，于 1828 年出生在今昌都市类乌齐县一个官宦人家，童年时被认定为七世杰仲活佛。成年后，他前往拉萨，师从十二世达赖喇嘛的经师普布觉活佛，法名为阿旺扎巴赤列强巴迥乃；并拜彭波林周地区达隆寺的第二十九任法台晋美巴窝为师，学习达隆噶举派教义。他云游四方，师从藏传佛教各派大师，终成一代高僧。后来，他和嘎热上师禀呈十三世达赖喇嘛，请求依照莲花生大师的预示，准许在白玛圭（今墨脱县境内）建寺，弘扬佛法、普度众生。得到十三世达赖喇嘛恩准后，他和嘎热上师带领随从前往白玛圭。途经今波密时，他们受到波窝嘎朗王的盛情款待，并获得大量金银财宝的资助。

在 1950 年墨脱大地震中，格当寺损毁严重，后由杰仲降曲多吉负责在原址上修复。“文化大革命”时期，该寺被毁。1986 年，格当寺恢复重建时，主殿得以修复。

马迪石器采集点

马迪石器采集点位于墨脱县墨脱镇马迪村以南约 100 米的坡地上，东面为沙石路面的扎墨公路，海拔 937 米。石器是在一块农田中被发现的。该采集点北至南长约 500 米，西至东宽约 200 米，分布面积约 10 万平方米。

据《中国文物地图集·西藏自治区分册》记载：马迪石器采集点从地面采集到磨制石器 3 件。其中，石斧 1 件，略呈长方形；中锋直刃，长 5.8 厘米，宽 3.3 厘米，厚 1.4 厘米。石锛 2 件，其一为长条形，顶端略残，两面遗有琢痕；中锋直刃，长 8.1 厘米，宽 1.9 厘米，厚 2.3 厘米。

墨脱村石器采集点

墨脱村石器采集点位于墨脱县墨脱镇墨脱村南侧坡地上，海拔 1124 米，分布面积约 70 万平方米。

石器发现范围，大约为东北起自卓玛山下坡地，西南抵莫哈山、错德旺湖一带，西北至墨脱村村民驻地，东南迄德米邦塘，东西长约 1000 米，南北宽约 700 米。

1973 年，曾在此地采集到磨制石器 9 件，有石锛、石斧、石凿等类。另外，采集到有饰绳纹和划纹的夹砂红陶、灰陶陶片等遗物。

据当地村民介绍，耕作期间经常发现石器。2009 年，在当地开展第三次全国文物普查时，采集到的标本有石斧、石锛两类共 3 件，其中石斧 2 件、石锛 1 件，征集到残石斧 1 件，另对石锛进行了照相、记录、绘图等工作。石锛呈梯形，墨绿色粗玉，双面直刃，刃口完好，弧顶略经打磨，长 6.2 厘米，刃宽 4.4 厘米，顶宽 3.9 厘米，厚 1.1 厘米。

西亚石器采集点

西亚石器采集点位于墨脱县墨脱镇亚东村东北约 1 公里处、名为西亚的坡地上，海拔 1030 米，为雅鲁藏布江东南岸支流冰谷曲右岸的一级台地，分布面积约 28 万平方米。

石器发现范围，大约西北起自巴日山下的巴米典，东南至卓玛山冰谷瀑布及瀑布形成的河畔，一处地名为当给的台地西北一侧的冲沟，东北倚巴日山，西南为陡坡，南北长约 700 米，东西宽约 400 米。

2009 年，在当地开展第三次全国文物普查时，征集到当地村民耕作期间发现的磨制石器 9 件，分别是石斧 5 件、石锛 3 件、石凿 1 件。其中，5 件采用墨绿色蛇纹石制成，2 件以黑色泥岩制成，2 件以灰白色岩石制成。4 件石斧中，有 3 件完好、1 件残破，均略呈梯形，上窄下宽。1 件石斧为墨绿色蛇纹石，双面正弧刃，刃口基本完好，无细小崩疤，平顶略经打磨；一面近顶部处有一道横向梭形凹槽，中左部有一道竖向梭形凹槽，两侧面均保留切割石料时留下的凸棱，长 10.5 厘米，刃宽 5 厘米，顶宽 4.5

厘米，厚 2.4 厘米。另一件石斧为灰白色岩石，石质细腻致密，单面正弧刃，刃口基本完好，有细小崩疤；两侧缘斜直，其中一侧缘，因有上下 3 个较大石片疤而呈薄刃状；顶端圆凸，有石片疤痕；长 9.6 厘米，刃宽 5.3 厘米，厚 1.2 厘米。石锛皆为梯形或近梯形，上窄下宽。石凿仅 1 件，由墨绿色蛇纹石制成，长条形，双面直刃，刃口有较大崩疤，平顶略经打磨，长 6.1 厘米，宽 1.2 厘米，厚 1.1 厘米。

排龙—扎曲—八玉—鲁古—甘登—加热萨—旁辛—墨脱

此线路大致沿帕隆藏布江和雅鲁藏布大峡谷行走，中间翻越最高的各布拉山口，海拔 3000 米左右，绝大部分地段的海拔为 250—1500 米。全程都是山间步行小道，长度约 200 公里。其中，八玉至鲁古之间大约 20 公里的距离是最为困难的路程。这一路段地跨巴宜区和墨脱县，在乱石滩或原始森林、灌木丛中穿行，必须依靠民工们用长砍刀在前面开道。沿途有雅鲁藏布江的众多小型弯曲，即一个个次级急拐弯，弯弯曲曲，形态优美。扎曲至八玉间，百年古树极为密集，附生的藤蔓植物和各种苔藓也十分茂盛。

注意事项：本线路的灌木地带蚂蟥较多，排龙至扎曲之间有颜色分别为绿色、褐色和灰黑色的毒蛇。天晴时，毒蛇常常在路上晒太阳。

米林—墨脱徒步游行程

米林—派乡：90 公里行程，可搭车兼步行。

转运站—拉格：转运站距派镇 5 公里，是一个小型集贸市场，有食宿。到松林口 3 小时，沿汽车盘山道 1.5 小时到多雄拉山口，5 小时到拉格，可以住宿。

拉格—汗密：2.5 小时到大岩洞，5 小时到汗密。那里有一个兵站和几个接待站，可住宿。

汗密—背崩乡：到阿尼桥 4 小时，再行 7 小时到背崩乡，住乡政府招待所。

注意事项：需在八一镇边境管理派出所办理边境证，因为过解放大桥检查站时要接受检查。还有，不要拍摄解放大桥，过桥前把相机和手机收好，以免强行曝光。

背崩乡—墨脱：从背崩乡乘车，大概需要 40 分钟到墨脱，这段小道较平缓。墨脱县县城建在一个小山丘上。

墨脱—波密：墨脱至波密县县城 117 公里，行程 5 小时。行至贡日村时，有一处游客服务中心可提供住宿。

墨脱特色餐饮

半仓：是门巴人经常喝的玉米、鸡爪谷酒，因略呈黄色，被外人称为“黄酒”。鸡爪谷有补中益气的功效，对肠胃疾病有一定的治疗、保健作用。用甲巴热（大米）和碎玉米煮的混合饭，是当地人喜爱的主食。

库尔巴：油炸的糯米薄饼，内里有糯米的香软，表面又金黄酥脆，口感极佳。

盖卜当：糯米或大米打粉，经油炸后做成的薄饼，较脆，类似虾片，是极富门巴族特色的食品。

阿香板：将较嫩的玉米粒炒制之后，加入食盐和大蒜，放入木臼中用槌捣制成的薄片，一般作零食用。

贡薄毕、阿夏木薄毕：用鸡爪谷粉或玉米面在沸水中搅拌成的“搅团”，配以肉、木耳、辣椒、蘑菇等菜肴食用。

拉瓦巴蒙岗当：凉拌的獐子菌。獐子菌是一种珍稀、名贵的野生食用菌，营养丰富，味道鲜美，肉质细嫩，香味独特，为十大名菌之一。将它凉拌后食用，最大限度保留了食材的天然口感与味觉，十分鲜美。

夏金生肉酱：将新鲜的肉绞成酱，加入有特殊香味的调味料后制成。

皮亚巴夏岗当干鼠肉菜：将鼠肉风干后制成，可以保存较长时间，是当地猎人和远行者常备的干粮。

科嘎宗嘎岗当石锅炖菜：用墨脱特有的皂石石锅进行烹饪，配料十分讲究：党参、手掌参、枸杞、白果、松茸、鸡块、各种菌菇等都是常用的配料。墨脱石锅含有多种微量元素与矿物质，经烹饪后融入食材之中，对人体大有裨益。

樟 木

樟树属于常绿乔木，树皮呈黄褐色，有不规则的纵裂纹，主产于长江以南及西南各地。冬季伐树，劈碎或锯成块状，晒干或风干。木材呈块状，大小不一，表面为红棕色至暗棕色，横断面可见年轮。质重而硬，有强烈的樟脑香气，味清凉，有辛辣感。

樟属植物分布在亚热带至热带，产于亚洲的中国、日本、韩国、越南和印度等国，我国是樟属树种资源和蓄积量最丰富的国家。樟属约有 250 种树木，我国有 46 种，大部分树种具有樟脑气味，木材是优良的家具、药材和香料原料。根据树木分类，樟属分香樟和肉桂两组；其中，香樟又以小叶樟最为著名，香色最为浓郁。

主要功能：祛风湿，通经络，止痛，消食。用于风湿痹痛、心腹冷痛、霍乱腹胀、宿食不消、跌打损伤。通关窍，利滞气，辟秽浊，杀虫止痒，消肿止痛。主治热病神昏、中恶猝倒、痧胀吐泻腹痛、寒湿脚气、疥疮顽癣，以及秃疮、冻疮、臁疮、水火烫伤、跌打伤痛、牙痛。香樟木材深受老百姓喜爱，也是提取香料的重要经济树种。

乌 木

乌木又名“黑檀”（Ebony），古称“乌”或“乌文”等，属于柿树种中具黑色芯材的珍贵树种之木材以及东非黑黄檀。味甘、咸，性平、无毒。主要产地分布于全球热带、亚热带及部分温带地区，显黑色芯材者主要产于亚洲热带地区和非洲。

适用于刨切单板、胶合板、高级家具、木线条、房屋建筑、耐久材、地板、厨房设施、化工用木桶等，也适用于雕刻、乐器、手工艺品、镶嵌工艺、车工制品、刀柄等。

红豆杉

红豆杉又名紫杉，是一种红豆杉属的植物，属于浅根植物，主根不明显，侧根发达，是世界上公认的、濒临灭绝的天然珍稀抗癌植物。它是第四纪冰川遗留下来的古老孑遗树种，在地球上已有250多万年的历史。由于红豆杉在自然条件下生长速度缓慢，再生能力差，所以很长时间以来，世界范围内还没有形成大规模的红豆杉原料林基地。1994年，红豆杉被我国定为一级珍稀濒危保护植物，同时被全世界42个有红豆杉的国家称为“国宝”，联合国也明令禁止采伐，是名副其实的“植物大熊猫”。红豆杉生性耐阴，在密林下亦能生长，多年生，不成林，多见于以红松为主的针阔混交林内。它生于山顶多石或瘠薄的土壤中，多呈灌木状。原产地年均气温2—7摄氏度，年均降水750—1000毫米。红豆杉多散生于阴坡或半阴坡，湿润、肥沃的针阔混交林下，性喜凉爽、湿润气候，可耐零下30摄氏度以下的低温，抗寒性强，最适宜温度为20—25摄氏度，属阴性树种。

红豆杉的根、茎、叶都可以入药，治疗尿不畅，消除肿痛，对糖尿病、女性月经不调等有治疗作用，也可以用于产后调理，对女性病症具有一定的治疗作用。

小果紫薇

小果紫薇为千屈菜科紫薇属的一种植物，分布在我国西部和南部。树皮常绿，剥落后呈光滑的茶褐色，很像番石榴的树皮，光滑得猴子也不爬。叶子呈卵形或椭圆形，几无柄，于小枝上近于对生排成两列，嫩枝有棱，小枝为悬垂状。花白色，像紫薇，较小，着生于枝端，呈现皱缩状，盛开于晚夏至早秋，具有观赏价值。

领春木

领春木别名为云叶树、正心木、木桃，属于领春木科领春木属植物，是落叶小乔木，为典型的东亚植物区系成分的特征种，是第三纪冰川孑遗植物和稀有、珍贵的古老树种，对于研究古植物区系和古代地理气候有重要的学术价值。领春木在世界上许多地方已灭绝，在中国的种群数量也很少，已处于濒危的境地。它的花果成簇，红艳夺目，为优良的观赏树木，属于国家三级保护植物，多分布于海拔720—3600米的湿润沟谷地两侧。

墨脱冷杉

墨脱冷杉为中国的特有植物，分布于西藏的错那、察隅、墨脱等地，生长在海拔 3000—3800 米的地区。墨脱冷杉是苍山冷杉的变种，与苍山冷杉的区别在于小枝颜色较浅，通常被密生柔毛，树叶较长，通常为 2—3 厘米，排列较疏，目前尚未有人工引种栽培。西藏东南部的墨脱，是墨脱冷杉的模式标本产地。

大花水东哥

大花水东哥是猕猴桃科、水东哥属，为中国特有植物。它产于西藏墨脱县的汗密、马尼翁等地，生在海拔 1700 多米的山地阔叶林中。乔木，高 6 米。小枝被爪甲状鳞片，无毛。叶革质，长椭圆形，长 33 厘米，宽 11 厘米，顶端渐尖，基部楔形，叶缘具细小的重锯齿，侧脉有 34 对左右，腹面无毛，中脉疏被鳞片，背面薄被尘埃状褐色小柔毛，中、侧脉疏被鳞片；叶柄长 3—5 厘米，被鳞片。花序聚伞式，1—3 枚簇生于叶腋，长约 5 厘米，近无毛，被鳞片，有花 2—3 朵；花粉白色，大，径约 2 厘米；花梗纤细；苞片阔椭圆形，长 4 毫米；萼片外 2 枚阔椭圆形，宽 8 毫米，内 3 枚长椭圆形至近圆形，长、宽约 11 毫米，果实增大，呈长圆形，宽 11 毫米，长 14 毫米；花瓣椭圆形，长 12 毫米，宽 11 毫米；雄蕊约 90 枚；子房近球形，有棱，花柱中部以上 5 齿裂。

千果榄仁

千果榄仁为常绿乔木，高达 25—35 米，具大板根；小枝圆柱状，被褐色短绒毛或变无毛。千果榄仁叶对生，厚纸质；叶片长椭圆形，长 10—18 厘米，宽 5—8 厘米，全缘或微波状，偶有粗齿，顶端有一短而偏斜的尖头，基部钝圆，除中脉两侧被黄褐色毛外，其余无毛或近无毛，侧脉 15—25 对，两面明显，平行；叶柄较粗，长 5—15 毫米，顶端有一对具柄的腺体。大型圆锥花序，顶生或腋生，长 18—26 厘米，总轴密被黄色绒毛。花极小，极多数，两性，红色，长(连小花梗)4 毫米；小苞片三角形，宿存；萼筒杯状，长2毫米，5齿裂；雄蕊10枚，突出；具花盘。瘦果细小，极多数，有3翅，其中2翅等大、1翅特小，长约3毫米，宽（连翅）12毫米，翅膜质，干时苍黄色，被疏毛，大翅对生，长方形，小翅位于两大翅之间。花期为8—9月，果期为10月至翌年1月。

林芝市特产及手工艺品

- 野生药材
- 食用菌
- 民间手工艺品
- 特色美食

野生药材

林芝是一个原始而美丽的地方，森林覆盖率高达53.6%，自然资源保存完好。在这片神奇的土地上，借雪山冰水的浇灌、充足阳光的照射，一切生物都远离污染、洁净无比、独具特色。独特、丰富的自然气候，使林芝的野生药材非常有名。

冬虫夏草

冬虫夏草又名冬虫草、虫草，是菌和虫的复合体。真菌中的一种子囊菌侵入鳞翅目昆虫的幼虫，幼虫钻入土中，到第二年夏季，在虫体的前端会有一根“草”长出来。每年的5月份，可在海拔高达四五千米左右的地方挖掘虫草。山顶常年积雪，只有熟悉地形、懂得虫草生长规律和视力好的人，才可以较容易地找到它们。虫草味香，富含蛋白质、虫草酸和多种氨基酸，有保肺、益肾、补精髓、化痰、降血压、明目开窍、提高人体免疫力等功效，尤其对遗精、阳痿、肺结核、咳嗽、虚喘、盗汗等有奇特的疗效。年老体弱者、孕妇，以及抵抗力差、免疫力低下者，均可食用。

食用虫草十分方便。虫草炖鸭是有名的药膳菜，也可在炖鸡或炖猪脚时将适量虫草洗净后同炖。清炖过程中，各种调料要相对减少用量。也可以将虫草洗净，放在太阳下晒干研末，少量放入碗中，加鸡汤调匀后饮用。还有人每天生吃一根虫草，以延年益寿、提高抵抗力、增强免疫力。

灵　芝

灵芝在林芝市的生长十分普遍，应用范围非常广泛。就中医辨证看，由于灵芝入肾，补益全身五脏之气，所以，心、肺、肝、脾、肾脏虚弱者，均可服用。灵芝所治病种，涉及呼吸、循环、消化、神经、内分泌及运动等各个系统，涵盖内、外、妇、儿、五官等科疾病。其根本原因在于，灵芝有扶正固本、增强免疫力的功能，以及提高机体抵抗力的巨大作用。它不同于一般药物仅针对某种疾病起治疗作用，亦不同于一般营养保健食品只针对某一方面营养素的不足进行补充和强化，而是在整体上双向调节人体机能平衡，促使全部内脏和器官机能正常化。经研究，灵芝有抗肿瘤、抗衰老、抗过敏、抗神经衰弱、保肝解毒等功效，对高血压、糖尿病、心血管疾病等有众多疗效。

天　麻

林芝气候温和，夏季较凉爽，冬季无严寒，盛产野生天麻。天麻为兰科植物，是稀有、名贵的药用植物，其块茎是平肝息风的良药。块茎天麻呈长椭圆形，略扁，弯曲皱缩。一般两端钝圆，上端有时带有枯干的残茎，下端有凹陷呈圆盘状的根痕，外表呈黄白色、黄棕色或黄褐色，全身多纵沟，由油点状的须根痕组成横向环纹。质坚而紧密。横切面为牙白色或棕黄色半透明体，味略甜带辛。

据化验，天麻中含有香荚兰醇和维生素 A，对肝风引起的头痛有特效；除此之外，还可以益气、祛风湿、强筋骨；主治高血压、头痛眩晕、口眼歪斜、肢体麻木、小儿惊厥等症。天麻可以用来炖肉食用，也可以泡水当茶喝。

贝　母

在我国，贝母的药用历史悠久，明代的《滇南本草》一书就对它作了详细介绍。贝母是多年生草本植物，春生夏萎，鳞茎扁球形，叶在下部对生，上部曲如卷须。春季开花，花呈钟状，淡黄绿色。花与果实均可入药，但以果实入药为主。贝母为百合科多年生草本植物的鳞茎，是止咳化痰的一味常用中药。

贝母，味苦、甘，性微寒。主要成分含生物碱，主要为松贝碱。主要功效是润肺化痰、散结除热。贝母对高血压、胃溃疡、肺炎、急慢性支气管炎、咯血等效果显著。可生吃，也可磨粉，与梨、蜂蜜蒸熟食用。

龙胆花

英国著名作家 D.H. 劳伦斯曾在一篇作品中，这样赞扬龙胆花这类植物：“给我一支龙胆花，给我一支火炬。”普通的龙胆花是林芝最常见的植物，淡紫色花朵透出一种平凡中的高贵和脱俗。龙胆花开花的季节，满山均是，随手可采。

主要功效：解毒、利喉，用于中毒热病、喉病、黑色豆疮和皮炎等。人们通常直接用它泡水喝，遇到牙痛上火，则慢慢熬出一小碗浓浓的汤，立刻清火止痛。

红景天

红景天是生长在高原海拔 3500 米以上地区的天然植物。科研证明，红景天具有与人参、刺五加同样的“适应高原”作用，但没有人参兴奋作用过强、刺五加易致便秘的副作用。

直接用红景天泡水当茶饮用即可，是治疗缺氧的天然有效植物。

藏红花

藏红花有活血化淤、散郁开结的功效，能治疗忧思郁结、吐血、产后淤血腹痛、跌打肿痛等症。可用少量藏红花煎汤、泡水或泡酒饮用。

雪莲花

雪莲花生于雪后的岩石缝中，每年六七月份时可采集。它能除寒、壮阳、调经、止血。可以泡酒饮用，对外伤可捣烂后敷于患处，还可以炖鸡食用。

麝香

麝是一种鹿科动物。林麝、马麝成熟雄体香囊中的干燥分泌物叫作麝香。麝香味辛性温，具有开窍醒神、活血通络、散结止痛的功能，而且是配制高级香料的宝贵原料。

鹿 茸

鹿茸是鹿科动物雄鹿尚未骨质化的嫩角，为补肾壮阳的佳品。

食用菌

林芝林木众多，在全国人均森林占有量中排名第一，各种植物种类在全国范围内仅次于云南省。林芝市的各种食用菌达到40多种。各种菌类竞相在市场上出售的时节，林芝有名的“蘑菇宴”是非常值得一品的。

松 茸

松茸生长在海拔3000—4500米的杉树、青冈、桦树混交林中，味美，质细嫩，含有多种人体必需的氨基酸，是具有防癌、防辐射功能的真菌。一直以来，林芝的松茸远销日本、东南亚、美国等海外地区。

羊肚菌

羊肚菌是一种珍贵的野生菌，由于菌盖表面凹凸不平，状如羊肚，故名羊肚菌。它在《本草纲目》和《中华本草》中都有介绍与记载，是一种很珍贵的天然补品，含有丰富的蛋白质、多种维生素及20多种氨基酸，味道鲜美，营养丰富，俗称蘑菇中的“荤菜”，与冬虫夏草的功能相同，是一种不含任何激素、无任何副作用的天然滋补品。

林芝市亦产青冈菌、鸡蛋菌、獐子菌、猴头菌等几十种可食用的菌类。每一种菌类都可以清炒、烧汤、炖肉，甚至可以做馅，制成包子、饺子等美味可口的小吃。

以上只是简要介绍了林芝市的部分野生药材和特色食用菌，还有更多的药材，就不一一在此介绍了。八一镇和林芝各区县的许多家特产商品店，都有当地特色产品出售。

民间手工艺品

藏　刀

藏刀又被称为藏腰刀，是藏族人民生产生活的工具、男女随身携带的用具和重要装饰品。藏刀的手工技艺匠心独具，巧夺天工，堪称绝技，应用极为广泛。林芝生产的藏刀中，最有名的是易贡藏刀和工布江达藏刀。波密特产易贡藏刀，历史悠久。在嘎朗王朝时代，波密由于自身特殊的军事、地理位置，是嘎朗王朝的武器库所在地。制作藏刀的材料，源自铁矿资源丰富、铁纯度高的易贡乡铁矿。在复杂、漫长的藏刀制作过程中，人们的技艺已经非常娴熟。藏刀的做工极为精致，不仅外面的图案栩栩如生，锋利的刀刃、经久耐用的特点和精湛的工艺，在西藏各个地区也很有名。工布江达藏刀在错高乡结巴村生产，它的刀刃亦为手工锻造，刀鞘为金属质地，多为银制品。匕首的刀刃大多用结实的小牛皮包裹。长刀的刀鞘则多用松木等两片木片相加制成，外围用手工雕成龙、凤、虎、鹿、狮、花卉等图案，有的还以鹿皮缠绕。刀柄缀以松石、玛瑙等宝石装饰物，非常漂亮，是一种集美感和实用为一体的刀具。此外，巴宜区和察隅县也产有精美的藏刀。

珞巴柳叶刀

珞巴柳叶刀最早产自墨脱门巴族聚居地，随着各民族间的交流，后传入珞瑜地区，现为珞巴族的主要手工艺品。小巧玲珑的小刀长 7—11 厘米，宽 5—6 厘米，形如柳叶，故名柳叶刀。它集削竹片、切水果等功能于一体，既是山里人必备的工具，也是民族团结的象征，具有很高的实用、观赏和收藏价值。

竹质手工艺品

米林、墨脱、波密和察隅各县都盛产竹子，所以，竹制品成了当地群众主要的生活用品和林芝的手工艺品。他们采用天然的竹子为原料，以其与众不同的编制手法和制作工艺加工而成。产品形状各异，大小不一，图案丰富。其中有篮：洗菜篮、装物篮和针线篮等；筐：背物筐、马驮筐和装粮筐等；盒：主要为盛放不同食品的食物盒。此外，还有各种精美的装饰品和纪念品。竹子的本色和自然芳香，加上原始、神秘、古朴的制作特色，显示出返璞归真的意境。林芝的竹质手工艺品在长期的生产生活实践中发展而成，把实用功能和审美价值逐渐完美地结合起来，以实用为主，注重功能，同时力求美观。

林芝藏族服饰

林芝藏族服饰是林芝藏族人民的主要服饰，极具观赏价值。手工制作的冬装最为华贵、出名。男子头戴狐皮帽子；脖子上是由珍珠、玛瑙、珊瑚、绿松石等珍贵宝石制成的项链和嘎乌（即佛盒）；耳朵上是大颗的宝石耳环；腰上佩戴金、银质的腰带，男人们一般佩带藏刀；脚穿牛皮或氆氇缝制的高筒藏靴，分为“那刀”和“日局”两类，不分男女款式，前者为平时穿着，后者材料上乘，款式讲究，多为节日服装。氆氇是主要服装原料，也是一种非常厚实的羊绒制品，用核桃皮捣汁染成紫红色、黑色，永远都不会褪色。一些更为暖和的衣服，则以毛皮为加工原料。服装外围镶以獐子、水獭、猴子的皮，或是印度绸缎的边。

珞巴服饰

华贵的、极具观赏价值的、最能够反映出珞巴民族风情的服饰，就是珞巴服饰。珞巴服饰是珞巴族人民利用野生植物纤维、羊毛为衣着材料，制作而成的。由于受地域、气候等因素的影响和限制，在衣着款式上与藏族服装明显不同。因为长年狩猎，珞巴族男人一般都佩带长刀，身着皮毛猎装或无袖长衣，头戴兽皮帽或裹头帕；女人穿圆领窄袖短衫，下身为紧身筒裙，小腿扎裹布。珞巴服装蕴含着浓郁的地方特色。

珞巴饰品

珞巴饰品是以银、铜、铁、藤等不同材质为原料，手工加工制作而成，具有浓厚民族文化特色的民族性装饰品。脖颈的项链主要是若干大串珠，长至胸前；手腕戴着银、铜、铁或藤制的镯子与手链；腰间挂有银、铜、铁质的链、圆扣、小铜铃、小串珠和大铜勺状的装饰物；妇女背后悬挂铜钹状的饰物，腰间的装饰品更让人眼花缭乱，各种不同的装饰品都有。

乌木碗筷

乌木碗筷是由一种质地坚硬的黑色木材制作而成的，手感厚重（比重大于水），结实、耐用，是实用的餐饮器具和上好的馈赠佳品。它的解毒作用目前还在考证之中。

门巴木碗

门巴木碗是米林的特产，也是久负盛名的优秀手工艺品，用硬木根或树瘤（质地为岩柏木、米柳木、杜鹃木或桦木）加工而成。木质细密坚硬，天然花纹古朴美观，自然气息浓郁，具有一定的收藏、观赏和使用价值。

察隅木碗

察隅木碗用硬木(岩柏木、枫木、青冈木、米柳木、杜鹃木、桦木等)的树根或树瘤加工制作而成。用五角枫树的树根或树瘤制作的木碗，具有防毒的特殊功效。因为原料、制作工艺不同，价格也各不相同。不仅由于突出的特有品质，还因为原木自身特殊的花纹、图案，察隅木碗价格不菲，从十几元到上千元不等。

帮 琼

帮琼是墨脱当地居民用竹篾、藤条编制而成的民族特色手工艺品，工艺精美、坚固耐用，不仅是日常生活器皿，同时也具有较高的艺术价值。其透气性优越，储存食物不易变质；也可用于储存小件物品，比如针线、化妆品、数码配件等。

藤竹背篓

墨脱的藤竹背篓采用墨脱特有的实心藤竹表皮编制而成，质地柔软、坚固耐用。墨脱县内 7 乡 1 镇均可生产，但因为是手工制作，各地的工艺与形式又略有不同。可以作为旅行背包、环保购物容器使用。

休　差

休差是门巴族、珞巴族最具代表性的手工艺制品，是当地人每逢节庆或走亲访友时，最珍贵的盛酒容器。它的结构分内外两层：内层为留有竹节的大竹筒，在竹节上端开一小孔；外层为染色的藤竹细条编织的装饰外壳。整体设计精美，实用性强，深受游客青睐。

休斯贡

休斯贡是门巴族群众擅长编制的一种手工艺品，采用当地一种叫作“热秀”的特殊竹子制作而成，整体呈方形，带有盖子。一般作为盛放果品的果篮使用，可以让水果更显清香、不易变质。

特色美食

林芝藏餐

“藏餐”是西藏菜的统称，用料广泛，独具特色。具有代表性的是烧羊、牛肉、糌粑、酥油茶和青稞酒等，原料有牛、羊、猪、鸡等肉食，以及土豆、萝卜类等蔬菜。主食以米、面、青稞为主。喜欢重油、厚味和香、酥、甜、脆的食品，调料多辣、酸，重用香料，常用烤、炸、煎、煮等法。林芝由于林下资源极为丰富，藏餐筵席主要由松茸烧藏鸡、手掌参炖藏鸡、虫草炖鸭、烤藏香猪、青冈菌烧藏香猪，以及蕨麻米饭、灌汤包子、荞麦烧饼、手抓羊肉、土制血肠、土巴（藏式腊八粥）、风干牦牛肉、酸奶、奶茶、奶酪等食品组成，营养丰富，口感鲜美，质朴无华，饱含地方风味。除此之外，林芝市餐饮还融合了全国各地风味，常见的菜系主要有川菜、粤菜、鲁菜等，其中以川菜最为普遍。

墨脱石锅

墨脱石锅的原料为世界上稀有的天然皂石，质地绵软。墨脱石锅以灰褐色、灰白色为主色调，形状为桶形，厚 2—3 厘米，规格大小不等，大锅直径大约 30 厘米，中等的直径 20 厘米左右，小的直径 10 厘米左右，锅底有平底和弧形两类。墨脱石锅可耐 2000 摄氏度高温，具有传热快、不粘锅、不变色等优点，汤汁香浓、可口，后味醇厚、持久。常食墨脱石锅炖煮的食物，对高血压、心脏病、心脑血管等疾病患者，具有明显的食疗保健作用。墨脱石锅是用作火锅、汤锅、煮饭、炖肉、煮菜的极佳器具。传说墨脱石锅只能在当地加工，用钢刀削石，削石如泥；一旦离开墨脱，石头便坚似钢铁。这个传说，无疑更为墨脱石锅增添了几分神秘的色彩。

由于气候原因，墨脱石锅每年仅七八两个月才能上山采制。上山前需备足两个月的食品和柴火，石锅制成后用牦牛和马驮下山，放入雅鲁藏布江江水中浸泡 30 天左右才能使用。因此，墨脱石锅的产量十分稀少，价值也因此倍增。

西藏历史上对石锅烹食特别偏爱，布达拉宫现在还完整保存着松赞干布使用过的石锅。据说西藏历史上，活佛及贵族都有自己专门使用的石锅。著名藏药七十二味珍珠丸的核心工艺是必须使用石锅熬制，此工艺已经获得西藏自治区首批非物质文化遗产保护。

如何辨别真假墨脱石锅？第一，墨脱石锅的材料是皂石。皂石有一个特性就是质地很软，用指甲轻轻一划，就可以划出一条痕迹。目前，市场上有很多石锅都打着墨脱石锅的旗号，其实都是用普通的青石制成的。这些石锅不仅没有药用价值，反而还有放射性元素，对人体有危害性，所以，购买时要谨慎辨别。第二，墨脱石锅由于质地绵软，很难用机械加工，目前都是人工打造而成，因此，每个石锅都不相同，具有唯一性。

巴河鱼

巴河鱼是林芝市久负盛名的特色美食，主要产自尼洋河和巴松措，属高山冷水鱼种，肉质细嫩，味美汤鲜，做法讲究，品种繁多，具有极高的营养价值。它因地处工布江达县巴河镇而得名。

畅游林芝
Nyingchi

林芝市故事传说

- 神话传说
- 巴宜区民间故事
- 工布江达县民间故事
- 米林县民间故事
- 朗县民间故事
- 波密县民间故事
- 察隅县民间故事
- 墨脱县民间故事

神话传说

达大泉水

从前，达大地区缺水，人畜饮水要到几里远的地方去，因此，田里的庄稼收获多少只能靠老天恩赐。

当地一位虔心修行的活佛，对众人一视同仁，充满着爱心和同情心。看到天旱无水、农田无收获的灾难时，他禁不住想要帮助当地可怜的百姓掘出水源，但仅靠个人的力量根本不够，真正有力量的人在印度，因为那里有许多修行大师。活佛决定派自己的佣人带上信和礼物，前往印度祈求水源。若能如愿把印度的八功德水源之一引到这里来，当地百姓就不再被干旱所困扰。于是，活佛喊来佣人，交给他一升金沙、宝石饰物和信，叮嘱道："你前往印度，到 80 位修行大师跟前祈求水源。这一升金沙就作为你路上的盘缠，这些宝石饰物作为见面礼，献给修行大师们，同时把这封信交给他们，就能实现愿望。"

佣人按照活佛的嘱托前往印度，经受了无数艰险，见到了修行大师。他把宝石饰物和信交给修行大师，按照活佛嘱咐说明前来这里的原因。那位修行大师十分高兴地说："太好了。"他随即给了佣人一只铁制的蓝箱，并说："箱子中满载着你们的愿望，在未到达目的地之前，切记不可开箱。"佣人将箱子放在行李中，跋山涉水，返回自己的家园。路上从箱子里不断传出"西西、学学"的声音，但佣人牢记修行大师的嘱托，没有打开箱子。他日夜兼程往回赶路，终于到达离活佛住处仅剩一上午路程的木谷村，甚至望见了活佛居住的山寺。感到胜利在望的佣人，放心地在木谷村一户人家的院落里吃东西、喝酒。这时，那只铁制箱子里又不断传出"西西、学学"的声音。佣人此时已有几分醉意，忘记了修行大师的叮咛，对箱子里的声音好奇至极，便从行李中将箱子拿出来，准备瞄一眼。刚打开一条小缝，突然，一条蓝色蟒蛇蹿了出来。

佣人赶紧把箱盖关上，但蛇身的大部分已经在外，只有蛇尾挤压在箱盖下被压断。那蛇哧溜一下就钻进了这家人的院墙中，墙缝里即刻流出清澈的水。又着急又后悔的佣人失望至极，经历的所有辛苦都化为乌有，正如谚语所说："烧开的酥油中加了肉，在大块的酥油中填上了清油"，他在这个地方做了一件蠢事。佣人随即发誓说："这水只能饮用而不能灌溉农田。"所以至今，木谷村中水位很低的水流无法灌溉地势高的农田，只能饮用。

佣人来到活佛跟前，将铁制箱子呈送给活佛，并痛诉自己愚蠢的行为。活佛说："可惜呀！假如你听了修行大师的话，在路上没有打开箱盖，那咱们这里的百姓将永远不缺水。但是，后悔也没有用了，你就用那剩下的蛇尾在林中发挥作用吧，那里会出现一处能饮用的泉水。"佣人从铁箱中拿出蛇尾，让其爬进林中，蛇尾停下的地方果然出现了一处泉水。当地人盛传，这泉水是印度的八功德水。

祖先的故事

珞巴族广为流传的神话故事《麦冬和石金》，讲的是天（珞巴族称之为"麦冬）和地（珞巴族称之为"石金"）结婚生子的传说。相传很久以前，天是空空的，什么都没有。地是秃秃的，也是什么都没有。因此，天和地商量着不能这样孤单下去，决定要在一起造出一些东西。

于是，天和地结婚了。

结婚后，大地生了许多孩子：太阳月亮、树木花草、鸟兽虫鱼等。天地间骤然热闹起来。天和地觉得最应该有的还是人类，不久后，斯金金巴巴娜达明和金尼麦包——天与地的女儿和儿子也降生了。

他们姐弟俩降生以后，父母就不再管他们，他们对未来感到迷茫和无知。这时，从天上掉下来一个鸡蛋，达明和麦包赶快拾了起来，放到火上去烧。姐弟俩面对面地张开腿坐在火边，看着放在火里的鸡蛋。鸡蛋烧裂迸开后，溅到了姐弟俩的下体。姐弟俩从此相爱，成为夫妻。

姐弟俩的新婚之夜，麦包觉得达明的下体似有牙齿在咬他，疼痛难忍，就生气地跑开了。达明在后面紧紧追赶，追上了麦包，告诉他会想办法去掉自己下体的牙齿。达明骑在一个倒了的树干上，磨掉了下体的牙齿，跑开了。麦包又追上了达明，并把采来的百枯巴邦草捣烂以后，敷在达明的下处止痛。两人和好如初。

他们发现彼此都光着身子，感觉很害羞。麦包跑遍山岭，采集了各种植物给达明做了一件围身的遮羞布，并采来染巴草给达明做了一副裹腿，挖来藤根给达明做了一副手镯。麦包对达明照顾得无微不至。为了使达明不被蚊虫叮咬，他还砍来竹子，在里面放上香草，做了个烟熏筒，给达明挂在身上。他们于是更加相爱。

起初，他们不会种庄稼，也不知道使用火，和野兽一样，全靠采拾草食、野果度日，生活十分艰难。

后来，达明请风魔涅龙也崩取来火种，就再也没吃过生冷的食物了。

达明是个细心的人，看到秋天草食落地、野果入土，到春天时便会在落下的地方长出新的绿芽。于是，他把采集来的草食、野果储存了一点儿，播种到地下，不久发现那些果实也发芽了。夏去秋来，他们的果实收获了。就这样，他们学会了种庄稼，发明了农业。

起初，他们用猴子的上颚骨和下颚骨耙地种庄稼，这样干活很吃力。麦包有一天忽然从地老鼠的牙齿那里获得灵感，仿照地老鼠的牙齿形状制作了木锄、木钩和木耒。木制生产工具由此诞生。

麦包和达明的生活日益改善。他们在一起生活，繁衍着子孙后代，他们生了一个小孩，取名金冬；金冬生的孩子叫冬日；冬日又生了两个孩子，一个叫日尼，另一个叫日洛。按照珞巴族的习惯称呼，一般称为达尼和达洛。达尼为哥哥，是珞巴族的祖先；达洛为弟弟，是藏族的祖先。

种子的来历

有一次，阿巴达尼携带着弓和箭，出了巴嘎山谷，要到帕宗邦加去打猎。他刚走到帕宗邦加，就见到一只兴阿（兴阿，珞巴语，一种水鸟名）站在水边。他弯弓举箭，一箭就射中了这只兴阿。阿巴达尼把兴阿的肚子剖开，见到里面有很多鸡爪谷、稻谷和玉米。阿巴达尼就把这些粮食粒收起来，带回家里，交给他的儿子阿多东布和阿多嘎布。后来，阿多东布和阿多嘎布把阿巴达尼交给他们的粮食粒带到珞瑜地区。从那以后，珞瑜地区才有了庄稼。

人为什么和猴子不一样

起初，有两种猴子，一种是白毛长尾巴的，另一种是红毛短尾巴的。有一天，红毛短尾巴的猴子跑到一座大山上，把自己身上的毛都拔了下来，放到一块大岩石上，拿来一块石头狠劲地敲，敲出了火。有了火，这些短尾巴的猴子就把弄来的东西烧熟了吃，不再吃生东西了。

从此，这些短尾巴的猴子身上不再长毛，便成了人。起初，人还有点尾巴，但是越来越短，到后来，就一点儿尾巴也不剩了。

9 个太阳

最初，天和地是不分的，混沌一团。后来，天从中间鼓了起来，逐渐地离开了地，但周围还是和地连在一起。天和地结婚，不久，大地生了 9 个太阳。有 7 个太阳兄弟住在天和地相连的金日冬日那个地方。那里有一根顶天立地的大石柱，大地上的水都汇集到大石柱那里。7 个太阳成天把大石柱晒得火烫烫的，凡是流到那里的水，立刻就被烤干了，所以，大地上的水才不会倒流。另外两个太阳兄弟，就住在天父的怀抱里，像天父的两只眼睛一样，整天看着大地母亲。有一次，太阳的同胞、大地的孩子——动物正在摘桃子。虫子究究底乌带着自己的孩子，也和大伙儿一起摘桃子。谁知，住在天上的一个太阳兄弟把它的孩子晒死了。究究底乌大怒，拔出箭就朝着那个太阳兄弟射去，射穿了它的眼睛。这个太阳兄弟死了，眼睫毛落到大地上，变成了鸡。

天父的怀抱里只剩下一个太阳，因此，大地上的人们和牲畜只给剩下的这个太阳在白天支差，夜间则不安排工作，而山林里的野兽和地下的老鼠就在晚上活动了。

巴宜区民间故事

乞丐登上王位

从前有个乞丐，喜欢睡在路边。一天，他又在阳光照射下一呼一呼地睡在路边，面前的碗里落满了苍蝇。等他醒来伸手去拿碗，不经意间，握住碗的手一下子捏死了五十几只苍蝇。

乞丐带着碗起身去寻乞，路上与当地国王相遇。国王问他："你叫什么名字？"他答道："我叫捏死五十。"国王想，这个汉子好像能对付50个敌人，便对他说："要是这样，请你过来一下，我有几个要求。"国王把乞丐请进王宫，用茶、酒、肉和水果等丰盛的食品热情款待他，又怕他没有吃好、喝好，宴请整整持续了三天。三天以后，国王对他提出要求："你是捏死五十。王宫右面的山上有几个土匪，那些土匪不让百姓安生，请你把他们捏死。"乞丐无法回避，只得硬着头皮前往土匪的地盘。他正无奈地赶路时，遇到一个女人。女人问他："你为何如此无奈？"他把情况如实地告诉了那女人。女人笑着说："你用不着为这事担心，山上只有7个土匪。你把这些饼子带上，给他们吧。"她给了乞丐8个饼子，并说："这块饼子里没有毒，你自己吃。另外的饼子给土匪，就能实现你的愿望。"乞丐带着那些饼子上了山。土匪逮住他，准备抢东西，一眼就看到了那8个饼子。一个土匪怀疑饼子有毒，乞丐说："饼子根本没毒，这些是我一天的口粮。如果不相信，我可以吃一个给你们看。"说完，便拿起那个没有毒的饼子，吃得有滋有味。土匪们相信了他的话，把剩下的那些饼子抢着吃掉了。过了一会儿，毒性发作，土匪一个个先后毙命。乞丐朝土匪的尸体捅了很多刀，折回到国王那里复命："我把所有土匪都杀掉了。"国王派人去查看，果然看到那些残暴的土匪个个血肉横飞。国王很高兴，给乞丐授予英雄称号，连续三天设宴庆贺，像对待守护神那样恭敬他。

又有一天，国王对乞丐说："我们家乡的山沟里有一只老虎盗杀牛、羊，甚至危害人的生命，你去把它消灭掉。"乞丐带了许多帮手，来到山沟老虎经常出没的地方，让帮手们朝左边去，而他自己带着锣，往右边走。他很害怕老虎，心里一个劲儿地祈祷："三宝明鉴！希望老虎朝他们的方向去。我别说杀掉老虎，就是宰一只绵羊都不敢。"然而不巧的是，那只老虎恰恰在乞丐过来的方向，正好狭路相逢。老虎一见乞丐，就咆哮着向他扑过来，乞丐吓得爬到了一棵树上。老虎也奔至树下，不停地绕树怒吼，吓得乞丐都尿裤子了。老虎叫得越来越激烈，乞丐也吓得越来越厉害，浑身颤抖，险些从树梢上掉下来。老虎看见了，使出所有力气往树上蹿，想一口叼住乞丐。没想到，老虎的胸脯猛扎到一根树枝上，死了。万幸的乞丐从树上跳下来，把锣砸破，把刀子插在老虎身上，回到国王跟前说："我把老虎打得连锣都坏了，并用刀子捅到老虎胸口上，它被杀死了。那些帮手都压根儿没来帮忙，那群懦夫也不知道干啥去了。"第二天，这个情况被所有臣民知晓后，他们惊异万分，把乞丐奉若神明。

国王给乞丐摆了三天喜筵，给予许多奖赏，并提出了新要求："好汉，对面的土地上有一个王国。那个国家不让我国臣民安宁，经常发动战争，弄得我也撇下宫殿逃到外乡。你去击败那个国家吧。这一次，好汉你若能为我们报仇，我俩今后一起治理国家。"

乞丐除了答应，别无选择。傍晚，他心情复杂地到江边踱步，心想，这次会不会招致灾祸？就在他焦急地走来走去的空当儿，一位龙女从江里走出来，问道："你这乞丐到这里干什么？"他忧心如焚地把事情讲了出来。龙女给了他一把剑，说："你带上这个。只要这把如意剑问你'砍谁'，你就喊出仇敌的名字，说'砍他'，可以不费吹灰之力地实现心愿。"

乞丐带着那把如意剑出发了。对面王国的国王得到消息，率领士兵们在山脚搭起一座座白色帐篷迎战。乞丐把如意剑别在腰上，迎面冲了过去。那把剑在他腰间晃晃悠悠地跳动着，怒吼切切："砍谁？砍谁？"乞丐急忙指点："砍掉所有白点，砍掉所有白点。"只见那把宝剑裂变成许多小剑，暴风似的飞向白色帐篷，刹那间歼灭了对面的国王和所有士兵。乞丐带着胜利的捷报，高高兴兴地回到了王宫。

国王被乞丐的勇气震惊，把对面那个王国的王位给了他，并将自己的心肝宝贝公主嫁给了他。婚礼和加冕庆典一连举行了 15 天。国王由于没有儿子，就决定等到自己将来老了不能操持国事时，把王位交给乞丐，让他做联邦的国王。

三姐妹

很久以前，在一个地方的沟尾有一户人家。家中有一位老太太和三个女儿。她们一方面以种田为生，另一方面以犏牛的酥油和奶渣为生。她们十分呵护并爱向别人炫耀那头黑白花母犏牛。

一天，大女儿赶着母犏牛到沟头放牧。因为走得越远，水草越丰美，她就不停地往远处走。走了一整天，到了傍晚，她发现在东面山脚下有一户人家。她又渴又饿，便走到这户人家的门口想要点吃的、喝的。这家的院子里有一位老太太，她发现家门口来了位客人，就问道："你到这里有什么事吗？"大女儿就把自己到这里放牛的事情如实告诉了老太太。

老太太很热情地说："如果是这样，那你肯定又渴又饿了，请到家里喝杯茶、吃点饭。"老太太把她请到家里，倒了茶，端上了饭菜。在大女儿吃东西时，拴在门口的狗叫道："嗷嗷嗷，给我一坨糌粑吧，我给你说句话。嗷嗷嗷，给我两坨糌粑吧，我给你说句话。"可是，大女儿什么都没有给小狗吃。没过多久，天黑了。夜里，老太太趁大女儿睡着了，把她和母犏牛都杀掉了。

那天晚上，姑娘的家人怎么等也不见大女儿回家。第二天天一亮，二女儿就去找大姐和母犏牛。她走了一整天，终于走到了东面山脚下老太太的家门口，看见一位老太太正在纺羊毛。她问道："老奶奶，您看到一位牵母犏牛的姑娘没有？"老太太回答道："根本没有看到。姑娘，你的母犏牛是什么样的？"二女儿答道："母犏牛的犄角绿得像松耳石，颈上拴着一根花绳子，尾巴白得像海螺。"老太太说："你找了一天，肚子一定饿了，口也渴了，先到我家喝杯茶吧。"老太太把她请到家里，倒了茶，煮了母犏牛的肠子给她吃。这时，拴在门口的狗叫道："嗷嗷嗷，给我一坨糌粑吧，我给你说句话。嗷嗷嗷，给我两坨糌粑吧，我给你说句话。"可是，二女儿什么都没有给小狗吃。天黑后，老太太说："天黑了，你去找母犏牛，哪儿找得到？今晚就住在我家吧，明天一早再去找你的姐姐和母犏牛。”二女儿走了一天，走累了，觉得老太太说得也对，便同意晚上就住在那里。老太太问她：“姑娘你是睡在稳稳扁扁上，还是睡在尾巴摇摇摆摆上？”二女儿问：“老奶奶，什么是稳稳扁扁？什么是尾巴摇摇摆摆？”老太太回答说：“稳稳扁扁的是我，尾巴摇摇摆摆的是那条黑色白胸母狗。今晚，你跟母狗睡，还是跟我睡？”二女儿说：“我跟老奶奶您睡。”二女儿刚躺下没多久，就睡着了。在睡梦中听到“咯咯”的声响，她睁眼一看，竟然是老太太。老太太露出两颗长长的獠牙，手拿一把长刀，朝二女儿的心脏一捅，说：“很长时间没有吃到人肉，很长时间没有喝到人血。今晚，要吃热气腾腾的人肉，喝滚滚烫烫的人血。”说完，就把二女儿杀掉了。

天黑后，小女儿和母亲左等右等，也没有等回两位姐姐。第二天天一亮，小女儿就顺着沟头的小路去找两位姐姐。

小女儿找了一整天，也没找到姐姐和母犏牛，最终看到东面山脚下的那户人家，就走到这家门口打听情况。老太太仍然回答说，既没有看到什么，也没有听到什么。然后，老太太说：“天也快黑了，你一整天找两位姐姐和母犏牛，一定累了，口也渴了，肚子也饿了，先到我家喝杯茶吧。”老太太给她倒茶，又问：“母犏牛是什么样的？你的两个姐姐是什么样的？”小女儿答道：“大姐名叫色珍，二姐名叫俄珍。母犏牛的犄角绿得像松耳石，颈上拴着一根花绳子，尾巴白得像海螺。”老太太说：“我没有看见这样的姑娘和母犏牛。今晚，你就好好休息一下，明天一早再去找她们。”老太太给她吃母犏牛和她姐姐的肠子，还有糌粑，自己到房顶取柴火。这时，拴在门口的那只小狗又叫道：“嗷嗷嗷，给我一坨糌粑吧，我给你说句话。嗷嗷嗷，给我两坨糌粑吧，我给你说句话。嗷嗷嗷，给我三坨糌粑吧，我给你说句话。”小女儿给了小狗一坨糌粑和一小块肠子，又摸了摸小狗的头。这时，肠子发出“吱吱”的声音说：“姑娘在吃母犏牛的肠子，吱吱；妹妹在吃姐姐的肠子，吱吱。”小女儿于是怀疑这些肠子会不会是母犏牛和她姐姐们的。老太太问：“姑娘，你今晚是睡在稳稳扁扁上，还是睡在尾巴摇摇摆摆上？”小女儿问：“老奶奶，什么是稳稳扁扁？什么是尾巴摇摇摆摆？”老太太回答说：“稳稳扁扁的是我，尾巴摇摇摆摆的是那条黑色白胸母狗。今晚，你跟母狗睡，还是跟我睡？”小女儿说：“我跟老奶奶您睡。”这时，小狗低声对小女儿说：“这个老太婆是个女妖，她杀死了你的两位姐姐和母犏牛。今晚天一黑，你就从后门逃走吧。”为了使小女儿相信，小狗还偷偷地叫她到女妖的储藏室看。小女儿进去一看，看到很多人被绑在那里奄奄一息，还在“呼热呼热，呼热呼热”地呻吟着。小女儿受到了惊吓。小狗安慰她说：“要是女妖发现你逃跑了，她就会追你的。到时候，你把这些撒到女妖脸上。”说着，把一把锯末、一把草、一把石子和一把沙子给了她，又说：“你走的时候，在我的尾巴上抹一下毒药。反正我早晚都会被女妖吃掉，那时，女妖也一定会死的。如果能这样，对大家都有好处。你就下定决心，给我的尾巴抹上毒药吧。”小女儿给小狗的尾巴抹了毒药，天黑后，就蹑手蹑脚地逃走了。

女妖以为小女儿已经睡着，就过来杀她，可是不见她的踪影。女妖从房顶上看，望见小女儿正往西跑去，于是龇牙咧嘴地去追。小女儿使劲跑，在快要被女妖抓住时，将一把锯末对准女妖的脸一撒。顿时，在她俩中间出现了一片茂密的森林。小女儿继续跑着，女妖又汗津津地追了上来。等到快要追上的时候，小女儿把草撒到了女妖脸上。她俩中间出现了一座巨大的草甸山，拉开了她们的距离。小女儿喝了口水，继续跑。过了好一会儿，女妖紧紧地跟了上来。在快要被抓到的当儿，小女儿把石子一撒，她俩中间出现了一座高大的岩石山。

小女儿的心情平静了一些，小憩片刻，又跑了起来。那女妖再一次追了过来，眼看就要追到她了。小女儿把沙子对准女妖的脸撒了出去，她俩中间出现了一座巍峨的沙山。

女妖爬沙山，因沙子太滑，往上走三步，往下退四步，怎么也爬不上去，两只脚陷入沙中，再也没有追上小女儿。

女妖回到了家。由于小狗把小女儿放跑了，她气得露出獠牙，伸出爪子，说道：“我现在没有人肉吃，就吃狗肉。”她把那条小狗吃掉，把狗皮铺在床榻上，啃咬狗头，喝着狗血。吃完狗没多久，女妖毒性发作，身子开始哆嗦，口中吐血，脸色和皮肤发青，不久就死了。

小女儿回到家里后，把情况如实告诉了自己的母亲。母女俩伤心地哭了一会儿，又怕女妖找上门来，就逃到沟头一位仙人住的地方。这样一来，既躲过了女妖的祸害，又能向圣贤仙人讨要佛法的甘霖，为亡者修善根，为活者积阴德。

工布江达县民间故事

神女的眼泪——尼洋河

溯拉萨河河谷一路向东，渐走渐高，翻过海拔 5013 米的米拉山，继续往东，就进入了尼洋河河谷。米拉山是拉萨河与尼洋河的分水岭。

尼洋河是位于雅鲁藏布江北侧的最大支流，也是雅鲁藏布江流域内的五大支流之一。河流两岸，森林植被完好，河水清澈，含沙量小。藏语称河为“曲”，故而，尼洋河又被当地人称为“尼洋曲”。

尼洋河风光秀丽，变化多端，一会儿创造了峡谷，一会儿又开辟了平原，一会儿流经大草原，一会儿又在山峦间奔驰。它流经林芝时，又像一位娴静的少女，缓缓流淌着。尼洋河之美，美在它的水色。那如玉般的清澈，那翡翠般的碧绿，与飞溅出的洁白浪花纷纷攘攘、难分难辨地交融在一起。当地人美其名曰：飞花溅玉。

尼洋河发源于米拉山西侧的错木梁拉和娘蒲乡吴朗沟，在太昭附近汇合后，由西向东流，在巴宜区的则们附近汇入雅鲁藏布江，全长 307.5 公里，落差 2273 米，平均坡降达 7.39%。尼洋河平均流量 538 立方米 / 秒，年径流量 220 亿立方米，水能蕴藏量达 208 万千瓦 / 小时。

在古代的传说中，尼洋河是神女流出的悲伤眼泪。相传很久以前，林芝地区有个善良、美丽的姑娘叫尼洋。一个偶然的机会，她与小伙念青唐古拉相识了。在那次见面后，两人没过多久就恋爱了，一直相爱了两年。两年里，两人的感情日益加深。如果顺理成章，不用多久，两人或许就会结婚生子，可事情远远没有两人想得那么简单。由于女方尼洋的家境不好，念青唐古拉的家长极力反对这门亲事。尽管尼洋在念青唐古拉的父母面前极力表现，想让他们给自己一个机会，可事情的发展与她的愿望背道而驰。

两年里，虽然念青唐古拉的父母反对，但尼洋与念青唐古拉生活得非常开心、非常甜蜜。他俩坚信，只要两人坚持，事情肯定会好起来。

可是，事情又发生了变化。有一天，尼洋去念青唐古拉家找他，看到了一幕让她崩溃的场景：念青唐古拉竟然背着她，和另外一个女人在一起。尼洋不能相信，曾经那么爱自己的人会背着她去爱别的女人。尼洋心碎欲绝，哭着跑回了家。

从此以后，每当深夜来临，尼洋便随着不眠的夜风呜咽。一想起曾经的恋人、如今的负心汉念青唐古拉，一想起那份无法相触的爱、不能相守的情，尼洋的心就不由得坠落到思念的深渊之中，无法自拔。每当这时，心无所依的尼洋只能默默地流泪。她的泪水汇集成河，成为这世界上最美的河流，即林芝地区人民的母亲河——尼洋河。

女神工尊德姆的座椅——“中流砥柱”

“中流砥柱”位于工布江达县县城以西约 15 公里处，传说是女神工尊德姆修炼时的座椅，被当地妇女供为神物，每逢吉日就烧香朝拜，以求万物生灵平安吉祥。尤其是每年藏历一月一日至五日的工尊德姆女神节，更吸引四面八方的林芝妇女来此祭拜，举办各种祭祀活动。祭拜时只限女性，男性不得参加。

工尊德姆是何许人也？她为什么会被林芝妇女尊称为女神呢？“中流砥柱”为什么会成了她的座椅呢？这一切说起来话长。

相传，在雅鲁藏布江大拐弯处，经常有水妖兴风作浪，致使河水泛滥、瘟疫横行、饿殍遍地，工布人民深受其害。当时，工布地区有一位叫工尊德姆的少女。她纯洁美丽，聪明善良，一心向佛，立志要通过刻苦修炼学得法术、求得正果，以护佑善良的工布人民。

为了修行，工尊德姆在南迦巴瓦峰修了一座宫殿，又独自一人跋山涉水，到那曲、阿里等地游历。经过多年的找寻，她发现尼洋河第一大峡谷是最有灵气的地方，于是施展法术，招来巨石置于河中，作为修炼的宝座。从此，她就在尼洋河的巨石上日复一日地经受日晒雨淋、急流冲击，修炼的成果日益呈现。

水中的妖魔害怕工尊德姆修炼成仙后对自己不利，就设法阻挠她。它们施展妖术，调集巨石向工尊德姆身上砸去，变成虎、豹、熊、狼向工尊德姆身上扑去，甚至招来瘟疫侵入工尊德姆的身体，企图加害于她，但都被工尊德姆一一化解。就这样，工尊德姆排除种种阻挠，苦苦修炼了 999 年，但还是没有修炼成功。工尊德姆不灰心，仍然坚持修炼下去。到了第 1000 年的最后一天，佛祖释迦牟尼被她的诚心和坚强的意志所感动，便来到附近不远的神佛山小声诵经，以启迪她的智慧，度她成仙。附近其他的神听到佛祖的诵经声后，纷纷赶了过来。在佛祖即将诵完经的一瞬间，工尊德姆修炼成仙。于是，佛祖和周围赶来听经的众神隐去身形，化为山上的巨石。

米林县民间故事

林芝地区为什么没有白牦牛

林芝地区的藏族群众对白牦牛有着审美趣味上的特殊偏爱和崇拜，在他们眼里，白牦牛是神灵的化身、善神的代表。千百年来，林芝人民把对白牦牛的崇拜，借自己丰富而颇有人情味的神话故事，委婉动听地表达出来，世世代代传颂。

从前，林芝地区有位名叫多布杰的青年，主要以打猎为生。一天，他到南迦巴瓦峰下的森林里打猎，忽然碰到一只老鹰口中叼着一条白蛇，向远方飞去；白蛇在空中不断地挣扎呼救，样子十分可怜。多布杰见了，张弓搭箭，“嗖”的一下射向老鹰。老鹰惨叫一声，丢下白蛇仓皇逃去。

白蛇掉到地上，变成了一位白胡子老仙。原来，他是工布地区的山神。山神要答谢多布杰，问他要什么东西，多布杰说想娶个老婆。山神答应把自己的三女儿嫁给他，同时，要他能够经得起时间的考验。山神说完便不见了。

不久，山神的三女儿化身为一头白牦牛来见多布杰。多布杰捧上纯净的泉水让它喝，拿出家里最好的糌粑喂它吃，并且每天向它诉说自己的心事，诉说对山神三女儿的思念之情。白牦牛终于被感动了，七七四十九天过后，变成一位美丽的姑娘。多布杰欢天喜地地迎娶她为妻。

婚后，小两口十分恩爱。但有一天，多布杰无意中杀死了一头白牦牛。那头白牦牛是山神三女儿小时候的一个玩伴，因为思念她，便私自下凡来与她相见，没想到遭遇不测。多布杰的妻子一气之下，跑回天宫。从此，白牦牛在工布地区绝迹了。

马尼波德尔鸟的头为什么是扁的

阿巴达尼同亚洛比列结婚后，生了一个男孩。这个男孩长到会走路时，喜欢同家里的黑鸡玩耍。

一天，黑鸡飞到芭蕉林里不再出来。小孩无法再和黑鸡玩了，急得直哭。无论妈妈亚洛比列怎样哄他，他也不听，只是又哭又闹，亚洛比列没有办法，准备进芭蕉林，把黑鸡找出来。可她一靠近芭蕉林，浑身就像针刺似的，不敢钻进去。原来，芭蕉林四周被宁崩鬼锋利的硬毛挡住了。

亚洛比列在四周走，钻不进芭蕉林，没有办法，只好从芭蕉上面爬进去。为了不让宁崩鬼锋利的硬毛扎到自己，她在芭蕉林上面铺上牛皮，然后踩着牛皮进入芭蕉林找黑鸡，但又硬又尖的毛把牛皮也扎破了。亚洛比列没有发觉，脚一踩上去，就被扎破了。她疼痛难忍，只好用竹针挑，结果血流不止。亚洛比列就这样死掉了。

阿巴达尼的妻子死后，家里只有父子两人。阿巴达尼尽管非常疼爱自己的小孩，但不会抚养，孩子越长越瘦。

一次，阿巴达尼外出打猎回来，发现孩子长胖了一些，感到很奇怪，想弄清楚到底是怎么一回事。第二天一早，阿巴达尼假装外出打猎，然后悄悄转回家里躲藏起来。过了一会儿，他发现了妻子亚洛比列的灵魂悄悄回家喂孩子奶，把孩子喂饱后又走了。

阿巴达尼为了证实自己的判断，等亚洛比列的灵魂一走，就问孩子："谁来喂你奶?"孩子回答说："我妈妈!"

阿巴达尼见亚洛比列的灵魂这么关心孩子，很想把它留下来，便嘱咐孩子说："我给你两条小绳子，明天你妈妈回来的时候，悄悄地把她的两个奶头绑住。从此以后，你妈妈就不会离开你了!"

阿巴达尼的孩子听到能使妈妈不走的办法，很高兴，便记住了父亲的话。次日，亚洛比列的灵魂回来喂奶时，孩子就偷偷用小绳把她的两个奶头绑住。阿巴达尼冲进来，紧紧抱住亚洛比列的灵魂。因为有绳子套住奶头，亚洛比列一时无法挣脱，被阿巴达尼紧紧抱住，一直抱到天黑。到了晚上，亚洛比列越变越小，最后变成老鼠，还是跑掉了。

阿巴达尼见留不住亚洛比列的灵魂，心里很难过。他痛苦地在家里待了三天，就着手启程上天。行前，他向东尼询问，怎样才能把妻子的灵魂留住。东尼回答说："在她的坟墓上埋三块石头，她的灵魂就回来了。"

阿巴达尼回到家后，按照东尼的吩咐，在亚洛比列墓上埋了三块石头；同时，还派马尼波德尔鸟到乌佑蒙那里，对那里的首领说："月亮死了不要让它回来，人死了要让他回来。"

马尼波德尔鸟到了乌佑蒙后，却把阿巴达尼的话记颠倒了，它说："人死了不要让他回来，月亮死了要让它回来。"这下把事情弄糟了。

阿巴达尼以为派马尼波德尔鸟到乌佑蒙那里说情后，亚洛比列就一定能回来，他在家里焦急地等待着。但他见到，月亮每天早晨在西方天上死了，晚上又从东方生出来，天天都是如此。他总不见自己死掉的妻子回来，感到奇怪。阿巴达尼暗想，一定是马尼波德尔鸟到乌佑蒙那里把话说错了。马尼波德尔鸟回来后，阿巴达尼一问，它果然回答说，人死了不要让他回来，月亮死了要让它回来。阿巴达尼听了十分生气，抡起拳头就打，结果把马尼波德尔鸟的头打扁了。

直到今天，马尼波德尔鸟的头还是扁的。

朗县民间故事

猎人误入世外桃源

很久很久以前的一天，一个猎人发现了一只野鹿，于是追捕野鹿来到一个山洞旁边。只见山洞的石门自动开启，野鹿转眼间蹦跳进去不见了。猎人赶紧将自己的猎枪放在洞门旁，毫不犹豫地跟着野鹿钻进了山洞。

原来，这个山洞的大门就是世外桃源的入口。猎人看到这里的人们没有生老病死的痛苦，所有人都脱离了人世间的一切苦恼，过着极其美满幸福的生活。

一天，猎人正在念诵六字真言，当地人都好奇地问："你在念什么？为什么念这些？"猎人答道："我念诵六字真言，是祈祷来世投胎成为人。""所有生物在我们这里根本就没有生老病死，因此，在此地没有来世的说法。你可能是想家了。你如果非常想家可以回去，我们会帮你。"当地的人们如此劝慰他。猎人恳切地说："我非常想回到自己的故乡。"于是，当地的人们就交给他三个小小的、颜色各异的布袋，同时再三嘱咐他："红色的袋子待到了牧场之后才能打开，绿色的袋子待到了粮仓之后才能打开，白色的袋子待到了羊圈之后才能打开。"猎人记清了这些话，从山洞里出来，发现猎枪已经朽坏，于是只带了这三种颜色的三个布袋回家。

猎人走到半路时，非常好奇布袋里面究竟装了什么东西，还没有走到牧场前，就打开了红色布袋。他看到这个布袋里装满了沙子。接着，在快到粮仓之前，他又打开了绿色的布袋，布袋里装满了小石头子。他快到羊圈时又打开了白色的布袋，看到布袋里装满了草，下面还有一些块状的小东西。猎人把这些小东西倒入羊圈里，奇迹出现了，这些东西变成了很多特别肥壮的山羊和绵羊。

家事既毕，猎人到村子里转悠，惊奇地发现与他年龄相仿的人都已谢世。在他还没有进入山洞之前出生的小孩，有的已经谢世；极少数还在世的，也已变成了白发苍苍的老人。

随后，猎人疲惫地回到家里，在不知不觉中睡着了。在梦乡中，他又回到了世外桃源。送给他布袋的人问他："你是按照我们所嘱打开那些布袋的吗？"猎人将自己的所作所为一五一十地告诉了他们。当地人都不约而同地惊呼："哎呀，你怎么那么愚蠢！如果你能够按照我们所说的去做，在牧场打开红色布袋，牧场就会出现无数的牲畜；在粮仓打开绿色布袋，就会有取之不尽的粮食。不仅如此，在羊圈里打开白色布袋，就会有数不胜数的山羊和绵羊。真是可惜呀！"

猎人明白自己做了不守信用的事，遭到了报应，非常懊悔，心中的痛楚把他从梦中惊醒了。

帮玛洞穴

在朗县金东乡帮玛村后半山的岩壁上，有一个洞口挂满哈达和经幡的洞穴，人们叫它帮玛洞穴或藏经洞。该洞洞口是一个狭窄的岩石夹缝，仅能容一个人进入，但洞里面空间很大，洞中央有一个古旧的神龛。当地人讲，那是格萨尔王在此念经修行时供奉的。

传说，格萨尔王由于长年征战，对战争已经厌烦至极。于是，他辞别次妃梅萨邦吉，化装成一个喇嘛来到金东乡帮玛村，躲进洞穴念经修行。当地人看到，这位喇嘛每天中午出洞，摘山林里的野果吃，又进洞继续念经修行。时间长了，人们便称他为"野果喇嘛"。

莲花生大师知道了格萨尔王看破红尘，下决心弃戎从禅，并装扮成喇嘛在此修行之事，立即召集手下商量，如何激发他再次出山从戎、抑强扶弱。莲花生大师变幻成一位60多岁的老婆婆，两位随从则一个变成一位30多岁的中年妇女，另一个变成一位未满10岁的小姑娘，俨然祖孙三人的模样。母女俩由老婆婆带领，来到格萨尔王修行的洞穴附近。放下背包后，老婆婆吩咐女儿进村讨糌粑，吩咐外孙女拿陶罐去端水，自己则捡柴、垒简便石灶并准备引火烧茶。没多久，女儿便开始打外孙女，外孙女放声大哭。老婆婆就骂女儿："你不要打我外孙女。你若不想养，我可以养她。"

女儿边哭边解释："妈妈，你的宝贝外孙女把我们三人熬汤、烧水的罐罐打烂了，不知今后怎么过日子。”

老婆婆对女儿说：“霍尔白帐王率兵入侵岭国，杀岭国官兵，焚烧民房，抢走了王后珠牡。岭国成了一片废墟，百姓到处流浪无人管，处处受欺负。徒有虚名的格萨尔吓破了胆，像只猫头鹰似的躲在山洞里。他能舍得整个岭国和王后，我外孙女打烂一个破罐算什么？”

外孙女说：“外婆，你曾经说过，格萨尔王回来后会杀死霍尔白帐王，重建家园，结束流浪生活，今天却说格萨尔王的坏话。”

老婆婆对外孙女说：“你太天真了。我也曾听说过，格萨尔是个仙子的化身，下凡到人间来为民除害。可现在，他连洞门都不敢出，还不如我这个 60 多岁、年迈体弱的老太婆。我还敢带你们去找霍尔白帐王报仇呢。只要我们三人能在霍尔白帐王的脸上吐一口口水，就算报了仇，死也瞑目了。格萨尔现在改名换姓，躲藏在山洞里不敢露面。不信，你们自己去看看。”

在洞里修行的格萨尔王听到这些话，联想到岭国国民个个都有骨气，连 60 多岁的老太婆都敢为岭国报仇，带全家人出征。自己作为岭国国王却躲进山洞，不管百姓的死活，这还称得上王吗？他越想越后悔、难过、羞愧，随即走出洞穴，单枪匹马出征，讨伐霍尔白帐王。

从此，帮玛洞穴就成了历代高僧闭关修行的仙洞，现在则成了当地群众诚敬的一处宗教活动场所。

波密县民间故事

神赐的象牙骰子

很久很久以前，有一座高山，山顶是莽莽的森林，山腰是绿绿的草甸，山脚坐落着一个美丽迷人的村庄。在村庄东头有一户非常贫穷的家庭，这户人家只有一个老奶奶和她的孙子，家里既没有田地又没有牲口，穷得家徒四壁、一无所有。在村庄西头有一户无比富裕的商人家庭，家里也生了一个小男孩。村东头的小男孩一年十二个月三百六十五天，每天天不亮就到森林中去捡柴火，他和奶奶靠卖柴火的收入维持生计。人们称他穷小子。村西头的小男孩则每天无所事事，到处闲逛。人们称他富少爷。

有一天，穷小子来到山谷深处森林边的山脚下，感觉有点儿累，就背靠着一块大石头小憩，不知不觉间进入了梦乡。当他从睡梦中醒来时，西面山峦的影子已经到了东面山峦的山腰上，树林里的鸟儿在声声回巢的叫唤声中回到各自的鸟窝里去了。夜幕降临，穷小子什么都看不见了。焦虑加上恐惧，让他大声哭喊着："奶奶！奶奶！"他奶奶自然无法回应。当他站在原地不知所措地哭泣时，突然从前方树林中的枯松树洞里徐徐冒出烟雾，伴着出来一位头发和胡须白得如同海螺般的老大爷。他拄着拐棍来到穷小子身边，慈祥地问道："孩子，你为什么哭泣？"穷小子回答道："我是靠卖柴火生活的，家里还有奶奶。今天，我在这里睡到现在，如果空手回去，我和奶奶两人就没有钱买吃的东西了。"他边说边哭，哭泣声越来越大。这时，老大爷抚摸着穷小子的头说："你不要哭。你心地善良、劳动勤奋，所以，我把这副象牙骰子送给你。你要是能对这副骰子的威力毫不怀疑，并且不说错一句话地许三次愿，就会有三次机会，得到神赐给你所愿的东西。"老大爷说着，就把一副象牙骰子送给他。穷小子非常高兴地回家了。

还没有走进屋，他就迫不及待地把象牙骰子捧到额头上祷告道："请三宝保佑，赐给我和奶奶热腾腾、美味营养的一锅食物吧！"果然，炉灶上立刻出现了油亮的陶锅，从热气腾腾的陶锅里飘散出粥的香味。他和奶奶两人一块儿喝饱了后，入睡了。

次日，穷小子毫不犹豫地又把象牙骰子捧到额头上，虔诚地祷告道："请三宝保佑，赐给我和奶奶比现在这个破屋子再好一点的房子吧！"只见眼前破旧的屋子立刻变成了漂亮的新房。随后，穷小子又祷告道："请三宝保佑，赐给我和奶奶一块绿苗青青、收成好的小田地吧！"像之前一样，他刚说完就实现了。老奶奶和穷小子过上了幸福的生活，不用再去卖柴火了。

此后过了几个月，富少爷听到穷小子有了新房和田地的传闻，感到非常奇怪，于是来到穷小子家问个究竟。穷小子将事情的来龙去脉原原本本、毫不隐瞒地告诉了他。

第二天，富少爷就装扮成穷人的模样，手里拿着斧头和绳子来到山谷深处的森林里，靠在山脚下的一块大石头上佯装入睡。当西面山峦的影子已经到了东面山峦的山腰时，他便大声哭泣，可是，什么奇迹也没有发生。他一无所获，不得不空手回家。次日，他又去了森林里，如法炮制了一番，还是什么也没有见到。这样，他接连去了三天。第三天到落日西下时，终于如穷小子所言，突然从树林中的一个大树洞里伴着烟雾出来了一位老大爷。于是，富少爷比照着以前穷小子所说的话，一字不漏地复述了一遍。老大爷也把一副象牙骰子送给他，并且再三嘱咐着曾对穷小子说过的那些话。富少爷高兴得如同赛马夺冠一样回到家里，到家时，看到自己的媳妇什么食物也没有给他准备，便生气地骂道："我带来了神赐的宝贝，你为什么不准备食物？"媳妇不相信地说道："你不要说谎。你一整天去哪里鬼混了？"他一听，恼怒地将手里的象牙骰子用力敲在堂前的桌子上，骂道："放屁！"媳妇也回骂了一句含有放屁字眼儿的脏话。没想到转眼间，他们两口子浑身上下出现了许多黑乎乎的屁眼。他俩瞪大眼睛，狼狈地彼此看着，突然又慌忙抢着捡起象牙骰子，异口同声地喊着："不要屁眼！不要屁眼！"刚说完，他俩身上的屁眼完全消失，一个不剩，如同无口的皮囊。这时，他俩又想到，如果没有一个屁眼就无法排便，于是将象牙骰子捧到头顶祷告："三宝保佑！请发慈悲把我们各自的屁眼赐给我们吧！"话一说完，他俩又恢复了各自先前的正常模样。除此之外，祈祷三次，什么也没有再变出来。

意志坚强的猎人降伏女妖

远古的时候，在一个上有草原、中有森林、下有农庄的美丽迷人的地方，有个名副其实的猎人叫洛旦。

有一天，猎人洛旦来到森林中打猎，不一会儿就猎杀了鹿等好多野兽。那晚，洛旦准备在森林中过夜，便想找个能避雨的山洞，找呀找，最后找到了一个非常舒服的山洞。他把野兽的皮、肉放在山洞里面，在石头上生了火，还捡了很多干柴准备夜里用。

天快黑的时候，来了一个不知来路的漂亮女子。她对洛旦说：“大哥，我是从上部牧场来的，去下面的村庄办事。现在，天快黑了，请让我今晚与你一起在这个山洞过夜吧！”洛旦对女子的话信以为真，同意让她跟自己一块儿在山洞里过夜。

天黑后，他俩围着火堆坐着闲聊。火光映衬下，女子的脸色显得白里透红，看上去美丽迷人。她逐渐靠近洛旦，向他抛去媚眼，摆出各种诱惑的姿势。随着火光渐渐暗淡，女子的脸变得像炭一样黑，嘴角两边露出一对又粗又长的獠牙，从獠牙上滴下血滴，样子极为恐怖。洛旦这才明白，这女子是女妖。

他在火上放了很多柴火，让火焰往天空蹿。当柴火快用完时，洛旦想：我得想个办法降伏这女妖，不然，今晚肯定会被女妖吃掉。绞尽脑汁后，洛旦想到了一个很好的办法：他从当天猎杀的鹿身上用刀切下一条腿，放在烈火中烤。

鹿肉快烤熟时，发出了沙沙沙的声音。那女子好奇地问：“大哥，这沙沙沙的声音是什么声音?”洛旦说：“沙沙沙的声音就是沙沙沙的声音。”过了会儿，烧着的鹿肉发出舒舒舒的声音。女子又问：“这舒舒舒的声音是什么声音?”洛旦不慌不忙地回答：“舒舒舒的声音就是舒舒舒的声音。”他还抓住鹿腿，在火里左右翻弄着。鹿肉完全烤熟之后，女子又继续问：“大哥，沙沙沙的声音是什么声音?”洛旦像原先一样，继续不慌不忙地回答：“沙沙沙的声音就是沙沙沙的声音呀！”趁着女子稍微走神，洛旦突然发出雷鸣般的声音：“沙沙沙就是这个东西！”他抓着被火烧的鹿腿，用力打在那个女子脸上。女子发出痛苦的声音，跑得不见踪影了。

本来，女妖变成一个女子想夺走洛旦的生命，但在勇敢、意志坚强和敢于面对敌人的洛旦面前，女妖除了失败之外，没有别的结果。

第二天，洛旦背着猎物回家，在路上发现一只半边脸被火烧毁的死兔子，便知道这是降伏女妖的印记。他在原地把死兔子烧掉，烧得连一滴血、一根毛都不落下。从此以后，再也没有听说这个女妖。

生死沙山

从前，在一个村庄里住着一对夫妻。他们膝下只有一个儿子。两口子把这个独子视作宝贝娇生惯养，根本不让他干活。没过多久，夫妻俩相继去世，这孩子孤零零地生活在世上。父母在世时的过分溺爱，让他既不会做饭，又不会缝补衣裳，更别说干农活，没有任何独立生活的能力，只能过着坐吃山空的生活。

当父母留下的食物、衣物全用完后，迫于生计，孩子不得不衣衫褴褛地外出乞讨。一次，他来到一个村子讨饭，被一位好心的妇人看见。她想："这孩子看着挺聪明的，只可惜被父母溺爱，不但什么都不会做，而且变得如此懒惰。我得想个法子，让他成为自食其力的人。"

于是，妇人把男孩儿叫过来，问他想不想念过世的父母。男孩儿不假思索地回答说："非常想念。"妇人说："如果是这样，你到一座叫作生死沙山的山上，就能见到你已故的父母。你愿不愿意到那座山上？"一想到能够见到自己的父母，男孩儿喜出望外地说："我非常愿意去，一定要去。"

妇人把一根针和一个线团交给男孩儿，指着当地最高的一座山说："你爬上那座山的山顶等待一天，就能见到父母了。"男孩儿信以为真，他走了几天，方才到达山顶。一天、两天、三天、四天，他就这么一天天地等待着，却不见父母的影子。相反，山顶凌厉如箭的风从他满是破洞的衣服吹进来，疼痛和寒冷难以忍受。为了御寒，他取出针线，慢慢试着将衣服上裂开的口子一一缝好，甚至自己动手，垒了一间简陋的围子待在里面，感觉暖和多了。

过了好多天，还是没有见到父母，男孩儿只好离开生死沙山，去找那位妇人。妇人问他："见到你父母没有？"男孩儿带着一脸无奈、失望的神情说："不要说见到父母，要不是有这些针线，我就被冻死了。"

妇人佯装十分欣喜的样子说："你见到父母了呀！这父母指的就是你自己啊！"男孩儿大吃一惊，问道："为什么呀？"妇人答道："靠自己的双手生活，学会生存的技巧，就等于见到父母了呀。"

男孩儿回到自己的家里，心想：再也无法实现见到父母、让父母照顾的愿望了。如果不靠自己的双手创造幸福的生活，就没有别的指望。从此，他养成自己动手的习惯，以父母留下的房屋和田地为基础，从事农业和牧业生产，最终过上了自食其力、衣食无忧的生活。

察隅县民间故事

大象和小猴

古时候，在一片茂密的森林深处，有一块盛开着娇艳鲜花、生长着茂盛仙草的美好之地。树上挂满香甜的果实，让住在这里的各种野生动物共同享受着和谐之乐。

动物们像大家庭一般同吃山顶的鲜草，同饮山下的甘泉，幸福、安宁、祥和。

但是，身躯高大的大象总觉得自己是无与伦比的动物，是动物界唯一的大力士。而那机灵的小猴，也觉得自己的攀登绝技首屈一指。它俩总是喜欢把自己的特长彰显于公众面前，这种骄傲自大经常引起大家的不满和矛盾。

一天，大象和小猴谈论起居住在此的动物们各自的特长与技能。大象毫不客气地对小猴说道："这个密林中，就我的力气最大，无可比拟。我是动物中唯一能改变命运的大力士。"小猴听了非常不服气，立刻对大象说："我才不管谁是大力士！没有我的攀登绝技，谁也别想吃到高挂在树上的香甜可口的果实，光有力气有啥用！"并用藐视的眼神看着大象。争论一直持续到第二天晚上，还没有分出胜负。正在它俩辩得难分胜负之际，从不远的一棵大树上飞下一只漂亮的百灵鸟唱着歌，悦耳的声音扣住了它俩的心神。小猴对大象说："大象呀，我俩的争论不如请这只鸟帮忙裁决好了。"大象也表示赞同，并对小鸟说："美丽的百灵鸟呀，请帮助裁决一下，力气大和攀登这两种技能究竟哪个重要？请作明确、公正的裁决。"百灵鸟仔仔细细地打量了一下它俩的外表，然后回答道：

“这个问题，我可以解决，但要求你俩先到河对岸去摘来一些果实，拿到这里让我吃，然后再作裁决好吗?”于是，大象和小猴同时来到河边。小猴见河水又深，水流又急，不由得胆怯起来。它心想，这河流湍急，怎么才能过去呢？正在心急如焚的时候，大象大声对小猴喊道：“请你快点儿过来，骑到我的背上来，这么点儿大的河根本不在话下。”说着，它背着小猴过河去了。它俩来到果园里，看到最大最好的果实都悬挂在高处。大象伸着长鼻也无法摘到果子，正在着急时，伶俐、活泼的小猴机灵地喊道：“大象朋友呀！别着急。我能爬上树顶，把果实打下来。你在树下捡果子就是了。”小猴敏捷地爬到大树顶部，把又大又甜的果子全打了下来。

然后，它俩轻快地拿着那些又香又甜的果子，来到百灵鸟面前。在它们愉快地同享香甜美味的果实时，百灵鸟非常真诚地对大象和猴子说：“其实，力气大和攀登都是很好的特长，是缺一不可的。要不，今天怎能吃到这么好的果子呢?”

听了百灵鸟的一席话，大象心想，是啊，要不是小猴攀登绝技高，就无法摘到果子。小猴也思索着，要是没有大象高大的身躯和大力气，自己是无法过河的。

从此以后，动物一族更加团结、和谐，在继续发挥自身特长的同时，非常注重学习其他动物的长处。

虱子和跳蚤

虱子和跳蚤两口子喝完土灶上陶锅里的早餐酥油汁，一起到山上去砍柴。跳蚤把柴火捆儿背在背上蹦跳着走。它每蹦跳一次，背上的柴火就散乱一次。

虱子背着柴火慢慢赶路，结果先到家，不等跳蚤回家，就把陶锅里的午餐酥油汁全喝完了，只剩下空陶锅。跳蚤回家后，看到此景，愤怒地拿起空陶锅，朝虱子的胸口用力扔过去。虱子也无比愤怒，抓住跳蚤的脖子狠狠地按压下去。

虱子和跳蚤两口子的争斗没有留下好结果。至今，人们还可以看到虱子胸部的黑痣和跳蚤以头贴地爬行的样子，据说都是那次打斗留下的印记。

墨脱县民间故事

四个朋友

很久以前，有一个孤儿。他与自己的三个朋友以狩猎为生。他们四人和睦得如同一个父母所生，不管是谁打到猎物，都真诚地共同分享。

一天，孤儿独自外出打猎，遇见了一个被饥渴折磨的老汉。他把自己身上带的生活必需品拿给那个老汉，谦虚而又真诚地向他请教狩猎技术等问题。老汉心想，这是个品行善良、可爱的孩子，不仅教导他如何做人，还说有件礼物要送给他："你住的房子前面那棵松树下埋着一陶罐银子，把它挖出来好好用吧。"

孤儿向老汉表达谢意后，马上回家，把这事儿告诉给自己的朋友们。大家一起来到树根旁挖了起来，挖了一会儿，还真的挖到一陶罐银子。他们高高兴兴地回去，商量如何分这罐银子。

孤儿的三个朋友一见到钱，就心生贪念。其中年纪最大的提议：咱们先取出一块银子，买些青稞酒和肉，吃个痛快，庆祝庆祝，然后再慢慢分其他银子。大家一致认为这个主意不错，就让其中一个人去买肉，派另一个人去买青稞酒，由孤儿去拾柴火，剩下的一个人留在家里守银子。就这样，大家都分头去完成各自的任务。

孤儿的三位朋友心里都盘算着，即使一辈子打猎，也攒不了这么多财产。这会儿可得想办法，把这些财富据为己有。在家看银子的人打算躲在门后，待其他三人回来时，用木棒狠狠敲击他们的头部，将他们一个个打死；而去买青稞酒和肉的两个人也预谋往酒、肉里投毒，毒死另外三个人；唯有孤儿真心诚意地捡拾柴火，还萌生了与朋友们共享幸福生活的许多想法。

去买青稞酒的人想到自己有可能成为人羡己乐的富豪，兴高采烈地哼着小曲，带着青稞酒回到家里。他刚把酒罐搁在桌上，就当头挨了一棒子，立刻血流如注，倒地身亡。

去买肉的人心里想着所有银子准该归他一个人了，也高高兴兴地回到家里。他的一只脚刚跨上门槛，一记闷棍就打在他的脑门上，顿时眼冒金星、晕晕乎乎，不久就倒地身亡了。

当孤儿兴奋地背着一大捆柴，气喘吁吁地回到家里时，躲在门后的“朋友”使出全身力气，高举木棒砸向孤儿，结果却打在了孤儿背的柴火上。孤儿一时没反应过来，一个嘴啃泥，倒在了地上。

看家人见孤儿也“死了”，高兴地拿起那罐银子正要逃离。他回头看见一桌子好酒好肉，顿觉饥饿，便把三个朋友的尸首集中到一个角落。他心想，慢慢吃个饱、喝个够再离开也不迟。他享用着青稞酒和肉，盘算着用银子购置啥样的土地、房子、家具，娶啥样的媳妇等事情，一会儿工夫就把桌上的大半酒、肉装进了肚子。他抱起装满银子的陶罐，直起身正想离开，突然肚子疼痛难忍，嘴里滋滋冒出白沫。他一阵恶心，倒地吐血死了。

过了一会儿，孤儿苏醒过来。他慢慢站起身，环视四周，发现三个朋友都已经死了，装有银子的陶罐倒在地上。他努力回想刚才发生的事情，感觉自己的脑袋隐隐作痛，方记起刚才有人打自己头部的情景。他对朋友的死因进行仔细调查后，明白了起心害人、自食其果的道理。

于是，孤儿把村民们叫过来，向他们说明了三个朋友的情况，把他们的尸体掩埋起来。为三个朋友的善根着想，孤儿将银子分发给穷困潦倒的村民、衣不遮体的乞丐，剩下的一部分银子向僧众布施供养，另一部分用于佛像和佛塔的新建与焕彩。他自己跟往常一样，继续过着狩猎的简单生活。他的这种善意善行被人们口口相传，名扬四方。这个诚实、利他的孤儿最终被当地一个财主的小女儿招为丈夫。从此，女孩在家务农，孤儿外出狩猎，两人过着平凡而幸福的生活。

畅游林芝 Nyingchi

林芝市民俗文化

- 婚　嫁
- 藏族禁忌
- 节　日
- 饮　食
- 民　族
- 历史典故
- 藏族日常用语

婚　嫁

林芝藏族的婚嫁

林芝地区藏族的婚嫁方式基本上与其他藏区相同，实行一夫一妻制。只要青年男女双方愿意，父母不会有太多的干涉，也不需送订婚礼。

林芝地区的藏族男女青年在共同的社会生产劳动中，形成了自由结合的好美德。只要两人情投意合，小伙子可以在夜深人静的时候去姑娘那儿商议未来的生活。过去不盛行大摆酒宴庆贺，现在除极个别的宴请庆贺外，大部分不操办宴席。青年男女根据家庭劳力情况，男的可以到女方家。但是，近亲是不能结婚成家的。

门巴族的婚嫁

门巴族婚姻以一夫一妻制为主要形式。青年男女从求婚到结婚往往得经历几个月，甚至一两年时间。在这期间，男方一般要不定期地为女方家无偿劳动，比如砍柴耕地、进山狩猎、出门搞运输，等等。门巴族的婚礼十分热闹，别具特色，非常有趣。通过男女双方家庭协商，婚期确定后，男方家酿大量的酒，杀猪宰牛，紧张地做婚礼的各种准备。结婚之日，男方家派出迎亲人员，即能说会道的“噶尔东”（媒人）、迎接新娘的“巴萨”（伴郎）和“朗朗”（伴娘），还有两名男方家的亲戚（其中一名由男方的舅舅来充当）。迎亲人员到女方家后，首先一一向新娘的父母及亲戚献哈达、敬酒、道吉祥词，然后按门巴族的习俗催促新娘启程。迎亲时，男方不仅派出专人迎接新娘，而且还要在迎新途中摆三次酒宴（在女方家、途中、男方家门口），给新娘及女方客人敬酒。新娘一行到达男方家时，等候在门外的几位姑娘忙将新娘和客人们迎进屋内。入座后，姑娘们立刻敬酒，边敬酒边唱悠扬的“萨玛”酒歌。等新娘喝完一碗酒后，伴娘便带新娘入新房，帮助新娘把穿戴的衣服、首饰全部脱去，换上婆家准备的衣服和首饰。门巴族认为，换去所有服饰，可以使新娘干净彻底，脱胎换骨，重新过新的生活。这个习俗既是奇特而罕见的，又是十分耐人寻味的。在婚礼上，女方客人有至高无上的权威，尤以新娘的舅舅为甚。新娘的舅舅是婚礼上最尊贵的客人，也是娘家的代言人。

一切准备就绪后，婚礼正式开始。首先，新郎、新娘来到女方的舅舅和客人面前，在兽皮垫子上跪下，拜见舅舅。舅舅手拿一条哈达，对新郎、新娘说许多祝福的话，并献哈达，对男方家提出各种各样的条件和要求。舅舅的话全部说完之后，参加婚礼的所有人共进丰盛的饭菜和酒类。第二天和第三天，主要邀请平时关系最好的亲朋，聚在一起吃饭、喝酒。结婚第三天后，新郎、新娘一起回娘家一趟，住上几天，为娘家干活，就算婚礼圆满结束了。

珞巴族的婚嫁

珞巴族的婚姻多由父母包办。孩子七八岁时，男方向女方求婚，由父母直接去或者委托介绍人，双方谈妥即可以订婚。订婚时，男方要给女方送猪、米、酥油、酒、婚用珞巴族服饰等礼物。在过去的珞巴族婚俗中，没有“娶妻”这一说法，只有买老婆。一个男子“买”一个同等级内的女子为妻，要用七八头至十多头奶牛，外加奴隶和铜锅、粮食、酥油等。由于普遍盛行买卖婚姻，珞巴族妇女的地位十分低下，在家族中连财产的继承权都没有。

依照珞巴族婚礼的风俗习惯，娶亲的日子要由男方家杀鸡占卜选定。选日子当天，女方家父母与介绍人一起把姑娘送到新郎家，新郎家则准备酒、肉招待。 新娘到男方家后便与新郎一起握刀杀一只鸡，然后看鸡肝纹路所示吉凶如何，如果不吉利，则由新娘、新郎各自再杀一只，待杀到鸡肝出现吉象纹路为止。接着，便举行喝酒仪式，新人们每人面前放一碗碗边抹上酥油的酒，各自先喝一口，然后再交杯。待到新娘、新郎喝完交杯酒后，宴会开始。届时，参加婚礼的客人及亲友一同饮酒狂欢，甚至通宵达旦。

在婚姻上，珞巴族遵循古老的服饰婚姻制度，即同一氏族内的男女成员之间不能通婚，实行氏族外婚制。如果谁违犯了这一规定，就将受到严厉的谴责和制裁。

僜人的婚嫁

僜人古老的婚俗是买卖婚姻，实行陈旧的一夫多妻制。一个男子多则有几十个老婆，少的也有两三个老婆。买卖婚姻立足于一个男子的家庭条件和经济能力。

藏族禁忌

藏族禁忌很多，有行为、宗教、语言、食物及生产劳动等多方面。生活禁忌：老年妇女不食当天宰杀的肉食；家中有危重病人或家庭不顺，户外插青枝柏叶或在石头上放红线，或用石压刺，以示谢绝客人；屋内不准吹口哨、唱情歌；年尾忌债翻年，年头忌要债；忌妇女在炉灶上站立、蹲坐；家中佛坛不允许别人乱摸，也不得随便指问；吃奶渣和酸奶时，忌用筷子；忌烧奶渣吃；主人及客人在火塘上首位置就坐，只能盘坐或跪坐；不准随便跨越火塘；不准在神龛上放杂物。语言禁忌：在长辈、尊者及父母面前，忌讲丑话、脏话；在家中忌讲不吉利的话，特别是在喜庆佳节；忌以下流秽语咒人，忌用不吉利的语言骂牲畜。生产禁忌：不打杀鹤、雁、鹰、雕、乌鸦、家狗、家猫等；雨季忌在高山上砍伐木材或高声喊叫；在防霜防雹期，忌火化尸体；忌妇女外出不披披肩。

林芝地区藏族的禁忌

由于林芝地区藏族人民生活在特定的自然环境和条件下，生产生活中形成的礼俗禁忌比其他藏区少得多，但也有必禁的：禁食圆蹄牲畜（如马、驴、骡等）和有爪子的狗、猫等；禁止在寺庙附近砍伐树木、打猎杀生；家中有病危的人或妇女分娩，忌讳外人入内。

妇女不能跨越鞍具及别人的衣服；家中的锅灶不能踩踏，因为有灶神，不能背对灶而坐，这是对灶神的不敬之举；逢年过节，不能说不吉利的话；神树不能砍，放生的牛、羊、鸡不能伤害，更不能杀了吃。

门巴族的禁忌

门巴族与其他民族一样，在实际社会生产生活中形成了自己的必禁习俗。

1. 村里有人死了，全村人在一天内不准下地劳动。在三天内除关系最好的亲戚朋友以外，其他人不能进家门。

2. 妇女生小孩时，在自家门前插上一根带有叶子的树枝，忌讳在三天内有外人进入。

3. 在自家庄稼长势最好的地里插上“长让木兴”，就是在庄稼地里插上一块三角形带把木板，木板中间留一个洞，放上装着各种粮食的口袋，两边挂上用鸡蛋壳串起来的串条，再绑上弓和箭，忌讳外人说闲。

4. 家里有人去狩猎时，在自家院门前插上一根带有叶子的树枝，表示家人去狩猎了，外人不准进家门。

珞巴族的禁忌

1. 男人常用的刀剑、弓矢等东西，禁止外人随意触摸，更禁止妇女触摸。

2. 禁止往村寨饮水的水渠中倾倒生活垃圾等赃东西，避免触怒水神。

3. 猎手上山狩猎，禁止直呼动物名称，比如野牛（色边）、獐子（索贡）、角羊（色贝）等被称为“嗦嘎”，熊（索东姆）、狼（色比昂）、虎（索苗）、豹子（纽热）等被称为“阿能阿基”。

4. 在家庭生活中，搅拌锅里的饭菜，禁止逆时针方向搅拌，认为这是对主人的不敬。

5. 禁止在男女亲戚都在场的场合说脏话（“黄段子”），认为这会使本家族所有成员都蒙羞，甚至会被视为一种对本血亲氏族所有在场成员的挑衅行为，将受到严厉惩罚。

6. 家中有人去世，停尸期间，禁止打扫房屋；出殡之后的头三天也禁止清扫房屋，第三天清扫时，禁止全村人出行。

7. 家人去世后的头一个月，禁止家庭成员从事劈柴、砍树等活动。

8. 家人去世后一年内，禁止理发，禁止唱歌，禁止家庭成员盖房子、举行婚嫁等活动。

僜人的禁忌

僜人有三大禁忌：一是忌讳提及死者的名字，二是忌讳直呼父母的名字，三是忌讳兄妹之间说下流话。

节 日

工布新年

林芝地区山高水急、林木苍翠。实行民主改革前，交通极不便利，与临近的藏区相比十分闭塞。这样的环境造成林芝的各种习俗、文化自成一体，因而，林芝地区的节日文化在历史长河中，形成独具风格的特点。

相传很早以前，有外国军队入侵西藏。由于侵略者人数众多，当地人无法抵抗，只好向各地求援。古工布人为了保卫家乡，组成一支部队前去支援。他们踏上征程之时，正值藏历九月。将士们没能喝上过年的青稞酒，也没能吃上过年的点心，便义无反顾地出征了。为了纪念英勇出征的将士，每年的藏历十月一日，工布人民都要献上三牲为将士们守夜。久而久之，在藏历十月一日过工布新年的习俗就形成了。

工布新年主要包括以下五个内容。

驱鬼：藏历九月三十日晚，家家户户都“驱鬼”，不让它们扰乱新年的活动。人们举着火苗呼呼的松枝火把，跑进每一间屋子，从怀里抓出早就准备好的拇指大的黑白石子，哗啦啦地朝着角落里砸去，口里不停地叫“拆，古哇”。有火塘的人家，还朝火把上泼烧酒，立刻腾起熊熊的火焰，发出嘶嘶的声音。他们认为，所有的“鬼”确实逃走了，就能快快乐乐地欢度新年。

请狗赴宴：驱完了鬼，家家户户请狗吃饭。人们把过年的各种各样食物整齐地摆放在桌上，之后，主人让狗自己选食。工布人认为，狗吃什么、不吃什么，都是神的指使，因此，全家人诚惶诚恐地注视着狗的每一个动作。狗吃了糌粑或饼子，预示农民兴旺；而狗吃肉，就会闹瘟疫，是一个不好的兆头。

吃结达：狗吃饱了，人再吃团圆饭。人们围着火塘坐成一圈，烤着暖烘烘的青冈柴火，喝着青稞酒、酥油茶，吃一种特殊的食物——结达，即用酥油、奶油、糌粑、优质奶粉做成的面疙瘩，插在尖尖的木棍上，伸进火里烤，熟一个吃一个，味道特别香。

这天晚上，每个人都要把肚子吃得鼓鼓的。当地人迷信半夜里会有鬼来背人，不吃饱，身子就显得轻飘飘的，很容易被鬼背走；吃饱了，身子重，鬼就背不动。因此，这天晚上是一定要吃饱的。

背水：新年初一，鸡叫头遍，工布人都要出门放火药枪，以迎接新年的到来。届时，主妇们赶紧背起水桶，带着青稞酒种“替代品”到水源处背水，并在水边煨桑。回家路上，不管遇到什么人，都不能回头，不能讲话。若回头或讲话，水桶里装满的“央”（福气、运气的代名词）就会跑到别人的桶里去。

祭丰收女神：背回新年第一桶水，倒进佛龛前的净水碗里，拌糌粑做成供果敬拜神灵。拉萨的新年初一清早是到大昭寺朝拜佛主。工布的新年初一则是带上供品和青稞酒，来到自家最好的一块庄稼地里祭拜丰收女神。大家在田地里竖起一根长长的木杆，木杆上挂经幡，下挂象征丰收女神宝藏的一把麦草，用石头在木杆前搭个祭台，在祭台上摆好各种供品，煨烧青草、柏叶，通知田地的保护神来接受供奉和祭拜。人们用特殊的调子高喊三声：“洛雅阿妈，请用餐吧！”之后，人们就围着祭台唱歌、跳舞、娱乐，并向丰收女神祈祷，请求保佑来年庄稼丰收。

迎神节

迎神节是林芝地区规模盛大的传统节日，藏语称之为“娘布拉苏”，意为“娘布人迎神”，是藏族苯教的传统习俗之一，每逢藏历铁马年八月十日举行，距今已有660多年的历史。

迎神节的来历：在很早以前，林芝东面有一个名叫客色的小镇。镇上富有的财主边巴朵朵，家里养了一大群羊，领头的是一只神奇的母山羊。每天晚上，羊倌发现那只母山羊不见了，第二天早上却又回到了羊圈。一天，羊倌在母山羊的脖子上拴了一股线，自己拿着线的另一头。晚上，拴在母山羊脖子上的线忽然动了。羊倌一边圈线，一边顺着线往前走。一会儿，他走到了一棵大松树下，发现母山羊以吸奶的姿势坐在地上，树下有一块闪闪发亮的石头，羊倌连忙跑回去向边巴朵朵报告。边巴朵朵听到后，命令羊倌赶快返回去，把闪亮的石头取回来。

自从边巴朵朵将石头供奉献祭后，工布一带风调雨顺，不闹灾荒，粮食收成一年比一年好，牛羊一年比一年多。那时居住在工布地区周围的霍尔、丁青等部族知道了这一消息，都想得到边巴朵朵手上的宝石。他们打听到边巴朵朵是个乐善好施、菩萨心肠的人，就让一人装扮成商人来到边巴朵朵家，装出一副可怜的样子，要求边巴朵朵把闪光的石头卖给他。边巴朵朵经不起“可怜人”的再三要求，就把闪光的石头卖给了他。从此，工布地区的气候变坏，不是干旱就是雨涝，瘟疫也在人畜中流行。

工布人不堪忍受，就在边巴朵朵的带领下，结伴来到德高望重的修行者面前询问原因。修行者告诉他们：“宝石是世上难得的观音佛像的化身，你们把它卖给别人，福气就被带走了。如果你们想办法把宝石拿回来，就会重新有以前一样的福气。”于是，他们多次派人出去寻找宝石，但每次都空手而归。他们又结伴来到修行者面前请教，修行者指点了他们。工布人按修行者的说法，每逢藏历铁马年的八月十日举行一次规模盛大的迎神节。一次，当人们正在举行迎神节活动时，宝石从外地飞回来了。工布地区恢复了以前的美好景象，迎神节也因此传衍下来。

工布苯日神山的转山节

苯日神山是传说中顿巴辛绕·米沃切祖师修行、得道的地方。据说以前，沿着苯日神山共有七座寺庙。藏历铁马年整整一年都是转山时间，藏区信仰苯教的群众从四处聚集于此。转苯日神山是按逆时针方向而行，转经筒也是逆时针摇转，这是苯教和藏传佛教的不同之处。

放生节

放生节是藏传佛教的传统节日，在很多藏族聚居区经常举行。藏族的牲畜中有许多戴耳穗的“放生”牦牛和绵羊，都属于免遭屠宰的家畜。林芝地区在藏历正月十五日至四月十五日将许多家畜放生，为自己和家人祈福，特别是当家中人遇到危机或染上疾病时。

放生的做法是：把决定放生的牦牛和绵羊牵至喇嘛跟前，请求赐予放生。得到供养的喇嘛应允后，便对着牲畜的耳朵朗诵救主无量寿佛的《陀罗尼咒》，这牲畜便可免于屠宰。然后赐给名为“长寿线”的红色布条或羊毛线做成的耳坠子，穿挂于放生牲畜的左、右耳上。任何牲畜放生后，施主的生活无论多么困难都不能宰杀它。给予特殊照顾、服侍到老是对放生牲畜的习惯。城镇居民也有买活鱼、活鸡放生的习俗。

饮　食

林芝的饮食习惯同其他藏区基本相同。主食以糌粑、面粉、荞面和鸡爪谷为主，副食有牛羊肉、猪肉、酥油、酸奶及各种蔬菜、面类。常用饮料有酥油茶和青稞酒。

糌粑，即青稞炒熟后磨成的细面。食用时，在糌粑中放入适当的酥油和水，用手指不断搅匀，捏成团，便可同其他副食一起食用。也可在糌粑中加入适当的奶渣或糖食用。

食用荞麦时，先将荞麦粉倒入适量的奶中，搅至如粥一般稀，再倒在被火烤热的铁锅或石板上，让它自然形成圆形烤熟。同酸奶、辣椒一起吃，黏中带脆，味道最香。

鸡爪谷一般兑水后，加酥油煮成黏稠的粥食用。荞麦饼和鸡爪谷是林芝不同于其他藏区的特色面食。

肉类的吃法很多，但常见的主要有煮、炖、烤三种；日常食用的蔬菜主要有白菜、萝卜、土豆和圆根（学名芜菁）；野菜类主要有青活麻、冬觉菜和各种香料；菌类主要有松茸、青冈菌、大脚菇、羊肚菌等。

民 族

门 巴 族

门巴族是中国具有悠久历史、文化的民族之一，主要分布在西藏自治区的墨脱及与之毗邻的东北边缘。门巴族有自己的语言——门巴语，但是没有文字，他们大都通晓藏语。门巴族人主要信仰苯教和藏传佛教。门巴族人主要从事农业，种植水稻，也兼营畜牧业和狩猎，擅长编织竹藤器和制作各种木碗。门巴族人民与藏族人民长期生活在一起，互相通婚，在政治、经济、文化、习俗等方面都有十分密切的渊源关系。

服饰：千百年来，门巴族人民在生产实践和同大自然的交互作用中，形成了独具民族风格的服饰。由于气候条件的差异，各地门巴族的服饰略有不同。墨脱门巴族男子穿的棉织土布外衣，由红、黄、黑、白、绿五色组成。内衣一般用白土绸作料子，斜襟右衽，无领。在野外劳作时常绑缠裹腿，以防蚊虫叮咬。墨脱门巴族妇女喜欢穿白色的小上衣，一般不穿罩衣。天气较冷时，穿无领无袖、从头上套下的宽大褂子，或有红、绿、花条纹的长衣。下身穿花筒裙，筒裙的两侧各有三道褶皱，有的在裙上挂缀小铃铛，走路时叮当作响、清脆悦耳，腰间还佩挂小腰刀。门巴族男女蓄长发，喜戴配饰。妇女辫子的下端直到腰部，辫梢衬以红、黄、白、绿等各色棉丝或丝线，两条辫子垂落下来，似缀满了盛开的野花，而她们一般都喜欢把辫子盘在头上或缠在帽子上。门巴族妇女的装饰品有耳环、项链、腰带、手镯、戒指等。男子腰佩长刀，挽弓挎箭，刚健英武。男女都戴一顶别具特色的小帽，门巴语称之为“巴尔霜”。

婚姻：门巴族恋爱、婚姻自由，多为一夫一妻制。成婚仪式颇具戏剧性，饶有趣味。结婚之日清晨，新娘梳妆打扮好，由父母、兄弟姐妹及姑舅等亲属陪伴着前往夫家。临行前，新娘依依不舍地对父母表白，将父母的养育之恩与离别的不舍之情一一道出。娘家一般要送给女儿手镯、戒指、头饰、腰带等作为陪嫁，有时还带上一两件劳动工具。新郎一方则早已请媒人带上几个能言善辩的人在路上等候迎亲，他们拿着竹筒酒，途中要极尽祝福之词，请新娘喝三次。等新娘顺利到达新郎家，送亲队伍进屋坐定后，新郎的家人会摆上酒肉、油饼盛情待客。门巴族早期处于母系氏族社会，这种沿革表现在婚礼过程中新娘舅舅的特殊地位上，他将代表新娘的父亲说话。按照当地的结婚习俗，一旦婚礼开始，新娘的舅舅便会不断地“挑毛病”：酒酿得不好啦、肉的厚薄大小不匀啦等等，并质问：是我女儿哪点长得不好吗……每讲一句就用拳头使劲击打一下桌子，装作气急败坏的样子。于是，新郎家连连赔礼，赶紧献上哈达，重新添酒加菜，直到新娘的舅舅点头满意为止。其实，这种戏剧性的挑剔，目的是考验男方的诚意。酒至半酣，众人即兴唱歌起舞，尽情欢乐，通宵达旦。富裕一些人家的婚礼往往持续三四天。这对于年轻的小伙子和姑娘们来说，也是互相交往和谈情说爱的好机会。

饮食：门巴族的日常生活中，主要饭食有荞麦饼、玉米饭、鸡爪谷糊、大米饭、小麦饼、糌粑糊等。其中，荞麦饼清香扑鼻、酥软可口，并伴以辣椒、奶渣佐餐，味道鲜美、营养丰富，最受门巴族人喜爱。门巴族的饮食结构中，常见的蔬菜品种有白菜、萝卜、圆根、土豆、黄瓜等。墨脱森林茂密，盛产蘑菇和野生木耳。蘑菇种类繁多，味道鲜美；墨脱的野生黑木耳远近闻名。此外，墨脱水果甚丰，常见的有香蕉、柠檬、蜜桃、芭蕉、柑橘以及甘蔗等。这些时令鲜果既是招待客人的佳品，又是闲暇时的零食。门巴族人善饮酒。男人外出或远归，女人要用大碗盛酒，在门外送别或迎接。饮酒的讲究贯穿朴实无华的古老民风，客人就地而坐，主妇殷勤盛酒。第一碗酒须一饮而光，而后，主妇依次给客人敬酒。其间，客人可以回敬主人，也可以敬周边朋友。门巴酒是利用当地特有的细黍类作物酿制的一种米酒，既有营养，又能解渴，还能防治关节炎等疾病。此外，门巴族的日常饮用酒，还有用稻米酿制的米酒、用玉米酿制的黄酒等。

传统节日：门巴族的节日主要有两大类型，一类是宗教节日，另一类是岁时年节。宗教节日主要是曲科节、萨嘎达瓦节、主巴大法会、达旺大法会，岁时年节主要有门巴族新年。

曲科节：曲科节在每年的藏历六月庄稼成熟时举行。过节时，人们聚集起来，举行隆重的朝拜仪式，然后在喇嘛和扎巴（和尚）的带领下，背着经书，高举经幡，围绕村庄和庄稼地转一周，祈求神灵保佑、人丁兴旺、庄稼丰收。群众自备酒饭，在地头田间歌舞，整个活动进行2—3天。

萨嘎达瓦节：相传，佛祖释迦牟尼诞生的日子是藏历四月十五日。为了纪念这一天，门巴族地区的所有寺庙念经祈祷，举行各种宗教活动。到时，每家都要拿出一定数量的糌粑、酥油和青稞酒交给寺庙，寺庙的喇嘛再把糌粑做成“措”分给大家吃，众人互相敬酒吃喝。到晚上，每家房前屋后还要点酥油灯，以示庆祝，并把这一天作为进入农时的标志。从这一天开始，人们就要做农活了。

主巴大法会：主巴大法会是当年墨脱宗全宗的大法会，在丰收年的藏历十一月至十二月间举行，历时3—18天不等，歉收之年不举行。主要活动有念经、跳神、演出宗教戏剧等。人们自备酒肉、食物欢聚一堂，白天饮酒并观看跳神表演，夜晚在野外点燃篝火，载歌载舞，欢度节日。

达旺大法会：从每年的藏历十一月二十九日开始举行，历时3天。节日里，人们除了观看跳神表演、传统戏剧《卓娃桑姆》以及跳牦牛舞等，还要举行一些自娱活动，如赛马、拔河、射箭等。

新年：藏历元旦是门巴族最重要的节日，门巴语称之为“洛萨”。错那地区门巴族过新年是从藏历的元月一日开始，到元月十五日结束，与藏族人过新年基本上没什么区别。而墨脱地区门巴族的新年则不同，他们一年中有两个新年：一个是元月新年，从藏历的元月一日开始，历时2—3天；另一个是十二月新年。十二月新年是墨脱门巴族最富特色的年节，从藏历的十二月一日开始，历时10—15天。节前，家家户户要打扫房屋，杀牛宰羊，置办丰盛的酒菜，宴请宾客。节日期间，人们穿着盛装，互相拜访庆贺，又唱又跳，饮酒狂欢。另外，还要举行各种游艺活动，如拔河、角力、抱石头、射箭等。

丧葬：门巴族的丧葬表现出多样性与复杂性的特点。就葬式看，有土葬、水葬、火葬、天葬和崖葬，还有屋顶葬和屋底葬；有一次葬，也有二次或三次葬型的复合葬。丧葬过程更是礼仪繁缛，活动甚多。门巴族丧葬的复杂性，还表现在不同地域的门巴族在看待和选择葬式上观念殊异。对葬式的选择不同，但在出殡前对尸体的处理以及仪式基本一致：人亡后，将尸体用绳子或死者的腰带捆缚，并腿屈膝或呈蹲式，双手交叉在胸前，男性死者左手靠胸，女性死者右手靠胸，状似胎儿。为死者设置灵位、摆放供品，停尸数日。停尸期间，请喇嘛念经做法事，择定安葬方式、出殡时辰和葬地方位，并确定背尸人和尸体出屋方向。在多种葬式中，土葬和水葬是最普遍的，为一般群众所采用。火葬、天葬、崖葬多为富裕户、头人、喇嘛等所采用。屋顶葬、屋底葬仅适用于夭折的未成年孩子。

生活禁忌：墨脱门巴族认为，每个月的五、十、十五、二十五、三十日为“丧葬日”，这些日子里不能介绍婚姻，禁止人们下地劳动，禁止上山打柴和下河抓鱼，亦不准杀生，只能在家干家务劳动。猎人出门行猎前三天，家里不能煮酒，外人不能进屋。家里人出远门旅行或进行交易，当天不能扫地，若有违反，则人畜不能平安，交易也不顺利。家里有人患病，要在门口插上有刺的树枝以示外人莫入，以免把鬼带进来加重病情。半夜里忌讳听见狗叫、鸡叫，公鸡叫预兆不吉利、办事不顺利；蛇钻进屋里或者看见死蛇，则认为预兆不好。有些地方对男女婚配的属相有忌讳，如鼠和马、牛和羊、狗和龙、猪和蛇、猴和虎等属相的男女不能婚配。新娘出嫁、新郎入赘行至途中，忌讳遇上背空筐或空水筒的人，如果遇上不可回避，则预示婚后不祥。门巴族人认为，逢 12、25、37、49、61、73、85 的年岁可能会遇上灾难，并称这些年龄为“嘎”，会特别留意。

珞巴族

珞巴族是中国的少数民族，在我国境内仅有 3000 余人，主要分布在西藏东起察隅、西至门隅之间的珞瑜地区，以米林、墨脱、察隅、隆子、朗县等地最为集中。珞巴族内部部落众多，主要有“博嘎尔”“宁波”“邦波”“德根”“阿迪”“塔金”等。

“珞巴”是藏族对他们的称呼，意为“南方人”。珞巴族没有文字，之前他们有两种记事方法：刻木结绳法和木棍缠羊毛法。他们通过烟火传递信息，只须在东西上放一块石头或者树枝就代表物有主人。

珞巴族信奉所有的神，他们认为天地、日月、星辰、树木、小草都依附着神灵。

珞巴族信奉原始巫教。珞巴族的巫师分为两种：一种是卦师，称为“米剂”；而另一种是祭神、跳鬼的祭司，称为“纽布”。他们被认为是来往于人鬼之间的使者，享有崇高的威望。

在1951年西藏和平解放前，珞巴族是一个被压迫的民族，没有政治权，没有人身自由权，而1959年西藏实行民主改革后有了根本性变化。墨脱县建立了珞巴民族乡，珞巴族人开始以农业、畜牧业为主要谋生手段。珞巴族的男女均善于竹编，几乎所有的日常生活用品都用竹编。

服装：珞巴族女子根据结婚与否，穿着不同的服饰。已婚女子的服饰以黑色为主，上身为圆领短衫，下身为裹裙，还会佩戴很多的装饰品。脖子上会戴很多的绿松石和玛瑙项链，圈数有20—25圈，圈数越多，代表这家的财富越多。腰间也会戴很多贝壳，这些贝壳以前值一头牦牛，而现在只单单为了纪念祖先，有些家庭把它视为财富的象征。

未婚女子的服饰以红色为主，像草裙一样一条一条拼接而成，脖子上会戴老琉璃、绿松石和玛瑙搭配的项链，腰间也戴少量的贝壳。珞巴族女子的服饰都是以羊毛编织的。

珞巴族男子的服饰大多以兽皮为主，用黑熊、猕猴的皮制成。他们的帽子最有特色，帽顶是竹藤所编，外部与后侧均由黑熊皮制成。以前的用途是防利器、防野兽等，而现在则是身份的象征。如果帽子上边有耳朵或眼睛，代表他是这家的主人；什么都没有，则表明他只是家庭的成员而已。珞巴族男子还喜欢佩带长刀，刀是上山时开路和生活所用。他们喜欢把自己打的猎物最锋利的牙齿拔下来挂在脖子上，作为战利品。

婚姻：在1951年西藏和平解放前，珞巴族的婚姻大部分是由父母决定的。那时，经济条件比较困难，他们不想把家里的财产分割出去，有姐妹共夫、兄弟共妻现象。但姐妹共夫、兄弟共妻是在同一氏族内的，就不可以通婚。如果同一氏族内发现通婚者，就是这个部落的耻辱，他们会被唾弃。那时候，珞巴族分为两种等级，分别是高骨头和低骨头。高骨头相当于贵族，低骨头相当于贫困之家。他们之间是不能通婚的，不然，就被认为是等级内的耻辱。

在男女双方没有财产或没有牛羊的情况下，就会进行换婚，而这种换婚就是双方兄妹彼此交换。直到1959年西藏实行民主改革后，珞巴族的婚姻方式、思想观念才有了根本性变化。

饮食：珞巴族的粮食主要有玉米、鸡爪谷、稻米、荞麦、达谢、达荞和块根，其中，玉米和鸡爪谷是珞巴族大多数村落的主食。达谢、达荞是一种棕榈类野生植物，淀粉含量高，故又名木糌粑、棕心粉，是珞巴族许多村落的主要食物来源。

珞巴族的菜肴有荤、素两种。荤菜有牛、猪、鸡、山鼠肉等。其中，山鼠肉最受珞巴族人喜爱，也是招待贵客和送礼的上等佳品。素菜有各种野菜，如圆根、山芋、蘑菇、木耳、竹笋等。

珞巴族的饮料单纯，除少量珞巴族人喝酥油茶外，多数珞巴族人只喝酒。酒分黄酒和藏白酒两大类。黄酒有玉米酒、鸡爪谷酒、稻米酒、小米酒、达谢酒、达荞酒等，其中，玉米酒和鸡爪谷酒是人们最常用的饮料。其制作过程是先将玉米或鸡爪谷煮熟，滤水后在箩筐中摊开散热，待温度降至与人的体温相仿时，撒上酒曲搅拌均匀，盛入垫有树叶的筐内，加盖树叶，放置在火塘旁使其发酵。当酒酿溢放出酒味时，将其转入葫芦或木桶，用草和泥封口，存放时间越长越好。要喝酒时，将葫芦或木桶中的酒倒入巴东（一种漏洞状竹编容器），淋上开水，滤出的液体即为黄酒，又称作“水酒”。

珞巴族全民嗜好吸烟。小孩长到五六岁就开始吸烟，不分男女，吸烟成瘾，直到老死。据说，吸烟既可驱除毒蛇，也可防止虫咬。

传统节日：珞巴族的节日丰富多彩，礼仪习俗别具特色。它像一个巨大的宝库，全面地展示了珞巴族的民俗文化。

隆洛德节：每年藏历一月或二月举行，具体日期由巫师占卜确定。隆洛德节的时间较长，前后历时25天。节日期间不得宰杀牲畜，以免带来灾难，因此，需在节日前就杀好猪，做成肉干供节日里食用。节日期间，各村村民相互走访和宴请，并举行抱石、跳高和射箭等体育活动。

棱隆社节：每年的藏历一月左右举行，具体日期由巫师“纽布”杀鸡看肝择定。节日为期5天。节日开始的第一天上午，全村妇女穿着节日盛装，背着竹筐，上山采摘“果嘎木”的树叶，上面放若干稻谷，以示新年获得丰收。回到家后，将采回来的树叶捆绑在房梁上，把大米磨粉后拌成的粉浆撒在树叶和房梁上，以示吉祥和祈求丰收。节日期间，人们走亲串户，饮酒唱歌，举行抱石、射箭和对歌等活动。

巴洛萨节：“巴洛萨”意为“十二月新年”。节前要准备近一个月时间，主要是上山打猎、捕老鼠和下江捕鱼及酿制大量的酒。藏历十一月，家家户户开始杀猪，并在自家粮仓内杀鸡，以祷告神灵来年获得丰收。新年的第一天凌晨，当公鸡发出第一声鸣叫时，即杀大鸡一只，将鸡肉用清水煮熟后由全家分食，彼此祝新年幸福、人人身体强壮。节日期间，人们访亲会友，并习惯在新年时举办婚事。欢度年节再加上婚筵的喜庆，更增添了节日的欢乐气氛。

丧葬：珞巴族的丧葬法分为土葬、树葬等，但盛行的是土葬。比如说，这个家里有人去世，他们会请村里最有名的巫师来杀鸡看肝，从肝的纹路上可以清楚地知道尸体的停放日期以及方位，然后在地上挖一个土坑，把死者放进去头朝西，其次是死者生前用过的刀、弓、箭、首饰等，一针一线都要陪葬。一星期内，死者的亲人会拿一些酒肉、粮食当作祭祀用品；一年之后，也会拿一些祭品祭祀。

生产禁忌：不杀动物等。珞巴族人认为，万物皆有灵性。

杀鸡占卜：喜马拉雅山脉沟壑纵横，林海茫茫，群兽出没，加上当时原始的生产力和生产关系，给千百年来繁衍生息在这块神奇土地上的珞巴族人，提供了丰富的想象力和原始宗教崇拜的自然对象。珞巴族普遍盛行杀鸡占卜。占卜是古代社会用来决定人们行动的一种预测方式，在民俗习惯中十分常见，而且渗透到生活的方方面面。重占卜、信占卜，是从原始人的万物有灵观念发展而来的信仰习俗。珞巴族将这一烦琐、古老的习俗承袭至今，为人类、文化等学科的研究提供了难得的“活化石”。

珞巴族人无论出门远行、进山狩猎、刀耕火种、垒台建屋，还是婚丧嫁娶、消灾避祸等，都要事先杀鸡占卜。杀鸡看肝是珞巴族人日常生活中极为常见的占卜活动。在珞巴族社会，祭司有两种：一种叫“米剂”，是专职的杀鸡看肝职业占卜者；另一种叫“纽布”，既会卜卦，又会祭神跳鬼、驱鬼消灾。如果家中有人生病，需请祭司上门。祭司逮住一只鸡，口中念念有词："什么鬼带来什么病，请在鸡肝上显现吧"，然后让病人或病人的亲属把鸡杀死。祭司取出鸡肝，用水清洗干净，戳在一根小木签上，仔细观察和分析。据说，祭司根据鸡肝的形状、纹路、颜色等特征，判定吉凶或是什么鬼带来什么病、用什么方法才能祛除。治病的方法，大都是杀牲口祭祀给患者带来病魔的鬼怪。

杀鸡占卜的由来：相传，珞巴族的祖先阿布达尼，是一位半人半神的英雄。他骁勇善战，并且天赋禀异，脑后长有一只神眼，可以预知祸福、洞察先机。

阿布达尼的妻兄吉波让波十分嫉妒阿布达尼，但是因为阿布达尼的那只神眼，他一直没有办法加害。于是，吉波让波利用阿布达尼对他的信任，将其灌醉，并趁其睡着时，假装关心，实际上用泥土封上了神眼，然后将阿布达尼抬到一棵大树上，并在树下插满尖刺，逼阿布达尼将神眼交出来，否则就摇动大树，将其戳死在树下的尖刺上。阿布达尼宁死不从。这个时候，他的妻子闻讯找到树旁。吉波让波挟持住阿布达尼的妻子，逼他就范。阿布达尼没有办法，只能摘下自己的神眼，丢给树下的吉波让波。一滴泪珠伴随着睫毛，落在了阿布达尼妻子的手上。奇怪的是，吉波让波拿走神眼后，神眼仿佛有灵性一般，失去了原有的神力。吉波让波认为自己遭到了欺骗，于是杀死了善良的阿布达尼，自己也化为鬼怪。阿布达尼死后，他的妻子郁郁寡欢，留着丈夫的睫毛日夜思念，不想竟失手落在地上，被家里的鸡吃了下去。她杀掉这只鸡后，竟然在鸡肝上找到了对付吉波让波的方法。按照鸡肝上方法的指引，她终于打败吉波让波，为丈夫阿布达尼报了仇。而用鸡肝占卜也逐渐成为珞巴族人洞察先机、预知祸福、消除鬼怪的一大手段，世代传承下来。

历史典故

门巴族的迁入

18 世纪中叶的一个清晨，地处下珞瑜班戈的格波希日地区，神兵天降般地来了一群衣衫褴褛的男女。珞巴族人从这些人的比画中，明白了他们的意图：想借道去墨脱定居，过一种不种地就有糌粑吃、不养牛就有牛奶喝的生活。可珞巴族人万万没想到，这群异族人的到来，远比那些零星来此的佛教徒更能改变他们的生产生活。这就是对珞巴族产生重大影响的历史事件——门巴族东迁。18 世纪初，墨脱仍是个世外桃源，既没有行政机构，也没有徭役差税。珞巴族人过着极其原始的狩猎生活，他们和哥伦布没到达美洲新大陆以前的印第安人一样，是这里的土著民族。而门隅地区已处于奴隶社会，当地的朱隅人不堪忍受朱隅王多如牛毛的差役赋税，听说遥远的东方有个美丽富饶的白玛岗，是 8 世纪红教始祖莲花生大师选定的 16 个莲花圣地之一：地里长出的粮食像金盘那么大，玉米棒子像树那么粗；树上挂着畜禽肉，摘了又长，年年不断；森林是珍禽异兽的乐园，虎骨、麝香俯拾皆是；那里还有糌粑山和牛奶湖……是一个自由自在的好地方。

传说，在不丹的布南卡住着一户门巴族人家，有两个女儿，同招了一位藏族丈夫。姐妹俩生了三个儿子，他们分别成家后，又组成三个不同的家庭。会编织竹器的桑珠，会打制银饰、铁器的东德尔，还有当喇嘛的扎西达吉，与村里的其他三户人一道，成为第一批进入墨脱的门巴族人，即今天墨脱门巴族妇孺皆知的“门堆六户”。一路上，门巴族人抗击过朱隅王的追兵，从德阳山口来到下珞瑜，然后又沿雅鲁藏布江逆流而上，翻越更巴拉山，到达班戈的格波希日。墨脱原是珞巴族人的地盘，那时还处于原始社会的父系氏族发展阶段。六户门巴族人到了多吉村时，受到珞巴族人阻挡，这六户门巴族人显示了自己的武功，一人将坚硬的石块劈成两半，另一人运足力气将拐棍插入地里。珞巴族人见后大骇，不再阻拦。门巴族人来到墨脱村附近，向珞巴族头人说明来历并送礼后，借到了耕猎的土地、山林。他们被允许在指定的地方居住，形成自己的村庄。当时的珞巴族在狩猎、捕鱼、种庄稼等方面还相当原始，门巴族人种庄稼、编竹器和织粗布的技艺让他们十分羡慕。不久，又有上百户不堪忍受繁重乌拉差役的门巴族人，在门巴族首领贾班达哥的率领下集体逃亡。他们翻越喜马拉雅山脉的崇山峻岭时，许多人饿死、摔死、冻死，历经常人难以想象的苦难，最后才来到墨脱。就在这时，与不丹一山之隔的门隅地区，一些不愿受奴役的门巴族人在首领列尔欠的带领下，也向墨脱东迁。一路上，当地首领派兵追赶拦截，列尔欠率众多次将追兵击退。当行进到工布地区时，列尔欠因头部伤势甚重而亡。门巴族的迁移史相当漫长，距今约有300年，最早到达墨脱的已传了14代人，最晚的也有10代人，大多由不丹和西藏的门达旺迁来。门巴族大迁徙的历史传说，不但有口头流传的，而且在外国学者的著作中也有记载。印度的兰姆·拉合尔在其所著《喜马拉雅边疆》一书中，就有与口头流传相类似的、关于门巴族迁徙原因和路线的记载："由于沉重的租赋，有几批谢尔乔巴部落的人从东不丹经由西藏的达布、工布向……巴迦西仁和白玛圭（白玛岗，今墨脱县）峡谷迁移。"

门珞之争

门巴族在迁入墨脱初期，得到珞巴族的友好接待，珞巴族给他们提供口粮、耕地和广阔的猎场，门珞两族的关系比较融洽。可随着时间的推移，门巴族迁居的人口越来越多，所占耕地和狩猎范围也越来越广，加之门巴族人的生产力水平远比珞巴族人高，生产和生活水平后来居上，珞巴族的利益直接受到影响。为此，珞巴族人便要求门巴族人交差赋和狩猎税，门巴族人接受了这个苛刻要求，两族之间的矛盾暂时得到缓解。珞巴族信仰原始宗教，认为到处都有鬼，并把不少地方当成鬼地。珞巴族人以狩猎为主，认为开荒种地会赶走野兽，不准门巴族人耕种。门巴族虽然也信仰珞巴族的原始苯教，但他们长期生活在西藏地方政府统治下的朱隅和门隅，深受藏传佛教的影响，希望多开垦土地，种植五谷，不愿多杀生，不相信有鬼地。随着门巴族人口的增加，门珞两族之间信仰上的矛盾日趋激化，常因风俗习惯不同闹矛盾、为争夺猎场而械斗。1780年前后，八世达赖喇嘛绛白嘉措时期，塔布地区的藏族喇嘛岗布巴来到墨脱村附近修建喇嘛寺，受到门巴族人的欢迎和支持，却遭到珞巴族人的坚决反对。门巴族多次派代表与珞巴族协商均达不成协议，便提出在仁青崩建寺，仍然遭到珞巴族的极力反对。后来，门巴族人只好向珞巴族人送了许多财礼，才获得修建寺庙的土地。一波未平，一波又起。岗布巴将寺庙建在风景优美的仁青崩，而主持寺庙者既有格鲁派的势力，也有波密土王的势力。一向以“受命于天”自居的波密土王借此扩大势力，进一步与西藏地方政府抗衡，抢在前面支持门巴族，通过宁玛派的吉色任寺庙活佛谋杀珞巴族头人，从而加深了门珞两族之间的隔阂。墨脱格林村门巴族的曲结兄弟俩分家过程中，曲结深感不均，愤愤不平，便来到下珞瑜的希蒙部落，向珞巴族头人吉白寻求支持。于是，珞巴族派出大批战斗人员乘夜攻占了格林村，随即把通向雅鲁藏布江西岸的四座藤网桥砍断，以防止其他地方的门巴族人前来支援。

希蒙部落的战斗人员一直向北推进，并乘夜攻占了米滚村。当地的珞巴族人达波与同村的门巴族人罗布是好友，他知道大批珞巴族队伍即将前来杀害村里的门巴族人时，便在门巴族人居住区附近大声喊：“希蒙人来了，你们赶快送粮来！”门巴族人听到达波报警，便乘夜逃跑。大批门巴族人往北逃到东布村，珞巴族人亦追到那里，但遇到门巴族人的抵抗，头领被火药枪击中而死，进攻队伍受阻。

嘎朗王统治珞瑜

第四十八代嘎朗王索南央金时期，为加强对珞瑜地区的统治并扩充新的地盘，向与波窝一山之隔的金珠河流域派出孜本多吉进行管理。多吉到金珠后，训练僧兵支持在金珠地区居住的康巴人，将珞巴族人赶走，并在1880年建立了金珠宗。嘎朗王索南央金得知后非常高兴，便任命多吉的儿子多吉扎巴为金珠宗首任宗本，开始按耕地收税，并禁止打猎、捕鱼等。随后，嘎朗王的势力继续向白玛圭（岗）地区扩张。

嘎朗王索南央金在珞瑜设立金珠宗的第二年，即1881年，门巴、珞巴两族之间发生大规模械斗。在此次械斗中，珞巴族人乘胜北上。门巴族人节节败退，只得派首领诺诺啦向嘎朗王索南央金求援。

嘎朗王索南央金早就有向白玛圭扩张的野心，迅速派兵支援。波窝军队能发出巨响的火药枪及枪口喷出的密集铅砂，让珞巴族人的弓箭、盾牌难以招架。波窝军队和门巴族人一起，兵分三路直压北上的珞巴族人，珞巴族人迅速撤退。居住在墨脱境内的大批珞巴族人惧怕门巴族人报复，也纷纷南逃。波窝军队迅速占领白玛圭全境，并掩杀至仰桑河流域。

1881年夏天，嘎朗王索南央金派使者来到地东村建立地东宗政府，并任命到波窝请求援兵的门巴族人诺诺啦为首任宗本。在嘎朗王索南央金使者主持下，在地东村村头的“那刀”（盟誓石台）前，门珞两族发誓订立和约：若门巴族首先起战，要迁回不丹和门隅的达旺；若东贡的珞巴族首先起战，要被赶回西蒙附近的果木冷比；若达昂的珞巴族首先起战，要罚百头牛、百两藏银、百把长刀和百两金子。

门珞两族确定以仰桑河为界，以北为门巴族居住区，以南为珞巴族居住区。门珞两族的械斗就此结束。

1905年，墨脱宗西让村以下的达昂和东贡两大珞巴族部落发生械斗。东贡部落势力强大，达昂部落难以抵挡，他们向北进入地东宗寻求保护。嘎朗王担心东贡部落吞并达昂部落，便派察隅人居美前往东贡部落说服其首领，让达昂部落的人返回故地。东贡部落惧怕嘎朗王的势力，不得不允。

达昂部落的人在嘎朗王帮助下得以生存，为使其部落长期得到保护，便答应嘎朗王在其住地仰桑河流域设立嘎朗央宗，委派宗本管理该宗行政事务，三年一任。在这次珞巴族部落纷争中调停有功的察隅人居美，任第一届宗本。因珞巴族人坚持，自第三届（即1912年）起，嘎朗央宗的宗本由珞巴族人自己担任。

莲花生大师与墨脱

莲花生大师，是印度僧人，在8世纪后半期把佛教密宗传入西藏，藏传佛教通称他为白麦迥乃（莲花生）。据多罗那他于1610年所著《莲花生传》记载，莲花生大师约在摩揭陀国天护王时期出生于乌苌国王族，圣诞日为藏历五月十八日。

8世纪，莲花生大师应藏王赤松德赞迎请入藏弘法。他教导藏族弟子学习译经，从印度迎请无垢友等大德入藏，将重要的显密经论译成藏文，创建显密经院及密宗道场，开创了在家、出家这两种圣者应供轨范，奠定了西藏佛教的基础。相传，莲花生大师来到西藏后，遍访仙山圣地。他来到墨脱后，发现此处如一朵盛开的莲花，有圣地之象，遂在此修行弘法，并将此地取名为“白玛岗”，意为“隐藏的莲花”。现在，距墨脱县县城6公里的卓玛拉山上建有仁青崩寺，在寺庙附近的转经道上，还有大量莲花生大师修行弘法的遗迹。目前，仁青崩寺在全藏区以及印度、不丹、尼泊尔、缅甸等国影响颇盛，每年都有大量佛教信徒来仁青崩寺拜佛转经。正是因为有仁青崩寺以及莲花生大师的遗迹存在，才奠定了墨脱在藏传佛教中不可动摇的神圣地位。

藏族日常用语

问候语和礼貌语	
汉语	藏语译音
谢谢	托及其
你好	康目上
请进	牙沛
请坐	秀垫佳
再见（您慢走）	可里沛
再见（您留步）	可里秀
对不起	广达

人称代名词和称呼语	
汉语	藏语译音
我	额啊
你	切让
他	阔让
老师（初次见面）	格拉
老大爷	波拉
老大娘	莫拉
我们	额让措
你们	切让措
他们	阔让措
男孩	普
女孩	普姆

续表

交通用语	
汉语	藏语译音
汽车	莫札
汽车站	莫札帕左
自行车	岗格利
摩托车	把吧
快来	觉果秀喔
慢走	可里卓
场所名词	
汉语	藏语译音
旅馆	准康
商店	村康
加油站	弄鲁萨
银行	威康
邮局	伊松康
寺庙	贡吧
医院	门康
数 量 词	
汉语	藏语译音
一	记
二	尼
三	松
四	细

续表

数量词	
汉语	藏语译音
五	阿
六	除
七	顿
八	解
九	古
十	就
十一	就记
十二	就尼
二十	尼秀
二十一	尼秀扎记
三十	松就
三十一	松就梭记
四十	细就
四十一	细就斜记
五十	阿就
五十一	阿就阿记
六十	除就
六十一	除就热记
七十	顿就
七十一	顿就屯记
八十	解就
八十一	解就节记

续表

数量词	
汉语	藏语译音
九十	古就
九十一	古就国记
一百	甲
二百	尼甲
千	七冬

常用对话	
汉语	藏语译音
喂，你好	弓卡姆桑
见到你很高兴	切让结威嘎布穷
叫什么名字	名卡日
我的名字是 ××	额啊名拉 ××
什么事	掐烈卡日云啊
现在几点钟了	躺搭趋翠卡簇热
到那里需要多久	的几拙哇土簇
好的，谢谢	拉索，突及其
不客气	可儿朗个马热
有座位吗	朽萨赌格儿
有，请进来坐坐	独，芽配徐点家
你要吃什么	且让卡日确嘎
好吃吗	鞋辣桌布赌盖儿
很好吃	桌布洗扎独

畅游林芝
Nyingchi

藏传佛教小知识

- 佛教的大乘、小乘、显宗和密宗
- 经　幡

佛教的大乘、小乘、显宗和密宗

佛教诞生于公元前6—公元前5世纪的古印度，创始者为释迦牟尼(意为“释迦族的圣人”)。释迦牟尼逝世后的500多年间，佛教先后举行了四次大的结集，讨论其教义和戒律等问题。第四次结集约在1世纪，为适应当时印度封建社会制度逐渐形成的需要，此次结集产生了大乘佛教，遂把以前的部派佛教一概称为小乘佛教。

“乘”即运载、运渡之意。大乘和小乘的主要区别在于：小乘把释迦牟尼看成一个活生生的人（祖师），追求的是个人的自我解脱，不承认“万法皆空”（即人和世界都是刹那生灭、永远变化的）；大乘佛教则把释迦牟尼看作大慈大悲、威力无量的佛，主张菩萨行，以普度众生、修寺成佛、建立佛国净土为最高目标，并认为“万法皆空”。到了5—6世纪，大乘瑜伽行派提出“空”和“有”相结合的理论，指出此岸世界是空的，但彼岸世界的佛性是真实、永恒的。这为佛教的涅槃境界找到了理论根据，弥补了大乘空宗的不足。

7世纪前后，佛教进入了它在印度的最后一个时期——密教时期。

密教，也称密宗、真言乘、金刚乘。密教自称受法身佛大日如来深奥秘密教旨传授，不经灌顶，不得任意传习及显示他人。因此，传教有严格的师承关系，宣扬口、身、意“三密相应”和“即身成佛”。也就是说，只要口诵真言（口密）、手结契印（身密）、心观佛尊（意密）同时相应，就可以“修得正果，即身成佛”。与密教相对，能以语言、文字明显表示佛教教义的教派称为显教，它是密教之外各教派的统称。

经　幡

经幡是寺院和群众祈愿用的一种宗教标志，主要分为以下几种。

柱面幡

柱面幡主要用于寺庙，挂在寺内正殿的柱子上，大多用缎子等布料缝制而成，长短宽窄不一，根据柱子的高度，长的可达数丈，宽有数尺。长条绸缎数条为一组，并排缝制，一组接一组，形成柱面长幡。长幡长（柱头）处有幡帽，幡帽两边和幡脚均饰有流苏状的丝穗。

经幡

经幡是最常见的，它分为长经幡、经幡串等多种。经幡上除了印有各种真言、祈祷文和佛颂外，还印有虎、狮、鹏、龙、度母等图案。图文均是单色，用木刻版印刷而成。经幡的长度从几米至几十米不一，宽度也没有统一标准。经幡一般挂在高山的树木之上、桥上或寺院庙堂周围。

风旗（风马旗）

大家看到，有的人家的房顶上插着各种风旗，有的印有祈祷的经文，有的印有马、虎、狮、鹏、龙、度母等图案。这是人民群众为了迎福、延寿、发财等祈福的表现。

玛尼堆

人们又把它称作“祈祷石”，既是藏传佛教中的祈祷法物，也是念经的场所。藏区各个村头村尾、山口、三岔口、岔路旁等地，都可以看到玛尼堆。有的是过路行人捡石堆积而成，也有藏族群众和佛教徒用精心雕刻、购买的刻有藏文六字真言和神佛造像图案的石头专门堆积的。传说，人们往玛尼堆上多加一块石头，就是为自己多乞求一次福运，可以免去疾病、劫难。

烧香台

这是提供给信徒们烧香朝拜的专门设施，在寺庙、神山、村落多见。烧的香不同于内地庙宇的各种成品香，而是使用“柏树枝叶或含有香味的树枝叶”。有时，群众还烧他们的主食糌粑。根据祈求愿望的不同，香的材料也略微有所差异。藏式烧香台大约一人多高，由基座、炉膛、烟囱三部分组成，一般用石块、泥土砌成，外观大多涂为纯白色。烧香时，将树叶填入炉膛点燃，浓烟冲天，香气四溢，令人心旷神怡。烧香者均要念经，或立于烧香台前祈祷，或围绕烧香台转经，口诵六字真言，并念诵祷文。

神　山

因为藏传佛教崇信“万物有灵”，认为任何事物都是有生命的，所以，藏区各个地方甚至村庄都有自己的“神山”，神山上有相应的烧香台、经幡组成的经幡阵，是众多善男信女烧香、诵经、虔诚敬拜神灵的地方。

经　堂

经堂又称佛堂，是供佛以及念佛聚会的地方，最常见的有寺院经堂和家庭经堂两种。寺院经堂是僧众们念经、拜佛、学习教义和举行其他宗教活动的场所，又称佛殿。殿内供奉着佛像，常年酥油灯不熄、灯火摇曳。家庭经堂现在已经是大多数藏式建筑中不可或缺的一部分，是家庭内部供佛、念经的场所，一般设在洁净清宁的房间，供奉着释迦牟尼佛、莲花生大师或观音之像。每到宗教节日、节庆时间或做法事的时候，家庭经堂里就呈现酥油灯长明、诵经声不断、经筒轮转的独特景象。

附　录

家庭旅馆经营十则

1. 诚信经营，合理收费，公平竞争；

2. 家庭旅馆的旅游服务设施和安全设施以及就餐环境、垃圾处理、污水和油烟排放，应当符合卫生、环保、安全等方面的相关规定；

3. 家庭旅馆有义务保护旅游者在旅馆内的人身财产安全；

4. 家庭旅馆经营者及其从业人员定期开展消防、食药等方面的检查和能力培训，配合相关部门对家庭旅馆安全生产设施进行检查监督；

5. 自觉维护景区环境卫生，把景区环境当作自己的家一样爱护；

6. 遵守行业相关规定，建立健全内部管理制度和服务标准，提供优质服务；

7. 参加相关主管部门举办的培训活动，提升服务质量和水平；

8. 保障疏散通道、安全出口、消防通道畅通，保证防火防烟分区、防火间距符合消防技术标准；

9. 做好实名登记入住工作，未经许可，不得接待外宾及港澳台同胞；

10. 家庭旅馆不能以纠缠旅游者等不当方式招揽住宿，不能强行向旅游者推销物品。

12
9
3
6

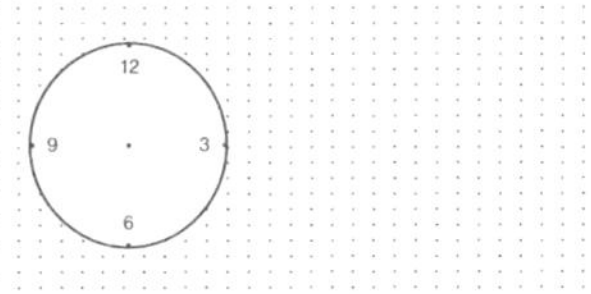
12
9
3
6

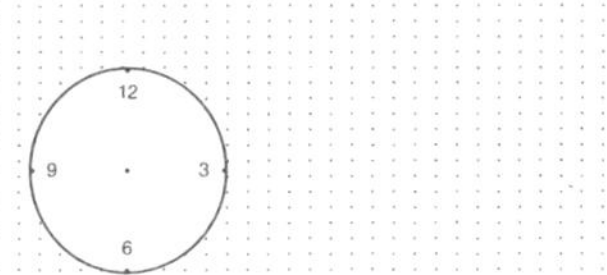
12
9
3
6

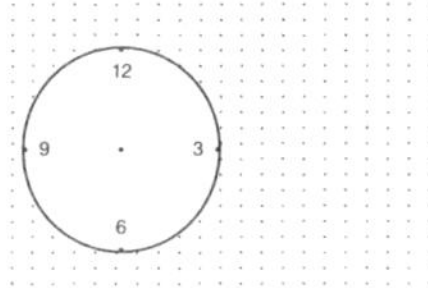
12
9
3
6

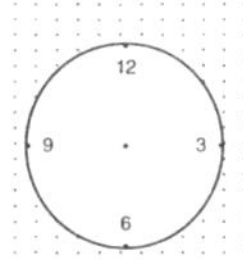
12
9
3
6

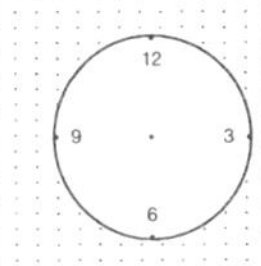
12
9
3
6

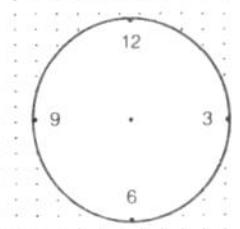
12
9
3
6

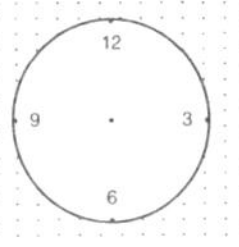
12
9
3
6

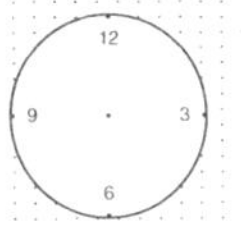
12
9
3
6

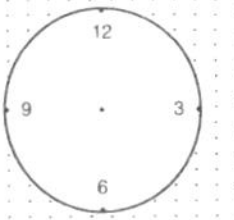
12
9
3
6

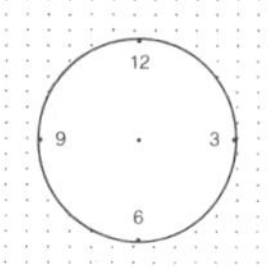
12
9
3
6

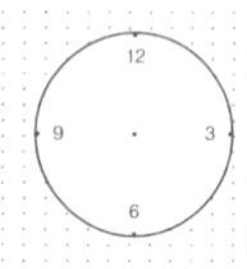
12
9
3
6

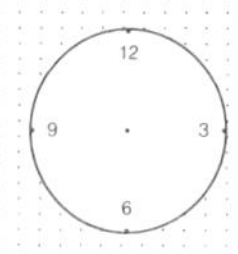
12
9
3
6

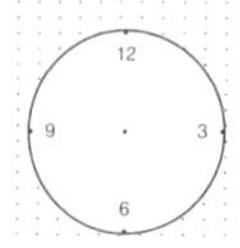
12
9
3
6

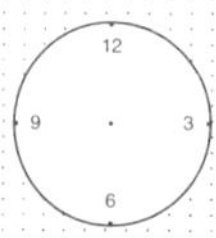
12
9
3
6

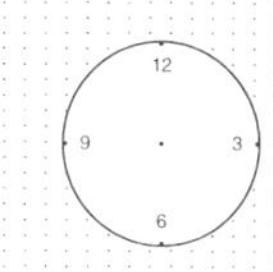

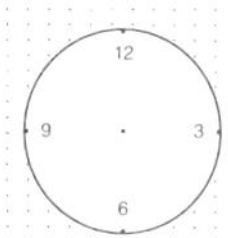

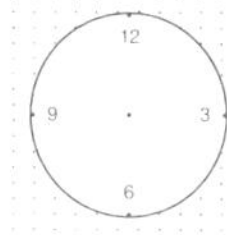

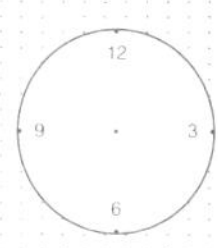

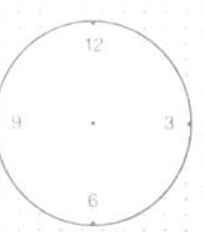

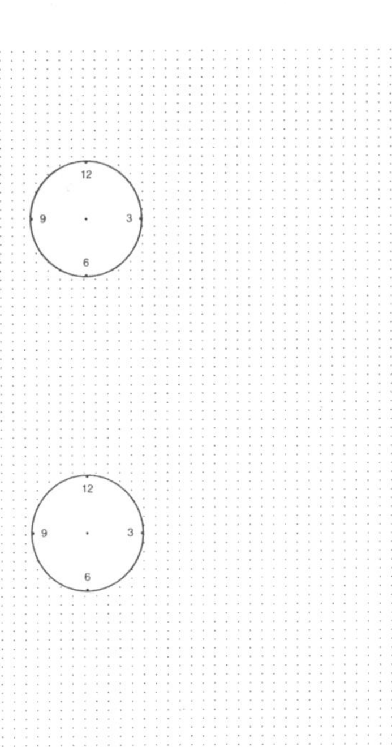

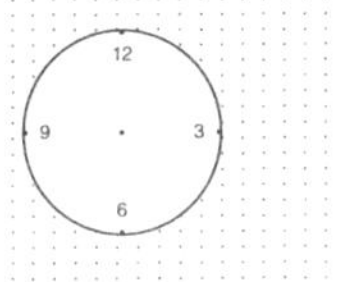

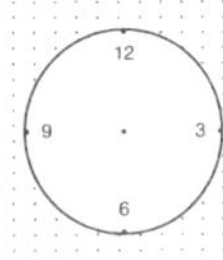

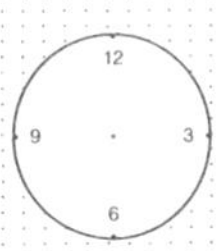

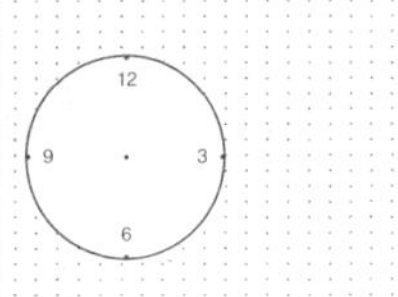
12
9
3
6

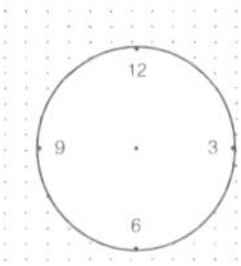
12
9
3
6

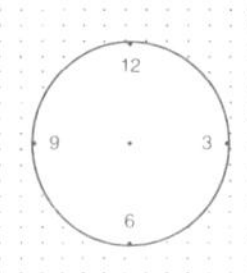
12
9
3
6

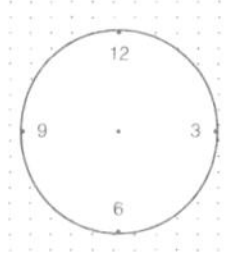
12
9
3
6

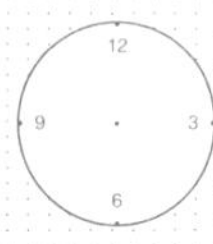
12
9
3
6

出　　品：图典分社
策划编辑：侯俊智　侯　春
责任编辑：叶敏娟　侯　春
装帧设计：胡欣欣
责任校对：张倜然　黎　冉

图书在版编目（CIP）数据

畅游林芝：林芝市导游词精编 / 西藏自治区林芝市旅游发展局 编 .— 北京：人民出版社，2019.12

ISBN 978 – 7 – 01 – 020422 – 2

I. ①畅…　II. ①西…　III. ①导游 – 解说词 – 林芝地区　IV. ① K928.975.2

中国版本图书馆 CIP 数据核字（2019）第 030347 号

畅游林芝

CHANGYOU LINZHI

——林芝市导游词精编

西藏自治区林芝市旅游发展局　编

人民出版社 出版发行
（100706　北京市东城区隆福寺街 99 号）

北京中科印刷有限公司印刷　新华书店经销

2019 年 12 月第 1 版　2019 年 12 月北京第 1 次印刷
开本：880 毫米 ×1230 毫米 1/32　印张：8.25
字数：238 千字　插页：4

ISBN 978 – 7 – 01 – 020422 – 2　定价：28.00 元

邮购地址 100706　北京市东城区隆福寺街 99 号
人民东方图书销售中心　电话（010）65250042　65289539